O ISEB,
OS INTELECTUAIS
E A DIFERENÇA

FUNDAÇÃO EDITORA DA UNESP

Presidente do Conselho Curador
Marcos Macari

Diretor-Presidente
José Castilho Marques Neto

Editor Executivo
Jézio Hernani Bomfim Gutierre

Conselho Editorial Acadêmico
Antonio Celso Ferreira
Cláudio Antonio Rabello Coelho
Elizabeth Berwerth Stucchi
Kester Carrara
Maria do Rosário Longo Mortatti
Maria Encarnação Beltrão Sposito
Maria Heloísa Martins Dias
Mario Fernando Bolognesi
Paulo José Brando Santilli
Roberto André Kraenkel

Editores Assistentes
Anderson Nobara
Denise Katchuian Dognini
Dida Bessana

ANTÔNIO MARQUES DO VALE

O ISEB, OS INTELECTUAIS E A DIFERENÇA
Um diálogo teimoso na educação

© 2006 Editora UNESP

Direitos de publicação reservados à:
Fundação Editora da UNESP (FEU)
Praça da Sé, 108
01001-900 – São Paulo – SP
Tel.: (0xx11) 3242-7171
Fax: (0xx11) 3242-7172
www.editoraunesp.com.br
feu@editora.unesp.br

CIP – Brasil. Catalogação na fonte
Sindicato Nacional dos Editores de Livros, RJ

V243i

Vale, Antônio Marques do
 O ISEB, os intelectuais e a diferença: um diálogo teimoso na educação / Antônio Marques do Vale. - São Paulo: Editora UNESP, 2006

 Inclui bibliografia
 ISBN 85-7139-668-X

 1. Instituto Superior de Estudos Brasileiros.   2. Intelectuais - Brasil.   3. Educação - Brasil.   4. Ideologia.   I. Título.

06-1880   CDD 300.72081
                                                 CDU 303.02(81)

Este livro é publicado pelo projeto *Edição de Textos de Docentes e Pós-Graduados da UNESP* – Pró-Reitoria de Pós-Graduação da UNESP (PROPG) / Fundação Editora da UNESP (FEU)

Editora afiliada:

Asociación de Editoriales Universitarias de América Latina y el Caribe

Associação Brasileira de Editoras Universitárias

*À minha querida mãe Emília, ao meu
querido pai Antônio, educadores sábios de
seus filhos e filhas* (In memoriam).

*À direção e aos mestres, funcionários e
acadêmicos da Unesp, Campus de
Marília, SP.*

AGRADECIMENTOS

Ao estimado professor Ivan Aparecido Manoel, meu Orientador, pelo testemunho acadêmico e pelo generoso e crítico acolhimento a toda hora.

Ao caro professor Antenor Antônio Gonçalves Filho e família, pela amizade.

Ao meu pai, que estimulou minhas investigações, e a todos os familiares pelo apoio e pela compreensão com minhas ausências.

Aos Superiores e Seminaristas dos Cursos de Teologia e Filosofia, em Marília, porque me incentivaram.

À Maria José Sibélis, pelos muitos sacrifícios para auxiliar-me.

A todos que, de algum modo, disseram: "Vá em frente!".

À Capes, que fomentou boa parte desta pesquisa.

À Unesp, a seus mestres e funcionários. São muitas as boas lembranças...

Sumário

Prefácio   11

Introdução   17

1   Iseb: história e fundadores   27

2   Mudança e desenvolvimento   67

3   Papel do intelectual e educação
para o desenvolvimento   113

4   Crítica sobre os "históricos" do Iseb   147

Conclusão   219

Bibliografia   229

PREFÁCIO

Há alguns anos, um aluno perguntou o que eu considerava um bom livro acadêmico na área de ciências humanas. A resposta que lhe dei é a que emprego para apresentar o texto do professor Antônio Marques do Vale, resultado da reescrita de sua tese de doutorado:

Um bom livro acadêmico deve atender a quatro requisitos fundamentais:

1) Abordar um objeto significativo, cujo entendimento permita que se amplie a visão sobre o país, seus homens, sua política, a tessitura das contradições de sua história.

2) Se fundamentar em sólidos princípios teóricos e metodológicos, além de se apoiar em documentação pertinente e bibliografia específica, para fugir das especulações infundadas que refletem, no mais das vezes, os desejos e compromissos, quando não as idiossincrasias do autor.

3) Ser escrito com elegância de estilo e correção, não apenas gramatical e ortográfica mas, sobretudo, semântica, para fugir do pedantismo e do hermetismo (às vezes confundidos com erudição

e sofisticação teórica) e também da vulgaridade (muitas vezes confundida com simplicidade).

4) Apresentar resultados e conclusões, fruto do diálogo sóbrio e sereno com as fontes e bibliografia, que permitam o entendimento do problema discutido e a abertura de visão para outros problemas correlatos, contidos no tecido social.

Enfim, ao final da leitura de um bom livro, o leitor deverá chegar à conclusão de que entendeu a proposta do autor e que essa proposta se sustenta, independentemente de ele concordar ou não com ela.

O texto de Antônio Marques do Vale atende a esses requisitos e é relevante observar que sua escrita mantém o direcionamento e a coerência, apesar das dificuldades extremas apresentadas pelo objeto de sua discussão.

Sua proposta foi detectar o lugar da educação no conjunto da produção intelectual do Instituto Superior de Estudos Brasileiros, Iseb. O Iseb pretendia ser um local de estudos, debates e proposição de rumos para o Brasil, visando ao seu desenvolvimento. Portanto, economia, filosofia, sociologia, história, política, cultura eram objetos constantes da pauta das discussões daquele instituto, que abrigava intelectuais da envergadura de Álvaro Vieira Pinto, Hélio Jaguaribe, Nelson Werneck Sodré, Guerreiro Ramos, entre outros de igual peso intelectual.

Essa, a primeira dificuldade: os isebianos não provinham da mesma matriz teórica, não bebiam da mesma fonte de teorias e propostas políticas, o que obrigou o professor Marques a mergulhar no emaranhado das vertentes teóricas e filosóficas de cada um dos "isebianos históricos", sem encontrar muitos elos entre o marxismo do general Nelson Werneck Sodré e as raízes nitidamente cristãs de Álvaro Vieira Pinto, por exemplo.

A segunda dificuldade foi a própria questão dos projetos educacionais brasileiros. Talvez se possa dizer da educação escolarizada no Brasil que se trata de uma "nau sem rumo", vagando ao sabor das ondas, quando não açoitada pelas tempestades da política brasileira, e isso desde a expulsão dos jesuítas, em 1759.

O primeiro grande problema da educação escolarizada brasileira é que os técnicos competentes para a elaboração dos projetos ficam submetidos aos vagalhões dos interesses político-partidários, cujo primeiro e desastroso efeito é a descontinuidade na implementação dos mesmos, em especial após a Proclamação da República.

A cada alternância de partido no poder, os projetos existentes são destruídos sem que se tenha, até hoje, conseguido colher os frutos da política educacional anteriormente implantada – basta que se faça um rol das reformas educacionais no Brasil, desde 1889 até a recente Lei de Diretrizes e Bases da Educação Nacional, LDB, 9.394/9.396, já emendada, complementada e interpretada, para se ter idéia do desastre que essa atitude tem causado.

De 1955, ano de início do Iseb, até 1964, ano de sua extinção, a educação brasileira viveu os últimos momentos da herança do Estado Novo, em particular a Reforma Gustavo Capanema, de 1942, a LDB 4.024, de 1961, as primeiras alterações introduzidas pelo regime militar, que desaguaram na LDB 5.692/5.671, de forte inspiração tecnicista norte-americana.

O segundo problema da educação, no Brasil, é que ela pouco ou nenhum lugar ocupa junto aos intelectuais, como se fosse uma tarefa apenas técnica, sem espaço para as profundas reflexões teóricas a que são dados os pensadores brasileiros.

Há um viés muito acentuado nas reflexões brasileiras que se apresentam como um verdadeiro paradoxo, que consiste tanto em longas discussões sobre o desenvolvimento do país sem, ao mesmo tempo, uma profunda discussão sobre os projetos educacionais, quanto a considerar a educação apenas no que concerne à escolarização.

A educação não consiste apenas na instituição da rede de ensino, tanto pública quanto privada. Esse é um dos componentes do complexo educacional que, no Brasil, serve de espaço para as negociações políticas e de plataforma eleitoral.

Entretanto, a educação é mais do que isso – ela é o projeto sociopolítico do Estado, em um dado momento, que compreende, além da rede de ensino, todos os mecanismos destinados à pesquisa, de ponta e aplicada, de modo a possibilitar a saída do estado de dependência crônica da ciência e da tecnologia importadas.

Caberia dizer que, nesse início do século XXI, o projeto educacional deveria alcançar também os outros meios de educação, representados pela mídia, de modo a provocar a elevação do nível cultural do povo brasileiro para além da escatologia e sensualidade vulgar dos programas televisivos.

Seria muito reducionismo responsabilizar apenas o neo-liberalismo pela situação em que se encontra a educação brasileira considerada em seu conjunto.

É verdade que a política neo-liberal, imposta mundialmente pelos mecanismos internacionais de financiamento, é responsável pelo crescimento vertiginoso das escolas privadas em todos os níveis. Entretanto, ela não é responsável pelo histórico e crônico descaso com que é tratada pelo Estado brasileiro, nem pela manipulação inescrupulosa das verbas e cargos públicos, feita à sombra de uma legislação relaxada e omissa, como também não é pelos mecanismos excessivamente centralizados do sistema educacional, que impedem um dos mais saudáveis exercícios existentes, o exercício do debate, da discussão.

É verdade que o Iseb não inscreveu em sua pauta o problema educacional, muito embora Anísio Teixeira estivesse entre seus debatedores. Nesse particular o Iseb não fugiu à regra da intelectualidade brasileira.

Entretanto – e aqui se situa o ponto alto do texto do professor Marques –, os "isebianos históricos" procuravam instaurar o debate, o diálogo com a sociedade, em especial por meio de palestras proferidas em institutos importantes, como a Escola Superior de Guerra, ESG, por exemplo, onde as idéias e os conceitos que deveriam constituir os alicerces do desenvolvimento brasileiro eram postos às claras.

O debate, o diálogo, a discussão dos problemas nacionais, enfim tudo quanto constitua as práticas da democracia e que, de modo ainda incipiente em um Brasil cronicamente coronelista, caracterizou o decênio de 1955 a 1964, foi silenciado com o início do governo militar...

Se o resto não é silêncio, deve-se a textos como o do professor Marques, que discute e interpreta o conteúdo do pensamento isebiano de modo competente e instigante.

A todos, boa leitura!

Ivan Aparecido Manoel

Franca, 22 de julho de 2002
(em meio a uma campanha eleitoral em que
o debate transparente não foi a tônica)

Introdução

Em 14 de julho de 1955, o presidente da República em exercício, João Café Filho, assinou o decreto de criação do Instituto Superior de Estudos Brasileiros, o Iseb. No dia seguinte, 15 de julho, o decreto foi publicado, no *Diário Oficial da União*:

> ... o estudo, o ensino e a divulgação das ciências sociais, notadamente da sociologia, da história, da economia, da política, especialmente para o fim de aplicar as categorias e os dados dessas ciências às análises e à compreensão crítica da realidade brasileira, visando à elaboração de instrumentos teóricos que permitam o incentivo e a promoção do desenvolvimento nacional (Brasil, decreto-lei nº 37.608).

Conforme o decreto, compunham o Iseb dois conselhos: o conselho curador, de oito membros, cidadãos de notória competência, designados pelo ministro da Educação, e o conselho consultivo, de 40 membros, igualmente designados pelo mesmo ministro, com a tarefa de assistir o conselho curador, ao qual cabia escolher, do seu próprio meio, um diretor executivo.

18 ANTÔNIO MARQUES DO VALE

O objetivo de nosso trabalho é estudar somente os cinco autores "históricos", os que, provindos do anterior Instituto Brasileiro de Economia, Sociologia e Política, Ibesp, estiveram presentes desde o primeiro momento da fundação do Iseb, exatamente os que foram escolhidos para diretor executivo e para dirigir departamentos. Eram eles: Roland Cavalcanti de Albuquerque Corbisier, Álvaro Vieira Pinto, Cândido Antônio Mendes de Almeida, Hélio Jaguaribe Gomes de Matos e Alberto Guerreiro Ramos. Consideraremos a ação dos intelectuais e as concepções sobre o papel e a formação deles, procurando correlação entre suas teorias e as atividades com o planejamento da educação, nomeados que se encontravam para o Ministério da Educação e Cultura. Entendemos por bem não estudar Nelson Werneck Sodré, que, junto com Cândido Mendes, participou diretamente do Departamento de História, mas tivera introdução tardia no grupo.

O decreto é explícito em apresentar o Instituto a serviço da compreensão crítica da realidade brasileira e, de maneira geral, a serviço da promoção do desenvolvimento nacional. Os "históricos", como grupo sob a liderança de Hélio Jaguaribe e com os mesmos objetivos, já haviam convivido dentro do citado Ibesp, no Rio de Janeiro, mas a oficialidade lhes consentiria ampliar a própria ação e divulgar o próprio pensamento. O tema dos intelectuais continua de notável relevância, pois, tendo agitado muitas discussões em todo o século, resultou, no Iseb, numa tentativa inaudita de diálogo e de colaboração mútua.

Todo povo sente necessidade de construir novos conhecimentos e de transmitir aos pósteros o seu patrimônio cultural. De um lado, fica afirmado, com Antonio Gramsci, que

> ... cada grupo social, nascendo no terreno originário de uma função essencial no mundo da produção econômica, cria para si, ao mesmo tempo, de um modo orgânico, uma ou mais camadas de intelectuais que lhe dão homogeneidade e consciência da própria função, não apenas no campo econômico mas também no social e no político (Gramsci, 1984b, p.3).

O ISEB, OS INTELECTUAIS E A DIFERENÇA 19

De outro lado, ele ressalta a percepção de que "o enorme desenvolvimento alcançado pela atividade e pela organização escolar (em sentido lato) nas sociedades que surgiram do mundo medieval indica a importância assumida no mundo moderno pelas categorias e funções intelectuais..." (p.9). Toda organização, igualmente, elege seus intelectuais tradicionais e orgânicos, dizemos nós, usando categorias de Gramsci.

O Ministério da Educação e Cultura, de certa maneira órgão representativo da nação, enunciava objetivos mais ou menos explícitos ao introduzir, na sua programação, as atividades de um instituto especializado composto de intelectuais. A presença do Iseb levanta o problema de como deve atuar um intelectual profissional no planejamento do desenvolvimento brasileiro e da vida escolar da juventude. Enquanto, com eles, se afirma que o problema pedagógico é filosófico e ético e se postula para a nação uma visão de conjunto, também cabe inquirir deles como organizar tecnicamente a escola e a universidade. Nesse aspecto, com o seu "idealismo" da ideologia global do desenvolvimento e da consciência nacional, os "históricos" suscitam interrogações às quais não podem prover respostas satisfatórias. Como temos de assumir responsabilidades pelo que acontece na relação de continuidade entre passado, presente e futuro, a consciência do tempo, concreta e não abstrata, deve convencer-nos de que é necessário lutar permanentemente contra possíveis deformações e desvios, e vale, então, atender à chamada de Gramsci à história real:

> Sentimo-nos solidários com os homens que hoje são velhinhos e que para nós representam o "passado" que ainda vive entre nós, que deve ser conhecido e examinado, pois é ele um dos elementos do presente e das premissas do futuro; e com as crianças, com as gerações que estão nascendo e crescendo, pelas quais somos responsáveis (Gramsci, 1984a, p.21).

O trabalho se baseia no que os "históricos" publicaram, por meio do próprio Iseb, de livros, periódicos e jornais. Entrevistas pessoais com dois deles nos ajudaram a tomar melhor posição diante do nosso próprio projeto, mas, por motivos vários, nos satisfizemos com relatos e entrevistas de outros pesquisadores que também conseguiram acesso a acervos particulares. Sobretudo falamos de Alzira Alves de Abreu (1975) e de Guita Grin Debert (1986). Privilegiamos as obras do período anterior à criação do Instituto e as produzidas nos seus nove anos de atividades, até sua extinção por força de decisão governamental em 1964; no entanto, as obras posteriores a 1964 ofereceram contributo inestimável, descontadas as precauções por estarmos vigilantes à evolução das intuições intelectuais e emocionais devida à mudança das circunstâncias; um aspecto histórico-hermenêutico sobre o qual os próprios isebianos se sentiam advertidos. Não descuidamos de leituras afins, no que se refere às implicações com a História do Brasil, com a Filosofia, com a História da Educação, com a Didática Fundamental, e, num trabalho interdisciplinar, estivemos atentos à interlocução com professores, acadêmicos, pessoas diversas que, de suas áreas, podiam acrescentar dados de conteúdo e somar algum elemento crítico.

É nossa pretensão guardar a cientificidade, respeitar demarcações em torno ao que eles construíram. Supõe-se objetividade. Por isso, nossa insistência em aprofundar o contato com os autores por meio de leitura empática da sua obra, e, por meio dos seus quadros teóricos, conhecer sua visão de sociedade e de Estado e suas concepções de vida; a autocrítica goza da precedência e cabe, então, escutar. O debate de tipo histórico-dialético não pode visar, primariamente, a destruir um inimigo ou garantir prestígio próprio, mas a fazer a História avançar, levando a sério o concreto em suas múltiplas determinações e, portanto, tendo coragem de confrontar-se com outro concreto. Por isso, admitindo no trabalho uma crítica visão etnometodológica ou simplesmente qualitativa, quisemos abraçar ainda uma escolha no sentido daquela tendência realista da fenomenologia que cuida de ser sincera com a realidade.

Captando a intensidade com que determinadas temáticas se fazem presentes no grupo de interesse ou em cada um dos autores, iremos referir basicamente, nos capítulos iniciais, o pensamento e

O ISEB, OS INTELECTUAIS E A DIFERENÇA   21

o projeto bebidos na própria fonte. Nosso projeto não exclui uma boa síntese: é o dialogar com eles e colocá-los em diálogo entre si para que o todo apareça. Nossa palavra vem depois, evidentemente, sem pretensão de ser a última.

Há uma riqueza que pode surgir da leitura mais atenta e da atual pesquisa sobre a época e o contexto. Se imaginarmos que a República mal se achava instalada nos anos 1930, que o país saía de um Estado Novo de velhos e novos controles antidemocráticos sobre pessoas, comunidades e escola, e que o pós-guerra fora um afã de sentimentos, especulações e ação por reconstrução, desenvolvimento, libertação e consciência autônoma, poderemos reconhecer que o jovem grupo até pecou por idealismo, por ser jovem e por não contar com a tradição acadêmica que este país, subdesenvolvido, quereria ter podido acalentar. O ranço ideológico da dominação oligárquica, que eles analisaram reconhecidamente bem, se espalhava sobre eles próprios como forte condicionamento à hora de procurarem por respiro e luz. Assim, eles desejavam *esclarecer*, mas também não viam claros os próprios caminhos. Historicamente, um problema não só deles; por isso, aliás, nos arrojamos a pôr a "discutibilidade"[1] como elemento fundamental para qualquer método de pesquisa. Apresentando assim as coisas, cedemos espaço a uma chave de interpretação psicológica, que só pode enriquecer qualquer atitude dialética perante a realidade social brasileira ou a realidade do Iseb.

O plano do nosso trabalho envolve quatro capítulos. Três apresentam o projeto e as análises dos isebianos "históricos", seja com base em suas categorias, seja com base nas suas considerações sobre intelectualidade e educação; o longo capítulo quarto é onde se unem, em discussão crítica, a contribuição de diferentes autores e a nossa

---

1   Pedro Demo considera a discutibilidade o critério de cientificidade mais aceitável – não obstante uma polêmica interminável. Ela marca a substância processual dialética das ciências sociais. Somente pode ser científico o que for discutível. Demo se fundamenta em J. Habermas. Ver DEMO, P. *Metodologia científica em Ciências Sociais*. 2. ed. São Paulo: Atlas, 1989, pp.26-27.

sobre uma vida intelectual plena e transformadora, emancipada e emancipadora.

O primeiro capítulo aborda a problemática dos intelectuais desde 1920 até aos tempos do Ibesp e do Iseb, na década de 1950; uma história de crise que os nossos "históricos", levados por ideais unitários e nacionalistas, quiseram resgatar numa ideologia global; suas biografias mostrarão os percalços de um projeto pessoal e grupal e também os percalços da existência de um grupo de interesse envolvido politicamente com o Estado de Juscelino Kubitschek e com a burguesia industrial a caminho da hegemonia.

O segundo capítulo traz a análise dos nossos autores sobre um mundo colonizado e submisso a oligarquias rurais, mas em passagem para uma sociedade mais complexa: da industrialização, das novas classes, do domínio de novo setor burguês. O entusiasmo idealista por um projeto desenvolvimentista sugere ao Ibesp e ao Iseb formular uma ideologia nacional do desenvolvimento, para ser base de uma consciência e cultura autenticamente brasileiras e servir de apoio ao governo populista de Juscelino Kubitschek. Para eles, a educação, antes de escolarizada e técnica, tem de ser ideológico-desenvolvimentista e nacionalista.

O terceiro capítulo permite aprofundar como entendem a consciência e o que projetam para formá-la; predomina a filosófica e elitista visão de conjunto, segundo a qual, com dificuldades, vão tentando integrar o ideológico/filosófico e o empírico, o pensamento e a técnica, a ideologia global e a educação escolarizada.

A nossa contribuição, no quarto capítulo, mostra como, pelas diversas categorias filosóficas, sociológicas, culturais e econômicas empregadas pelos isebianos, perpassa um anseio por unidade, forte a ponto de impedir o histórico emergir das contradições. Quem faz opção radical por uma facção hegemônica homogeneiza os diversos interesses segundo a própria ideologia e não consegue facilmente manter o diálogo com projetos e pensamentos diferentes; não submete os seus ideais à discussão e crê que a unidade, a consciência e o correto desenvolvimento possam brotar espontaneamente, sem educação prolongada e adequada para uma vida de conflito, de questionamento e exame dos princípios seus e dos outros. Daí a nossa proposta de abertura contra a arrogância na vida intelectual e por uma educação marcada pelo debate.

Quanto à fundamentação teórica, não temos muito o que dizer, porque o propósito é discutir com o leitor. Assim, a tese sempre admite um recomeçar. Se neste início nos explicamos, já fornecemos boa contribuição de cunho teórico e prático. Tentamos, aqui, resumir pontos de vista que fomos refletindo ao longo do tempo de pesquisa.

Introduzindo como consultor um livro da Editora Nova Cultural com textos de Marx, José Arthur Giannotti assim encerrou:

> Só depois da Segunda Guerra Mundial o marxismo começou a perder seu caráter de seita monolítica, de doutrina que não pode ser questionada, para poder reaparecer, no jogo das doutrinas, como um pensamento vivo. Mas agora como um clássico, como um pensamento a que sempre se faz referência sem adesão integral e que passou a viver, portanto, de suas múltiplas leituras, sem que se deva pedir a uma delas fidelidade absoluta (Giannotti, 1999, p.18).

É possível que muitos tenham lido com alívio expressão desse tipo, sem trair a adesão àquilo que, discutido, pode levar a nova práxis para libertar as maiorias. A publicação da Editora, dizendo o que muita vez era indizível, isto é, que Marx deve ser discutido, acabou por ressaltar o dinamismo frutífero da chamada discutibilidade.

Um autor que tomamos como base para nossas discussões sobre o intelectual, e familiar ao Brasil desde a década de 1960, foi Antonio Gramsci. Com ele, de modo simples e sem rótulos, gostaríamos de dizer que apraz dar uma direção de tipo dialético ao nosso debate. Gramsci, o filósofo e pedagogo, sugeria discussão ampla, de que todos participassem criticamente e com liberdade. Aí não estaria a declamada "subjetividade" gramsciana? Gramsci (1984a) projeta a participação, o respeito pela idéia do outro: solidário com os velhos, com o passado. Contra o individualismo exaltado, critica o perigo da concorrência que leva alguém a querer tornar-se o chefe do partido. Apontamos, pois, em Gramsci, para o diálogo, primariamente necessário, não porque consolide hegemonias, mas porque as suas bases teóricas são permeadas pela concepção convicta de que todos são intelectuais. Lembraremos o bloco que juntaria operários urbanos e camponeses, num debate que constrói o partido: o debate que reforça, progressivamente, a vontade coletiva. Em Gramsci, discussão crítica se casa com senso crítico; o contrário, para ele, é a restauração e reorganização das forças dominantes tradicionais ou é o controle de um carismático. Melhor, é a vontade coletiva que cresce aos poucos. Quase quereríamos falar, com um dos nossos isebianos, de uma vontade "trófica".

O partido político, o "moderno Príncipe" em Gramsci, é "a primeira célula na qual se aglomeram germes de vontade coletiva que tendem a se tornar universais e totais". Aí, o tema da contradição se conjuga com o tema do debate e do diálogo: no partido estão todas as inteligências, e tanto está o urbano como o camponês. Se Gramsci, radicalmente, faz a crítica da situação da Itália em busca de unificação e protesta contra os poderes tradicionais, inclusive eclesiásticos, se ele propugna a reforma intelectual e moral e, até idealisticamente, uma "forma superior e total de civilização moderna (...) com pontos programáticos concretos", é porque pretende um debate que antes não se conseguira e no qual as maiorias, especialmente, teriam podido ser contempladas (Gramsci, 1984a, pp.6-8).

Melhor se entende sua posição ao se ler, na mesma obra e adiante: a história do industrialismo é história de luta contra o elemento animalidade do homem, de um processo doloroso e sangrento com sujeição dos instintos e com normas de ordem; dessa maneira, o industrialismo se estabelece a fim de tornar possível uma forma de vida coletiva mais complexa, somente que à custa de brutal coerção e de muitas vidas humanas. Gramsci aponta para as contradições da vida moderna.

O que até aqui expomos se torna referencial para reflexão. Na linha da discussão, é esclarecedora a crítica moderada e arguta de Pedro Demo: todo cientista, ao fazer ciência, sabe que oferece apenas *um* enfoque e sabe que não passa de *um* cientista; isso evidencia não só que a discussão crítica é importante mas também que será científico o que se apresentar discutível e assim se mantiver. Por isso dizer Demo (1989) que democracia é sempre ainda uma teoria; é preciso optar por uma versão, do mesmo modo que, após longa discussão, finalmente é preciso agir. Qual será, entretanto, o porto seguro? Como nos posicionarmos diante da diferença entre referenciais teóricos? Podemos recordar o texto de Giannotti sobre Marx e afirmar que, na área do saber, também é desejável um processo de emancipação. Aliás, quanto a isso, Demo chegou a acusar a impositividade do próprio Marx jovem em confronto com uma dialética menos antagônica do velho Marx. De recordar, então, ainda em Demo, a advertência de que a unidade dos contrários seria provavelmente a marca mais profunda da dialética. Assim encerramos com Demo (1989, p.97): "As totalidades históricas se mantêm em processo e por isso se transformam, porque contêm dinâmica interna essencial, baseada na polarização. (...) Para haver diálogo é mister a polarização de interesses contrários (contrariados)".

Nossa atitude, quanto aos referenciais, pretende ser dialética, embora avessa a rotulações. Com Marx, o clássico que todos têm de ler, com Gramsci, na sua dialética que é também subjetividade, com aquela fenomenologia que se recusa a pôr entre parênteses a realidade, com Zubiri e seu diálogo com os que buscaram ser sinceros com o real, e até com os liberais autênticos que algo têm a dizer. Debate e risco. Debate penoso, teimoso; embora não obstinado. Admirando a tentativa intelectual e muitas conquistas dos nossos isebianos "históricos", mas rejeitando seus isolamentos e dogmatismo, perguntaríamos: Por acaso não viram, não perceberam?

1
ISEB: HISTÓRIA E FUNDADORES

O Iseb, Instituto Superior de Estudos Brasileiros, objeto desta pesquisa, surgiu efetivamente em 1955, com o fim de formular uma concepção da realidade social brasileira.

Ao tratar de rupturas que se deram dentro do Instituto, consumadas a partir do ano de 1960, e citadas em livro de Wanderlei Guilherme, publicado tardiamente pelo Instituto em 1963, Caio Navarro de Toledo fez uma ressalva: não se pode "desqualificar as análises procedidas [sic] pelos ideólogos do desenvolvimento acerca da formação histórica do país, particularmente na sua fase précapitalista" (Toledo, 1977, p.155). Por também valorizarmos tais análises, seguiremos, na elaboração do primeiro capítulo, os mesmos autores "históricos" dos quais é dado recolher necessários esclarecimentos.

Neste capítulo, de cunho introdutório e histórico, teremos em vista que os intelectuais filiados ao Iseb tencionaram trabalhar, na maré alta do populismo, para formar um povo, uma cultura e um caráter brasileiros. Conseguiram organizar-se dentro do Ministério da Educação e Cultura, apresentando-se não como pedagogos mas, sobretudo, como formuladores de uma ideologia do desenvolvimento.

Condições históricas para o surgimento do Iseb – Oligarquia, classes médias e proletariado

Nos últimos cinco séculos, a Europa dominou as demais regiões do mundo que, tornadas marginais, só por analogia puderam revestir-se da forma nacional. Foi uma radical conquista sem qualquer resistência cultural, na afirmação de Cândido Mendes. Um critério cultural para abordar as relações internacionais tornou-se anacronismo, e falar da América Latina em termos de um caráter, uma alma, uma vocação, era ilusão. A consciência da América Latina se formou sem memória social, e mesmo os Estados soberanos do século XIX ainda se revelaram países sem povo. Ao meio do século XX, como no período colonial, continuavam fornecedores de matérias-primas, pois ainda era baixo o custo da mão-de-obra. A mazela tradicional do continente era a sua condição de objeto da História e não de sujeito: sem possibilidade de formar classes médias, submetia-se a uma estrutura de servidão.

Para falar de um projeto de destino para as comunidades latino-americanas, era preciso associar a idéia nacional à tarefa de promoção do seu desenvolvimento econômico. Certo que a baixa produtividade inviabilizara a formação de um processo emancipatório, e que a presença dos Estados Unidos no mercado internacional viera agravar a fragilidade das estruturas econômicas tradicionais. No pós-Segunda Guerra, porém, acreditava Mendes, emergia o protagonismo latino-americano: Brasil, México e Chile se encontravam em pleno processo de desenvolvimento, com rápido crescimento de seus parques industriais. As revoluções irrompidas aqui ou ali tinham pretendido virar a página em branco da etapa colonial extrativa da Ibero-América. As revoluções do Brasil (1930) e da Argentina (1946), desenvolvidas sob o imperativo faseológico, visando a destruir a hegemonia latifundiário-patriarcal e a desarticular a composição clássica das forças nacionais, impuseram a figura corretora de um Estado empresário. Mendes (1960a) falava, portanto, de uma nova América Latina com compromisso histórico. Não mais as solidariedades tradicionais, definidas por uma herança cultural vivi-

O ISEB, OS INTELECTUAIS E A DIFERENÇA   29

da em servidão, mas um ponto de vista do Novo Mundo; não a órbita cultural em decadência dos discursos sobre hispanidade, lusitanidade ou fidelidade ao mundo latino, mas o caminho histórico autônomo da idéia nacional, caminho de nações que se recusavam igualmente a inclinar-se ante a doutrina de Monroe. Tais aspectos demonstravam as revoluções em curso.

Na expressão de Guerreiro Ramos (1956), a sociedade brasileira da década de 1950 integrava a periferia da chamada civilização ocidental e não se podia furtar ao imperialismo cultural das sociedades dominantes nessa civilização. Ramos também denunciava interesses particulares de grupos ou de classes que produziam teorizações ideológicas justificadoras e necessariamente sectárias. A essas teorizações, ele contrapunha a teorização sociológica do Iseb, no seu esforço de transideologização, que abordava, inclusive, a evolução política do Brasil anterior a 1930.

A classe latifundiária lutou contra o capitalismo português, foi a sua esquerda, tão logo se diferenciou, de 1822 até 1930, como uma classe para si e com o desfrute da dominância. As atividades manufatureiras, que despontaram entre 1870 e 1880 e se destacaram da agricultura para consumo direto das fazendas, ainda representavam um Brasil que era apenas arquipélago de nódulos econômicos. De fato, só apareceram pequenas empresas até 1930. A agricultura se especializara na produção para satisfazer a demanda do comércio exterior, firmando-se o predomínio do café com saldos positivos entre 1860 e 1929. Classe proletária, no Brasil, só foi realidade na primeira metade do século XX.

O proletariado surgia de elementos oriundos da massa de escravos e da plebe rural circunjacente às fazendas, e, nesse débil capitalismo brasileiro, não era possível a radicalização dos interesses do trabalhador. Guerreiro Ramos cita, de Sílvio Romero, em obra de 1895, que, nesta nação embrionária, a "mais importante indústria é ainda uma lavoura rudimentar"; "o capitalismo nacional é exíguo, quase mesquinho"; e se "há pauperismo, é da nação inteira" (Ramos, 1956, pp.30-34). Mas a indústria crescia a partir dos últimos anos do Império: em 1889, os trabalhadores industriais eram 54.169;

em 1907, 150.841; e, em 1920, quando se realizou o segundo censo industrial, 275.512. Em geral, eram ex-campônios, adestrados em tarefas industriais e carentes de consciência profissional. A classe média tinha de ser simplesmente uma classe eminentemente política, a única a deflagrar movimentos revolucionários, de pouca expressão até 1920, mas sempre pronta a concessões que lhe permitissem um *modus vivendi*.

Conforme Jaguaribe (*apud* Schwartzman, 1981, p.134), se estabeleceu, desde o início da colonização, uma economia de exploração, em que "a formação da riqueza é organizada e procedida [*sic*] em benefício de valores ou de pessoas estranhos ao seu processo".[1] Um fenômeno que avançou República adentro e se manteve, na sua essência, até meados do século XX: não mais em favor do tesouro português, mas de uma nova classe dirigente, a burocracia militar-fiscal, além das classes dos latifundiários e comerciantes. Com o incremento da urbanização, uma classe média se consolidava: de profissionais liberais, em geral "filhos-família" que se afastavam em proveito de irmãos mais velhos deixados no controle das fazendas, e de pequenos negociantes e empresários. Para essa classe, se abria um caminho de acesso ao poder: o serviço militar e burocrático. Sua força levou à proclamação da República. Essa classe média, no entanto, como não alterou o regime do poder econômico depois de conquistar o poder político, voltou a perder a este em benefício do latifúndio. Basicamente, pois, o que aconteceu no ciclo da República Velha?

O latifúndio, tendo assumido o controle do Estado para o ganho próprio, ampliou os quadros burocráticos e assegurou o pleno emprego em favor da classe média; esta, por sua vez, acabou confirmando o latifúndio no poder por via eleitoral. E, enquanto se firmava a classe média, ia surgindo o proletariado brasileiro, produtor de bens e serviços que locupletavam o latifúndio e a burguesia urba-

---

1   SCHWARTZMAN, S. *Cadernos de Nosso Tempo*, v.6. Esse livro faz parte da coleção da Câmara dos Deputados intitulada Biblioteca do Pensamento Político Republicano.

na e, indiretamente, a mesma classe média burocrática.

Jaguaribe estudou esse Estado marcado pelo parasitismo burocrático e o denominou Estado cartorial.

No dizer de Mendes (1962a), revelava-se aí uma política de oligarquia com subordinação eleitoral que imitava o vínculo familiar: o coronel com o controle da terra, ao centro, e a periferia de afilhados ao seu redor. Era chamada de política de clientela, porquanto objetivava a inserção das classes médias no seu contexto. Foi próprio dos Estados parasitários desenvolver excessivamente os cargos públicos e um aparelho totalmente desvinculado do desempenho efetivo de funções. Em tais Estados, emergiu uma política de grupos de pressão ainda com limitada consciência de classe. Nem nas classes sociais já emancipadas pelo desenvolvimento aflorou a política de ideologia, a qual supunha denúncia partidária dos vícios de organização e das formas clientelísticas de poder. Somente na medida em que surgiam políticas de pressão e política ideológica é que se pôde falar de uma trajetória do desenvolvimento nacional.

Os intelectuais de 1920 até a criação do Iseb

A tradição intelectual brasileira vista pelos "históricos"

Para Cândido Mendes, três dados principais marcaram a vida do pós-Segunda Guerra, só entendidos, porém, a partir dos fatos ocorridos no país nas décadas de 1920 e de 1930. Levá-los em consideração permitiu verificar que relevância tiveram os homens de pensamento do período pós 1945.

Primeiro, houve uma persistente polarização de atores políticos entre populistas e antipopulistas, provinda, sobretudo, de outra polarização: entre getulistas e antigetulistas, entre os herdeiros e os detratores de Getúlio Vargas. O segundo dado foi econômico: luta antiinflacionária, com tentativas de estabilização e políticas ortodoxas de austeridade, resistências sociais e pressão sobre salários, necessidade de ajuda do exterior em contraste com o crescimento da dívida; tudo isso foi acentuando a dita "questão nacional" e gerando confronto entre defensores e opositores do nacionalismo. Terceiro, a presença das Forças Armadas: dispostas a intervir cada vez que um certo processo legal parecesse ameaçado, mantinham um quadro constitucional de extrema fragilidade (Mendes, 1979a).

Drástico, Roland Corbisier lembrou a dominação vinda de fora. Até 1922 – ano do centenário da Independência e da realização da Semana de Arte Moderna –, "não há propriamente história, mas préhistória do Brasil (...), não tínhamos consciência de nós mesmos, não sabíamos o que éramos, não nos conhecíamos, éramos um subproduto, um reflexo da cultura européia" (Corbisier, 1958, p.45). Permanecíamos em posição subalterna de colonos, de meros consumidores dos produtos industriais e culturais estrangeiros. Para Corbisier, o que tínhamos de mais autêntico, em matéria de cultura, datava de 1930, da crise e da Revolução de 1930.

Expressões semelhantes encontramos em Guerreiro Ramos: "... a crítica no Brasil tem sido, por excelência, o ofício do diletantismo"; "... há ainda a ressaltar um aspecto fundamental de nossa crítica, o qual explica a sua profunda alienação da realidade brasileira: é o fato de que ela obedece a critérios de julgamento estranhos ou importados" (Ramos, 1957c, p.28). Nossa evolução intelectual estava condicionada pela evolução intelectual de outros países. Nesse sentido, Alberto Torres se fez inexcedível quando focalizou o caráter abstrato de nossa cultura.[2]

O mesmo Guerreiro Ramos explicava, em termos de classes, as mudanças que se introduziam. Na década de 1930, se iniciou o declínio da burguesia latifúndio-mercantil como classe dominante, forçado pela conjuntura internacional desfavorável. O espaço foi cedido aos interesses da burguesia industrial. Na mesma época (1930-1940), começou a delinear-se a força política do proletariado brasileiro, força revelada tanto nas criações do Ministério do Trabalho,

---

2 Sobre Torres, confira adiante.

Indústria e Comércio e do Departamento Nacional do Trabalho como na sindicalização das classes patronais e operárias. As mudanças, em geral, se pautavam por um espírito de imitação do que acontecia na Europa e, às vezes, nos Estados Unidos. Embora admitida alguma verdade em que os grupos e facções brasileiros sabiam instrumentalizar as fórmulas feitas segundo os seus propósitos, sobretudo se tratava de um imperialismo cultural, estreitamente vinculado àquele imperialismo econômico que só na década de 1950, com novas condições objetivas, foi sendo neutralizado.

A vida intelectual daquele período, para Guerreiro Ramos, foi marcada por conceituação inadequada. De modo mais ou menos ingênuo, os escritores refletiam as tendências centrípetas de autodeterminação atuantes na sociedade brasileira já nos anos 1920. Entre 1919 e 1925, realizaram-se esforços para estruturar idéias destinadas a criar uma consciência política dos interesses nacionais, mas se tratava, em especial, de meditação de inclinação sociológica, sem fixar objetivos concretos. Embora com limites, aí se destacou uma obra coletiva de escritores da geração nascida com a República: Antônio Carneiro Leão, Celso Vieira, Gilberto Amado, Jonathas Serrano, José Antônio Nogueira, Nuno Pinheiro, Oliveira Viana, Pontes de Miranda, Ronald de Carvalho, Tasso da Silveira, Tristão de Athaíde, Vicente Licínio Cardoso. De certa maneira modernistas, queriam pensar o Brasil "sem os desatinos e as correrias revolucionárias perigosas e intempestivas" (Ramos, 1957c, pp.66-67).

Das figuras de intelectuais anteriores a Getúlio Vargas, e que diagnosticaram com acerto nossos males nacionais, cabe mencionar especialmente Carneiro Leão, Gilberto Amado e Oliveira Viana; mas alguns homens do período getulista conseguiram captar aspectos essenciais dos acontecimentos: Martins de Almeida, ainda Oliveira Viana, Azevedo Amaral, Virgínio Santa Rosa. Para Ramos (1957c, pp.67-69), dos esforços de tais intelectuais "não resultou a formulação de uma ideologia orgânica da realidade nacional que refletisse a direção dominante do processo de desenvolvimento da sociedade brasileira"; não obstante, a teorização política se tornou cada vez mais ponderável de 1937 até a década de 1950, com o merecido destaque para os papéis positivos da Segunda Grande Guerra e da correlata crise do imperialismo.

Em 1921, foram fundados o Centro Dom Vital e a revista *A Ordem* por católicos conduzidos por uma certa *ideologia da ordem*. À frente, o escritor sergipano Jackson de Figueiredo, matriz de um pensamento que se manteve militante até a década de 1960. O movimento inspirava-se em Joseph de Maistre, De Bonald e Maurras e não admitia justificativas para nenhum movimento revolucionário: pelo contrário, postulava o direito divino e a monarquia. Para Jackson e seus seguidores, a questão política era eminentemente moral, e a ideologia da ordem já continha os pontos principais do integralismo, além de defender, por meio de um sindicalismo orgânico, a questão social e o corporativismo, princípios que, de 1932 a 1937, se oporiam à liberal-democracia[3] (Ramos, 1961).

Para Ramos, não convinha exagerar a tensão entre as duas classes, burguesia latifundiário-mercantil e burguesia industrial, na década de 1930-1940. Suas lutas políticas ostentavam pouca nitidez ideológica. Por isso, fora possível o golpe de 1937, e o Estado Novo (1937-1945) se tornara uma ditadura da híbrida burguesia nacional. Se o proletariado brasileiro foi conseguindo uma estruturação sindical só a partir de 1931, a pequena burguesia, por seu lado, foi sendo cooptada pela direita política, principalmente pelo integralismo – versão brasileira do fascismo, em torno do nome de Plínio Salgado –, fundado em 1932, extinto em 1937 e restaurado em 1945 sob o nome de Partido de Representação Popular. Nos quadros desse partido, bem como da União Democrática Nacional e do pequeno Partido Democrata Cristão, evoluiu uma força reacionária domesticada por ideologia reformista e moralista: contavam com intelectuais influenciados pela cultura das sociedades dominantes na civilização ocidental. No dizer de Guerreiro Ramos (1957c), ainda não

---

3   Ramos acredita que, como categoria social, a intelectualidade católica no Brasil ainda não superou a ideologia da ordem nos inícios da década de 1960.

O ISEB, OS INTELECTUAIS E A DIFERENÇA **35**

tinham sido atingidas as condições objetivas determinadas que, na década de 1950, se iam configurar no país.

No período do Estado Novo (1937-1945), com o crescimento do número de empregados e operários na cidade, a política foi mais intervencionista: no plano econômico, subvenções e investimentos públicos, e, no plano social, Consolidação das Leis do Trabalho, CLT. Políticas que seriam reencontradas no período democrático do imediato pós-guerra, sob a ação do PTB, sempre interessado em canalizar as novas forças urbanas e, sobretudo, operárias. Também a subseqüente história do Iseb iria, com jovens economistas e sociólogos desenvolvimentistas, no dizer de Cândido Mendes, "preconizar a confiança na capacidade intrínseca de adaptação e de reconversão das estruturas sociais e insistir na necessidade de estimular os processos de mutação por uma *política de intervenção* [grifo nosso] dos poderes públicos" (Mendes, 1979a, p.12).

O processo de nossa história foi apresentado por Hélio Jaguaribe (*apud* Schwartzman, 1981) como o da crise brasileira. Em cada um desses planos, quais providências ou medidas seriam mais adequadas?

Jaguaribe propôs solução dinâmica, em absoluta correspondência entre o processo do objeto e o processo da solução e sem aprisionamento em fórmulas. Parecia ater-se à onda prevalecente do planejamento para chegar a um projeto social (ideologia) dotado de eficácia histórica. O nosso subdesenvolvimento atingia um ponto crítico, e eram requeridas propostas e planos nos campos econômico, social, cultural e político. Urgia solucionar o problema cultural. Quanto a este, Jaguaribe sugeria a

> criação de uma cultura brasileira, com a incorporação do patrimônio espiritual do Ocidente e a formação de uma compreensão viva da realidade nacional; criação de um movimento ideológico que extraia da própria crise os materiais e os incentivos para uma vigorosa afirmação cultural; reforma da educação, orientada para a compreensão e o domínio de nossas circunstâncias; imediata criação de um amplo quadro de técnicos e de administradores, com aproveitamento de todos

os valores locais e a incorporação de elementos estrangeiros (*apud* Schwartzman, 1981, pp.151-152).[4]

Em 1954, Guerreiro Ramos deplorava que, até então, não se conseguira formar especialistas aptos a fazerem uso sociológico da sociologia no Brasil. De certo via os limites em si próprio, nos seus textos anteriores a 1950. Problema real. Ramos projetou a redução sociológica como proposta e caminho para superar todo e qualquer formalismo intelectual; era a recusa de sujeição a princípios ou fórmulas vindos do exterior. Defendendo o uso sociológico da sociologia, propunha algo que realmente interessasse ao povo brasileiro, à nacionalidade. Tratava-se de um nacionalismo que já fizera chão, e nesse espírito é que começaram a reunir-se intelectuais paulistas e cariocas – as remotas origens deles, como agrupamento, podiam ascender a 1949, à colaboração na quinta página do *Jornal do Comércio* – dispostos a discutir os problemas do subdesenvolvimento brasileiro com especificidade.[5]

Dados biográficos e linhas de pensamento dos "históricos" do Iseb

Antes de abordar a aventura intelectual que os "históricos" do Iseb tentaram vivenciar juntos, é oportuno iniciar com a biografia de cada um deles, em conformidade com os objetivos específicos do nosso trabalho, enfatizando não só o que se refere ao itinerário aca-

---

4 Observe que as propostas de Jaguaribe, no sentido do cultural, serão repetidas nesse mesmo volume, como transcrito por S. Schwartzman. De fato, toda a terceira parte aborda a questão da ideologia, fundamental para o nosso estudo.

5 Para a redução sociológica e a superação do nosso colonialismo mental, ver RAMOS, A.G. *A redução sociológica: introdução ao estudo da razão sociológica*. Benedito Nunes, em colaboração na obra, comenta: "Em seu primeiro aspecto, a redução sociológica, que tem na consciência crítica o seu pressuposto, objetiva a depuração das tendências implícitas nos postulados e nos princípios da sociologia estrangeira" (p.209).

dêmico, mas também ao trabalho pelo desenvolvimento cultural e educacional do país.

Roland Cavalcanti de Albuquerque Corbisier

Nasceu em São Paulo, em 9 de outubro de 1914. Fez o curso secundário no Colégio São Luiz e no Ginásio São Bento. Em 1932, já estava na Ação Integralista Brasileira. Bacharelou-se pela Faculdade de Direito do Largo de São Francisco em 1936. Cursou a Faculdade de Filosofia de São Bento e a Faculdade de Filosofia do Estado e lecionou no Colégio do Estado a partir de 1939. Foi um dos fundadores do Instituto Brasileiro de Filosofia (IBF), do qual se tornou diretor de cursos e conferências. Sob o patrocínio desse instituto e do Museu de Arte Moderna de São Paulo, lecionou Introdução Geral à Filosofia e Estética de Hegel. Em junho de 1952, em São Paulo, Corbisier fundou, com outros, o Instituto de Sociologia e Política (ISP), dentro de nova preocupação com os problemas econômicos, sociais e políticos. Tal preocupação era regida, entretanto, por princípios liberais, o que o levou a decepcionar-se com o instituto quando da recusa de publicarem uma monografia sua em que defendia a distribuição da riqueza e a justiça na repartição do produto social. Por crise familiar, se transferiu para o Rio de Janeiro em 1954, e o ISP saiu de seus horizontes.

Em 1955, no Rio, sob os auspícios da Capes – Coordenação de Aperfeiçoamento de Pessoal de Nível Superior – e do IBF, Corbisier pôde ministrar um curso de Introdução à Filosofia na Escola Nacional de Belas Artes. Um dos fundadores, foi também o primeiro diretor do Iseb, no qual lecionou Filosofia no Brasil e fez conferências sobre Cultura e Desenvolvimento, Nacionalismo e Desenvolvimento, dentre outras. Eleito deputado à Assembléia Legislativa e Constituinte do Estado da Guanabara e deputado federal na legislatura de 1963, exerceu o mandato até abril de 1964. Em 1967, fundou o Centro de Estudos Brasileiros e ministrou cursos de filosofia na Associação Brasileira de Imprensa (ABI). Em 1970, por iniciativa do Centro de Estudos Universitários, fez uma série de conferências sobre a filosofia de Hegel, comemorativas do segundo centenário do nascimento do filósofo. Sob o patrocínio da ABI, da Pró-Arte e do Departamento de Divulgação e Pesquisa, ministrou cursos de Filosofia da Arte e de Introdução à Filosofia. Atualmente, vive no Rio de Janeiro, no Botafogo.[6]

Em encontro pessoal, afirmou-nos que os "históricos" do Iseb não eram pedagogos. No entanto, ele ensinou muito tempo e incursionou na estrita área da pedagogia com livro e alguns artigos. Da obra geral, dentre os livros mais conhecidos, destacamos: *Imagens da Suíça* (1953), *Responsabilidade das elites* (1956), *Formação e problema da cultura brasileira* (MEC/Iseb, 1958), *Reforma ou revolução?* (1968), *Enciclopédia filosófica* (1974), *Filosofia, política e liberdade* (1975), *Autobiografia filosófica* (1978), *Os intelectuais e a revolução* (1980).

Alberto Guerreiro Ramos

Nasceu na Bahia, em Santo Amaro da Purificação, em 13 de setembro de 1915, de família humilde e ancestralidade africana. Passou parte da infância em cidades pobres e próximas ao Rio São Francisco. Com 11 anos, já em Salvador, empregou-se como lavador de frascos em uma farmácia, tornando-se caixeiro posteriormente. Fez o curso secundário no Ginásio da Bahia e aos 17 anos já participava do ambiente cultural da classe média baiana, escrevendo no jornal *O Imparcial* e em revistas literárias. Antes de deixar a Bahia, em 1939, já publicara dois livros, um deles intitulado *Introdução à cultura*. Foi militante do movimento integralista e, em seguida, do Centro de Cultura Católico. Migrou para o Rio de Janeiro para cursar Ciências Sociais com bolsa de estudo do governo baiano. Formado, não conseguiu o lugar que esperava na Faculdade Nacional de Filo-

---

6   Cf. CORBISIER, R. *Autobiografia filosófica: das ideologias à teoria da práxis.* Atenção para a quarta capa.

O ISEB, OS INTELECTUAIS E A DIFERENÇA **39**

sofia, ao lado de André Gross. Preterido, em 1942, acabou empregado como professor no Departamento da Criança, por intermediação de San Thiago Dantas. Em 1943, entrou para o Departamento de Administração do Serviço Público (Dasp): a passagem da universidade para a burocracia estatal imprimiria nele marcas profundas. Canalizou as energias intelectuais para uma série de artigos de cunho sociológico na *Revista do Serviço Público*. Em 1949, a pedido do Conselho de Colonização e Imigração, e em parceria com Ewaldo Garcia, elaborou um trabalho acerca das literaturas sociológica e antropológica no Brasil entre 1940 e 1949. Foi a primeira de uma série de pesquisas sobre a intelectualidade brasileira, seu papel social e político e sua produção.

Guerreiro Ramos assessorou economicamente o gabinete civil da Presidência da República nos anos 1950 e reconheceu a importância dessa sua participação no governo Vargas para compreender o Brasil. No início do envolvimento com o Instituto Brasileiro de Economia, Sociologia e Política (Ibesp), em nova fase de sua atuação intelectual e política, escreveu *O processo da sociologia no Brasil*. Sustentava que a sociologia devia ser um instrumento de construção nacional.

Conjugando a construção teórica com a constante atenção à prática da tarefa do desenvolvimento, Ramos publicou várias obras de sociologia: *Aspectos sociológicos da puericultura* (1944), *Sociologia do orçamento familiar* (1950), *Uma introdução ao histórico da organização racional do trabalho* (1950), *A sociologia industrial* (1952), *Cartilha brasileira do aprendiz de sociólogo* (1954), *Relaciones humanas del trabajo* (México, 1954), *Sociologia de la mortalidad infantil* (México, 1955), *Introdução crítica à sociologia brasileira* (1957), *As condições sociais do poder nacional* (1957), *A redução sociológica* (1958), *O problema nacional do Brasil* (1960), *A crise do poder no Brasil* (1961), *Mito e verdade da revolução brasileira* (1963), *Administração e estratégia do desenvolvimento* (1966), *A nova ciência das organizações: uma reconceituação da riqueza das nações* (1981) e numerosos artigos. No Iseb, foi chefe do Departamento de Sociologia até 1960, com participação marcada por várias tensões. Foi professor visitan-

40 ANTÔNIO MARQUES DO VALE

te nas universidades de Yale, Wesleyan e Paris, na Universidade Federal de Santa Catarina, bem como, por convite em 1960, nas Academias de Ciências da União Soviética, da Iugoslávia e da República Popular da China. Também foi membro da delegação do Brasil à XVI Assembléia Geral das Nações Unidas de 1961, deputado federal, diretor de pesquisas do Ministério do Trabalho e assessor de Juscelino Kubitschek e João Goulart. O professor Robert P. Biller, vice-reitor da Universidade do Sul da Califórnia, afirmou, em prefácio,[7] que Guerreiro Ramos, cidadão do mundo, alcançou o auge de sua capacidade intelectual durante os 16 anos que passou nos Estados Unidos, onde morreu em 1982.

Hélio Jaguaribe Gomes de Matos

Nasceu no Rio de Janeiro, em 23 de abril de 1923. Diplomado em Direito em 1947, começou bem jovem a exercer a advocacia e se dedicou a temas ligados ao desenvolvimento brasileiro. Em 1949, começou a escrever no *Jornal do Comércio*. Tornou-se conhecido por sua séria formação filosófica, todavia, passou para a área de análise política. Em 1950, participa do novo Instituto Brasileiro de Filosofia (IBF), com companheiros que realizaram, em São Paulo, o primeiro Congresso Brasileiro de Filosofia. Fundou o Ibesp, em 1953, e nele criou a revista *Cadernos de Nosso Tempo*, para a qual escreveu vários artigos. Foi ainda o líder dos "históricos" que, em julho de 1955, fundaram o Iseb; logo ocupou o cargo de chefe do Departamento de Ciência Política. Embora sempre admirado e estimado no Iseb, incompatibilizou-se com alguns amigos por escrever um livro sobre o nacionalismo brasileiro, o que o levou em 1960 a deixar, com outros, o mesmo Iseb que fundara. De 1964 a 1966, estudou e lecionou em Harvard; de 1966 a 1967, em Stanford; em 1968, no Colégio do México; e de 1968 a 1969, no Massachusetts Institute

---

7 Ver prefácio de Robert P. Biller à 2ª edição norte-americana de RAMOS, A. G. *A nova ciência das organizações: uma reconceituação da riqueza das nações.*

of Technologi (MIT). Com o amigo Cândido Mendes, foi professor no Conjunto Universitário Cândido Mendes (Ciência Política); e assumiu como decano o Instituto de Estudos Políticos e Sociais do Rio de Janeiro (Iepes), que fundara. Também se tornou PhD pela Universidade de Mainz, na Alemanha, e foi consultor da Organização das Nações Unidas para a Educação, Ciência e Cultura (Unesc). Atualmente, ainda dirige o Iepes no Rio de Janeiro. Escreveu vários livros sobre desenvolvimento político e social e teoria social em relações internacionais. Dentre os mais antigos, *A filosofia no Brasil* (1957), *Condições institucionais do desenvolvimento*, conferências de junho de 1957, e o polêmico *O nacionalismo na atualidade brasileira* (1958). Ainda, entre outros: *Political Development* (Nova York, 1973), *Introdução ao desenvolvimento social* (1969), *La política internacional de los años 80: una perspectiva latino-americana* (1982), *Brasil, 2000* (1986), *Brasil: reforma ou caos* (1989). É dos mais eminentes intelectuais brasileiros e exerce importante influência sobre a escola do pensamento político e social do Brasil e da América Latina (Mascarenhas, 1985, p.18).

Álvaro Vieira Pinto

Tem lugar proeminente no âmbito do pensamento filosófico brasileiro, como diz Dermeval Saviani. Saviani o entrevistou para fazer a introdução de seu livro, *Sete lições sobre educação de adultos*, e pôde inquirir de sua vida em relação ao Iseb e da perseguição, depois, pelo regime militar. Nessa entrevista, no Rio de Janeiro, em 1977, Saviani o encontrou num trabalho intelectual anônimo, solitário e sistemático. Era o mestre brasileiro, como o chamara Paulo Freire um dia. Vieira Pinto fora diretor do Iseb em momento de notável mobilização político-social do início da década de 1960, e disso decorreu seu exílio após o golpe militar de 1964. Tendo partido em setembro de 1964, passou um ano na Iugoslávia e se transferiu, a seguir, para o Chile. A saudade o fez voltar ao Brasil em 1968, o período mais negro da ditadura militar. Foi o tempo de recolhimento para redigir manuscritos que até agora se encontram inéditos. Saviani visitou-o de novo em 1981: reviu-o alquebrado por precárias condições de saúde e convicto de que a sua contribuição de intelectual já a cumprira. Nascido em 1909, de classe média pobre, fora aluno do Colégio Santo Inácio no Rio de Janeiro. Muito jovem, decidira-se por estudar Medicina e com 14 anos já quisera fazer um vestibular; enquanto aguardava idade mais madura, aplicou-se a muitas leituras de ordem literária e filosófica. No ano em que residiu em São Paulo, travou contatos com numerosos intelectuais que mal saíam da agitação da Semana de Arte Moderna. Falecida a mãe, trabalhou como professor para sustentar a si e aos irmãos. Conseguiu terminar Medicina e tentou fazer clínica em Aparecida do Norte (SP), mas logo voltou ao Rio de Janeiro. Trabalhou por 16 anos como médico, e, concomitantemente, lecionou na Universidade do Distrito Federal, recém-fundada. Os quatro anos de professor substituto de História da Filosofia lhe proporcionaram os meios para estudar Filosofia na Sorbonne, França. Era o ano de 1949. Preparado por uma tese sobre Platão, entrou em concurso ao regressar e foi nomeado para a Faculdade de Filosofia do Rio de Janeiro. Como autodidata, dedicou-se a estudar línguas e matemática; a esta, por causa do interesse por raios-X. Em 1951, nomeado professor catedrático na cadeira de História da Filosofia, obrigou-se a trabalhar em condições às vezes precárias, sem assistente algum.

Foi em 1955 que Vieira Pinto recebeu de Roland Corbisier, e aceitou, o casual convite a integrar o nascente Iseb como professor de filosofia, após o que, assim referiu, se fez menos idealista e mais objetivista, mais apto a pensar com independência. Assumiu muitas posições existencialistas, mas sobretudo com tendência historicista e nacionalista. No Chile, para onde o chamara Paulo Freire, pôde dar conferências e cursos de verão a professores. Escreveu para o Centro Latino-Americano de Demografia (Celade) um livro que angariou muito boa aceitação, especialmente no México. Depois, por sugestão da diretora do mesmo Celade, escreveu *Ciência e existência*, publicado no Brasil, após o retorno. Na lista dos inéditos, há muita coisa sobre educação, e também por isso, Saviani, ao encerrar a entrevista, destacou: "É preciso registrar que o professor Álvaro Vieira Pinto se preocupou explicitamente com a questão pedagógica" (Pinto, 1982, pp.9-21).[8]

Vieira Pinto faleceu em 11 de junho de 1987. Recebeu homenagem póstuma de Saviani, que lamentou se tivessem passado assim, na obscuridade, os últimos tempos de um grande pensador que ainda estava por ser melhor descoberto (Saviani e Pinto, 1987). Cândido Mendes pronunciou discurso em homenagem ao falecido companheiro, no dia 28 de julho de 1987, no Instituto Universitário de Pesquisas do Rio de Janeiro (Iuperj), e lembrou *Consciência e realidade nacional* como "vastidão da experiência cultural que chegava ao pleno domínio interdisciplinar de tantos conheceres" (Mendes, 1987, p.244). E exaltou-o: "Com Vieira Pinto começa a aventura do espírito brasileiro, a coexistência com a heterogeneidade de seus conteúdos de consciência" (p.248).

Cândido Antônio Mendes de Almeida

Nasceu no Rio de Janeiro, em 1928. Diplomou-se em Direito e em Filosofia pela Pontifícia Universidade Católica de São Paulo (PUC-SP). Doutorou-se pela Faculdade Nacional de Direito, no Rio de Janeiro. Foi membro fundador do Ibesp e do Iseb, e neste chefiou, de 1956 a 1960, os Departamentos de História e de Política. Foi professor da Pontifícia Universidade Católica do Rio de Janeiro (Escola de Sociologia e Política), da Fundação Getúlio Vargas (Eba), da Faculdade de Ciências Políticas e Econômicas do Rio de Janeiro e da Faculdade de Direito Cândido Mendes. Exerceu atividades de direção e consultoria de entidades governamentais e de economia mista. Foi coordenador geral da Assessoria Técnica da Presidência da República durante o governo Jânio Quadros. Em 1961, com Eduardo Portella, fundou o Instituto Brasileiro de Estudos Afro-Asiáticos e

---

8 A seguir, Betty Antunes de Oliveira, que acompanhou Saviani a essa entrevista, apresentou perguntas a Vieira Pinto quanto à sua visão sobre educação. A isso devemos voltar adiante.

44 ANTÔNIO MARQUES DO VALE

nele exerceu o cargo de diretor executivo. Sucedendo ao pai, dirigiu a Sociedade Brasileira de Instrução e as entidades por ela mantidas, entre as quais a Faculdade de Ciências Políticas e Econômicas do Rio de Janeiro e a Faculdade de Direito Cândido Mendes. Fundou, em 1963, o Instituto Universitário de Pesquisas do Rio de Janeiro. Foi pesquisador associado do Center for International Affairs da Universidade Harvard (1965); *visiting scholar* do Instituto Latino-Americano da Columbia University (1966); membro convidado e conferencista do Conselho Mundial de Igrejas, de Genebra, em 1966. É o diretor da *Dados – Revista de Ciências Sociais*. Publicou, entre outras obras, *Possibilidade da sociologia política* (1955), *Perspectiva atual da América Latina* (Iseb, 1958), *Disarmament for Development* (Accra, 1962), *Nacionalismo e desenvolvimento* (Ibeaa, 1963), *Crise e mudança social* (org., 1974), *Le mythe du développement* (1977), *Contestation et développement en Amérique Latine* (1979), *A presidência afortunada – depois do real, antes da social-democracia* (1998). Participou de numerosos seminários, publicou e publica muitos artigos.

Mudanças num grupo em formação

Na perspectiva do nacionalismo desenvolvimentista, o pensamento do grupo dos "históricos" isebianos começou a manifestar-se especialmente por meio do *Jornal do Comércio* do Rio de Janeiro, em 1949. Era a famosa quinta página do jornal, na qual Jaguaribe escrevia. Como noticiou Roland Corbisier (1978), um grupo de cariocas foi a São Paulo, em 1950, ao primeiro Congresso Nacional de Filosofia, promovido pelo Instituto Brasileiro de Filosofia (IBF), que fora fundado no Estado, em 1949, "por iniciativa de Miguel Reale, Vicente Ferreira da Silva, Renato Cirell Czerna, Luís Washington Vita, Almeida Salles e Heraldo Barbuy" e dele próprio, Corbisier. Nesse congresso de 1950, o grupo carioca incluía Hélio Jaguaribe, Oscar Lourenço Fernandes, Jorge de Serpa Filho, José Paulo Moreira da Fonseca e Israel Klabin, entre outros, que mais tarde compoririam o Grupo de Itatiaia e chegariam à fundação do Ibesp. No mesmo

O ISEB, OS INTELECTUAIS E A DIFERENÇA   45

ano de 1950, o IBF começou a publicar a *Revista Brasileira de Filosofia*, na qual Corbisier colaborou com vários trabalhos.

O GRUPO DE ITATIAIA – Enquanto as preocupações com o novo Instituto de Sociologia e Política (ISP) ainda se agitavam em São Paulo, já era criado no Rio de Janeiro, em 1952, um outro grupo, por iniciativa e sob a liderança de Hélio Jaguaribe – o Grupo de Itatiaia, tido como antevéspera do Iseb, porque haveria de tornar-se Ibesp – Instituto Brasileiro de Economia, Sociologia e Política – o qual, por sua vez, iria ser absorvido pelo Iseb, em julho de 1955 (Corbisier, 1978).

O Grupo de Itatiaia se reunia mensalmente no quilômetro 155 da Rodovia Presidente Dutra, eqüidistante de São Paulo e do Rio de Janeiro, na sede do Parque Nacional de Itatiaia, em um prédio do Ministério da Agricultura. Do Rio de Janeiro, participavam Hélio Jaguaribe, Cândido Antônio Mendes de Almeida, Guerreiro Ramos, Oscar Lourenço Fernandes, Inácio Rangel, José Ribeiro de Lira, Israel Klabin, Cid Carvalho, Fábio Brevesma, Ottolmy da Costa Strauch, Heitor Lima Rocha e Rômulo de Almeida. De São Paulo, Vicente Ferreira da Silva, Ângelo Simões de Arruda, Almeida Salles, Paulo Edmur de Souza Queiroz, José Luiz de Almeida Nogueira Porto, Miguel Reale e um professor italiano chamado Luigi Bagolini. Sobre a ideologia dos dois grupos, o paulista e o carioca, Corbisier declarou que o de São Paulo era de direita e o do Rio, tendencialmente de esquerda; estes, pois que não eram todos marxistas, sofriam influência profunda de Ortega, Max Weber, Jaspers e Gabriel Marcel.

Na perspectiva dos cariocas – algo novo para os de São Paulo – deviam-se analisar e compreender, sem abstrações, a situação mundial e a situação brasileira. O grupo paulista parecia ainda envolvido em metafísica (Gabriel Marcel), em renúncia à participação política (Ortega y Gasset), em hostilidade com relação à ciência, à indústria e à tecnologia (Spengler e Heidegger). O Grupo de Itatiaia revia e criticava as teses de alto a baixo, numa quase demolição que tinha à frente a excepcionalidade intelectual de Jaguaribe. Corbisier (1978, pp.83-85) diz que, numa ocasião, na volta ao Planalto, Vi-

46 ANTÔNIO MARQUES DO VALE

cente Ferreira declarou: "Não tenho condições de resistir ao Jaguaribe, vou entregar-me a ele e elegê-lo mestre e líder". O grupo se dissolveu em fins de 1953.

Encerrados os encontros do Grupo de Itatiaia, os cariocas fundaram um instituto particular, o Ibesp, e Hélio Jaguaribe assumiu como secretário-geral. Dos paulistas, ingressou somente Corbisier. Em 1955, se agregaram Juvenal Osório Gomes e Nelson Werneck Sodré, militar ligado à corrente nacionalista do general Newton Estillac Leal. O Ibesp publicou uma revista, *Cadernos de Nosso Tempo*, com cinco números saídos entre 1953 e 1956. Simon Schwartzman, organizador da seleção dos artigos desses *Cadernos* para a Universidade de Brasília (UnB) apontou como equívoco supor que muitos colaboradores dos *Cadernos* e futuros membros do Iseb "tivessem uma maneira unívoca e coerente de ver as coisas. A própria História mostraria que este movimento juntou, por alguns anos, pessoas com trajetórias intelectuais e políticas bastante diversas". No entanto, expressão do mesmo Schwartzman: "... pela primeira vez, um grupo intelectual se propõe assumir uma liderança política nacional por seus próprios meios (...). Para o Ibesp, eram os intelectuais, mais do que suas idéias e partidos, que poderiam, um dia, tomar o destino do país em suas mãos" (1981, pp.3-4).

Os intelectuais do Ibesp se preocupavam, desde o número 1 dos *Cadernos*, em dedicar-se à interpretação da crise nacional; mesmo que vagamente, falavam da necessidade de promover a "circulação das elites" e a "formação de um movimento social, apoiado numa ideologia e orientado por uma programática, apto a suscitar confiança no futuro e anseio pela realização dos objetivos prefixados". Conforme o último dos *Cadernos*, intitulado "Para uma política nacional de desenvolvimento", a realização do seu programa político teria duas condições:

> ... o esclarecimento ideológico das forças progressistas (...) a partir das mais dinâmicas – burguesia industrial, proletariado e setores técnicos da classe média –, e a arregimentação política destas forças. Tanto aquela como esta condição, conforme se viu, requeriam, para se realizar, a

O ISEB, OS INTELECTUAIS E A DIFERENÇA **47**

atuação promocional e orientadora de uma vanguarda política capaz e bem organizada (1981, pp.3-4).

Era de intuir facilmente quem comporia essa vanguarda política, mas, como enxergou Schwartzman, surgiram novas oportunidades para o grupo pensante: "... a introdução do pensamento existencialista entre a intelectualidade brasileira; e, acima de tudo, uma visão muito particular e ambiciosa do papel da ideologia e dos intelectuais na condução do futuro político do país" (1981, pp.4-6).

Em razão de convênio com a Capes, liderada na época por Anísio Teixeira, o Ibesp se dispôs à realização de uma série de seminários sobre os problemas de nossa época. Faltava um passo para que o Ibesp se tornasse órgão permanente do Ministério da Educação; de fato, bem logo se transformou no Iseb.

O ISEB – O documento que presidiu à criação do Iseb foi fruto de um ato oficial do Ministério da Educação. O decreto nº 37.608, de 14 de julho de 1955, assinado pelo presidente da República, João Café Filho, sucessor interino de Getúlio Vargas, e referendado pelo ministro da Educação, Cândido Motta Filho, apresentou-se nos seguintes termos: "Institui no Ministério da Educação e Cultura um curso de altos estudos sociais e políticos, denominado Instituto Superior de Estudos Brasileiros". Conforme rezava o artigo segundo, o Iseb tinha "como uma de suas finalidades a elaboração de instrumentos teóricos que permitam o incentivo e a promoção do desenvolvimento nacional".[9] O Instituto também podia, sem prejuízo de sua autonomia e com liberdade de pesquisa, de opinião e de cátedra, ser incluído em entidade cultural ou educativa subvencionada pela União, conforme o parágrafo único do artigo décimo. O pensamento ideológico estava de vez consagrado à ação em favor do desenvolvimento.

---

9   O texto do decreto se encontra na Revista Brasileira de Estudos Pedagógicos, V. 24, nº 60, p.266-268. Ver citação completa do artigo segundo em nossa Introdução.

48 ANTÔNIO MARQUES DO VALE

O desenvolvimento se fizera uma obsessão. Na verdade, o Iseb, não obstante as dificuldades do segundo semestre de 1955, ofereceu especial apoio à candidatura de Juscelino Kubitschek, e o presidente o considerou centro de irradiação da cultura e lugar onde se formariam elites para colaborar na batalha do desenvolvimento (Oliveira, *apud* Toledo, 1977). Conforme noticiou Werneck Sodré, o Iseb lançou, em 1956, o livro inaugural intitulado *Introdução aos problemas brasileiros*, coletânea das conferências pronunciadas no segundo semestre de 1955, com apresentação provavelmente escrita por Roland Corbisier, que havia de permanecer na direção do Iseb desde a fundação até 1960. Ele confirmava que as conferências "representam a primeira contribuição do Iseb ao esforço urgente pelo qual a inteligência brasileira procura tomar clara consciência da realidade brasileira"; e, prosseguindo, dizia que "essa tarefa, em função da qual foi criado o Iseb, parece-nos o pressuposto indispensável à elaboração de uma ideologia do nosso desenvolvimento" (Sodré, 1978, p.12).[10]

Em 1956, foram promovidos os primeiros cursos. A essa altura, também faziam parte do Iseb Álvaro Vieira Pinto, já convidado para as aulas de filosofia do Ibesp, e Nelson Werneck Sodré, co-fundador do Iseb, que, regressado de um exílio na fronteira sulina, foi convidado a encarregar-se da parte brasileira da História.[11]

Itinerário dos "históricos" no Iseb

Aqui são complementadas as notícias anteriores sobre os nossos "históricos" e apresentam-se as marcas próprias do Iseb, na busca do

---

10 Esse livro de Sodré, *A verdade sobre o Iseb*, publicado em 1978, encerra uma série de depoimentos do autor. Sodré adiantou-nos que, desde as conferências iniciais de 1955, já se percebia a profunda diferença que cada um dos conferencistas estabelecia quanto ao próprio tema central; isto é, Sodré acentuava (p. 13) a heterogeneidade que marcava a origem do Iseb.

11 Sodré fez questão de enfatizar a ausência de diálogo com o colega Mendes em torno ao Departamento de História, que juntamente assumiam; acentuava, repetimos, a não-homogeneidade ideológica no Iseb.

desenvolvimento nacional e da compreensão da realidade brasileira. Partimos de Corbisier, no qual mais ressalta a incidência do elemento cultural e unificador na tarefa do Iseb, como ele a interpretava.[12]

Um projeto de "unidade"

Roland Corbisier confessou, na *Autobiografia filosófica*, que sua ida para o Rio de Janeiro aconteceu graças ao empenho de Hélio Jaguaribe e de Augusto Frederico Schmidt, amigo próximo. A Jaguaribe se devia a elaboração de uma série de projetos que corrigiriam o MEC, no que a este faltava em razão da sua "hemiplegia": no setor de Cultura, o MEC não tinha os órgãos simétricos e correspondentes aos do setor de Educação. Os trabalhos de Jaguaribe, então, incluíram o Fundo Nacional, o Conselho Nacional e o Departamento Nacional de Cultura, além do Colégio do Brasil, que acabou configurando um germe do futuro Iseb. Desse modo se resolveu a assimetria (Corbisier, 1978).

Corbisier explicou que ele mesmo, em 1954, por contrato com a Capes, dirigida por Anísio Teixeira, necessitou visitar Salvador e Recife em viagem de pesquisa para um trabalho sobre filosofia no Brasil. Referiu três experiências de então. Primeiro, no Recife, ao falar sobre a significação da cultura – em presença de Gilberto Freyre, aliás –, declarou ter a impressão de que o Nordeste era "uma das faces mais auténticas e dolorosas do Brasil, da qual tinha notícias pelas obras literárias apenas" (Corbisier, 1978, p.88). Num segundo momento, resgatou a experiência de melhor afinidade intelectual com os cariocas no Grupo de Itatiaia e no próprio Ministério da Educação e Cultura, bem como as questões sobre todas as próprias idéias e crenças; o rompimento com a esposa aprofundou a crise

---

12 Ressalte-se, aqui, a importância do que escutamos, em breve e cordial entrevista, e dito com incisividade, dos próprios isebianos Jaguaribe e Corbisier: "Atenção, que não somos pedagogos!". E como foram parar no MEC? É razão pela qual insistimos em começar por alguns esclarecimentos de Corbisier, em sua *Autobiografia filosófica*, aos quais acrescentaremos outros dados preambulares ao nosso trabalho.

pessoal. No terceiro momento, de libertação, Corbisier tratou de sua "conversão ao Brasil", porque, desde (permitia-se o castelhano de Ortega y Gasset) São Paulo com seu provincianismo e cosmopolitismo, fechara-se ao nacional e prendera-se ao regional. E ainda explicitava: "A cidade não era uma síntese, mas um aglomerado, uma justaposição de colônias, de cuja convivência não resultava uma nova forma, mas, precisamente, o amorfo, o incaracterístico" (Corbisier, 1978, pp.92-93). O grande aglomerado urbano paulista significava congestionamento e impasse, enquanto o Rio de Janeiro propiciava o sentimento e a visão do Brasil como cidade-síntese em que o país se encontrava e tomava consciência de si mesmo.

Esse relato das experiências de Corbisier permite entender como, nele e nos demais "históricos", iam implicar-se os conceitos correntes de cultura e unidade com conceitos gerais de educação.

Desde os antecedentes, desde o Ibesp, o Iseb recebera o apoio de Anísio Teixeira. Ora, em Anísio Teixeira estava presente o velho tema – também populista – da unidade nacional. Teixeira tinha forte ascendência tanto no MEC como na Capes. Dentro do espírito da Escola Nova, da qual foi sempre o mais destacado promotor no Brasil, era, ao mesmo tempo que pragmático, um liberal de claros compromissos com a causa do desenvolvimento e se preocupava com a unidade nacional em certa sintonia com o discurso nacionalista vigente.

Anísio Teixeira defendia uma organização administrativa do sistema escolar brasileiro, sob responsabilidade das comunidades, mas não sem a "unificação indispensável ao mínimo de coesão e unidade da educação nacional" (1954b, pp.28-29), por conta do Estado, isto é, de um órgão supremo do governo federal. No mesmo sentido, insistia em normas e padrões que – harmonizando as três órbitas do governo da República, municipal, estadual e federal – podiam impedir a expansão contraproducente e fragmentada da educação (Teixeira, 1954c). Unidade defendia ele também ao propor que, partindo do técnico – educação essencialmente técnica, com o enriquecimento do aspecto científico –, se ensinassem os três estágios de uma verdadeira formação humana contemporânea, ou seja, os três campos: educação literária, científica e técnica. Além dessa unidade, a unidade da formação secundária: não admitia a separação da elite intelectual de um lado, e, de outro, o trabalho e a produção, mas simplesmente habilitar os homens a viver adequada e inteligentemente (Teixeira, 1954a). E ainda outra antiga aspiração de Teixeira: a unidade num espírito universitário, para manter um quadro de intelectuais relativamente coeso, capaz de favorecer a coordenação da vida espiritual do país,[13] como uma comunhão em torno dos mesmos ideais e interesses.

Em Teixeira se materializava um ambiente geral educacional – com entusiasmo pela ciência –, no qual o Iseb, mais ou menos consciente, pretendia propor a formulação de uma ideologia única para o desenvolvimento do país. Uniam-se-lhe, por exemplo, as aspirações de Abgar Renault, o qual, ao assumir como ministro interino da Educação e Cultura, dias antes da posse de Juscelino Kubitschek, proclamou que a cultura, propiciada pelo esforço nacional em favor da educação, seria, "acima de tudo, um processo de redução à unidade".[14]

Como já dissemos, podemos achar em Corbisier expressiva conexão do tema da cultura com o da unidade. Especialmente quando definiu a primeira num sentido objetivo, insistindo de algum modo na historicidade: "O mundo da cultura é um mundo em trânsito, afetado em suas entranhas pelo tempo, pela historicidade" (Corbisier, 1958, p.18). Cultura era totalidade dinâmica, um complexo em movimento; seu desenrolar se processava dialeticamente, e, portanto, também era porosa à interferência da liberdade. Era possível, assim, com a superação do colonialismo da fase recente da história brasileira, inventar nosso destino e construir uma cultura que fosse a expressão, a forma adequada de um novo Brasil.

---

13 Em discurso proferido na inauguração dos cursos da UDF, em 31/7/1935. *Revista Brasileira de Estudos Pedagógicos*, XXXVII, p.187.

14 DOCUMENTAÇÃO: Posse do ministro Abgar Renault na pasta da Educação e Cultura. *Revista Brasileira de Estudos Pedagógicos*, XXIV, p.122.

Já Guerreiro Ramos procurou articular a questão racial com a questão nacional. Considerava urgente construir uma identidade nacional: uma visão integracionista (raça – classe e não só raça – nação), que ia evoluir no sentido de que o negro não devia ser visto simplesmente como ingrediente normal da população do país, mas dentro da perspectiva do problema geral das classes desfavorecidas ou do pauperismo. O negro é povo, no Brasil; é um parâmetro da realidade nacional. Nessa construção de uma identidade nacional brasileira, servia a Guerreiro Ramos a referência central de Alberto Torres ao "negro como lugar", como representação das classes subalternas, da pobreza, do povo, do dilema brasileiro. Os intelectuais, *intelligentsia* engajada, interviriam então para superar as mazelas do subdesenvolvimento em contexto nacionalista (Ramos, *apud* Maio, 1997).

É pertinente ponderar sobre o conceito de "redução sociológica", defendido por Ramos, segundo o qual se tem de opor uma assimilação crítica à assimilação literal e passiva dos produtos científicos importados. Ele aplicou o método da redução sociológica à cultura e à inculturação, bem como à questão dos controles sociais. Advertiu que os vários modos de especulação sociológica que podiam interessar aos norte-americanos – a exemplo dos chamados processos ou fenômenos sociais –, se literalmente adotados pelo sociólogo brasileiro, podiam levá-lo a "distrair-se das questões que têm mais interesse para a coletividade nacional" (Ramos, 1958b, p.90). Com isso, afirmava o nacional como um todo, no sentido de que o todo condiciona as partes, e vislumbrava uma sociologia brasileira, uma práxis coletiva, fundamento do nacionalismo: "... já estão deflagrados na economia brasileira fatores de tal natureza e vulto que nos permitem comandar, em grande parte, o nosso desenvolvimento, o que não se verificava até há bem pouco..." (Ramos, 1957c, p.205). Em Ramos, foi-se avolumando como que um projeto, no qual se envolviam as próprias classes dominantes, convocadas a unir todos os nacionais:

A classe dominante do Brasil atual não é, em verdade, uma classe dirigente, na medida em que ela não possui a consciência orgânica das necessidades da comunidade nacional. Para ser dirigente, falta-lhe um componente psicológico e ideológico – a compreensão da realidade do país como um todo (p.206).

Ao intelectual sociólogo, no seu papel organizatório, iria caber como tarefa aquela *integração das condutas* mais vezes contempladas.

Vieira Pinto (1963) falou do torpor milenar e da servidão aparentemente natural dos quais os pobres emergiam. Eles começavam a indagar as causas de sua pobreza, a espécie de relações a que se achavam submetidos. Novo tipo de união se formava entre esses pobres e ao mesmo tempo entre o pensador e a classe trabalhadora. O autor acenava à possibilidade de aliança de pensadores que não aceitavam mais ser cúmplices e co-autores da situação de pobreza e miséria das massas. As massas, cuja consciência seria penetrada pela formulação teórica que os pensadores, que as representavam, lhes poderiam oferecer; as massas que, assim esclarecidas, ascenderiam das abstrações para o conceito concreto, ou seja, para a apreensão legítima e integral da verdade da coisa, num momento crucial do processo intelectivo. O discurso de Vieira Pinto era complexo: às vezes, se tornava difícil perceber como poderia inserir o pensamento na realidade para a transformação real dos fatos. Tratava-se, porém, da motivação objetiva: ali estava a dialética do real, que oferecia as condições materiais para constituir a consciência dialética capaz de apreendê-la. O conceito concreto e dinâmico de subdesenvolvimento podia auxiliar a resolver as questões práticas que a política e a luta social impunham a quem desejasse suprimir o estado de atraso e incultura. Ele cuidava, primeiro, por dar as bases filosóficas para assegurar o método lógico adequado, de maneira que, só então, os demais se acometessem ao exame objetivo da realidade brasileira.

Vieira Pinto, ressaltando o papel da filosofia, lamentava a carência, no Brasil, de filósofos que sugerissem aos diferentes especialistas a formulação dos problemas nacionais no âmbito da visão histórica de conjunto. "Os filósofos podem pensar em termos de universalidade", escreveu em 1956 (Pinto, 1960c, pp.12-13). Evidentemente, ninguém podia interpretar sua realidade com uma visão desarmada, e a realidade requeria uma consciência objetiva, a qual reclamava, por sua vez, categorias prévias de interpretação. Enveredamos pela estrada do pauperismo por falta de uma ideologia do progresso.

O autor advertiu que não se podia chamar de incultas as massas; na sua protoconsciência, carregavam um ímpeto a se desenvolver, a iluminar a si mesmas, a atingir formas mais altas e claras. Elas participavam na construção da ideologia do desenvolvimento nacional. Contudo, em termos de projeto, tornavam a ganhar com a atitude de homens objetivos e rigorosos que, excluída a divagação doutrinária, permitiam a consecução do progresso. Também aí se constata a relevância daquela unidade já mencionada, unidade dinâmica expressa na concatenação dos fatos segundo uma idéia unificadora e em vista do valor normativo do planejamento elaborado a partir do país e não de fora. Se era imprescindível, portanto, uma ideologia do desenvolvimento nacional – e aí a tese de Vieira Pinto –, percebia-se que a consciência do desenvolvimento não podia vir de cima,

> ... artefato da especulação da elite intelectual que se pretende esclarecida, mesmo quando esta, com a melhor intenção e boa-fé, imagina estar a serviço dos interesses populares. Ao contrário, a ideologia do desenvolvimento só é legítima quando exprime a consciência coletiva... (Pinto, 1960c, p.34).

Mais tarde, indicou para a união de teoria e prática nas próprias massas, e por isso deu por reconhecido o valor do trabalho: "É preciso fazer-lhes ver que ao trabalharem estão pensando o mundo onde vivem e dando origem ao projeto de alterá-lo" (Pinto, 1960b, pp.17-18). Para o autor, foi exatamente na prática dos atos transformadores da realidade que se fez a ética do desenvolvimento, a moral social que ergueu o país como totalidade (nacionalismo) e o indivíduo que a ele pertence. Uma ética que supunha a educação de uma consciência nacionalista para superação da consciência alienada (sujeita à metrópole), mediante a consideração de três setores que se implicavam, o econômico, o político, o cultural. Nesse sentido, ele se convenceu de que podia usar o conceito de "totalidade"

O ISEB, OS INTELECTUAIS E A DIFERENÇA **55**

sem os riscos de qualquer misticismo obscuro ou concepção idealista. Pelo uso de totalidade, afirmava apenas, e unitariamente, "a necessidade de pensar categorialmente a realidade, em particular a realidade do país (...), como referência dos fatos uns aos outros, correlação recíproca das coisas, negação da inteligibilidade isolada de qualquer aspecto do real" (pp.540-541).

Também em Jaguaribe apareceram, em recíproca relação, os temas unidade e cultura. Ele os enfatizava, em 1954, ao expor o que representava em sua época a universidade. A consciência histórica era produto da educação superior. Cessando, eventualmente, de haver homens cultos e a influência histórico-social do homem culto perder-se-iam ao mesmo tempo a cultura e o próprio homem. Faziam-se necessários, pois, a universidade e sua oferta de educação superior bem como os fundos para a manutenção de estudiosos. Estes, dotados de visão culta dos acontecimentos, seriam capazes de suprir o hiato que, entre si, deixavam os demais especialistas alienados do coletivo. Com isso, Jaguaribe (1954a) se impunha reservas diante da pura visão científica da realidade, diante da cultura científica tripartida nos planos autônomos da metodologia, da ciência natural e da tecnologia. Ele entendia a cultura como compreensão unitária e total da realidade e então defendia um renascimento humanístico suscitado pela filosofia da existência e pelo culturalismo. Por sua vez, os líderes proletários deveriam adquirir habilitação cultural, caso pretendessem a participação das massas trabalhadoras no governo. Enfim, seria preciso assegurar a todos, numa reforma universitária, tanto um ensino técnico-profissional como uma compreensão culta do mundo.

No seu realismo econômico-político, Jaguaribe iniciou por abordar os problemas da década de 1920: a linha latifúndio-mercantilista e exportadora não podia mais ser mantida e urgia, voltando-se o país para o mercado interno, atender à crescente demanda de bens produzidos e destinados ao consumo. Jaguaribe pretendia tomar em consideração as ideologias que correspondiam às necessidades situacionais das três classes: proletária, pequeno-burguesa, burguesa. Acreditava que as três se entrosavam em torno da mesma necessidade de conjunto, isto é, a promoção do desenvolvimento. Problema de projeto e de unidade, pois. Segundo ele (1958b), e no que respeitava à ideologia do desenvolvimento, o Estado devia colocar-se em sua função de planejador e de executor do planejamento econômico que as carências do país demandavam. Estado que se defrontaria com um problema de educação e de organização ideológica.

Para Jaguaribe, o tema da unidade se adequava de modo peculiar ao âmbito classista-político: "Configura-se a necessidade, de que não se apercebiam as classes, de padronizar os comportamentos políticos em moldes que superam a barganha clientelista, organizando-se tais padrões segundo as grandes diretrizes da posição ideológica" (1958b, p.53). Requeriam-se núcleos de coordenação e de esclarecimento sociais, independentes da distribuição dos partidos, para que se constituísse a grande unidade nacional para o desenvolvimento e se imprimisse ao Estado a funcionalidade de que carecia. O autor apelou para a superação das divisões de opinião pública a respeito de premissas e valores de base, como igualmente convocou a unidade interna, quanto à política exterior, ao discutir as possibilidades de o Brasil manter política de neutralidade diante dos Estados Unidos e da Guerra Fria (Jaguaribe, 1958a). Sem dúvida, o problema ideológico implicava apreço à tarefa educativa e cultural.

Quando Jaguaribe analisou a renúncia do presidente Jânio Quadros, reapareceu, junto com o tema das classes, o tema dos partidos. Jaguaribe (1961, p.291) desenhou uma retrospectiva desde a eleição de Getúlio Vargas. Em 1950, começara a manifestar-se no eleitorado uma vontade própria que se foi acentuando na eleição de Juscelino Kubitschek e veio a se consolidar na de Jânio Quadros. Com esta última, uma campanha realizada predominantemente por fora dos quadros partidários, o povo brasileiro se tornou um "povo para si".

A unidade se construía lá onde pulsava uma consciência favorável ao desenvolvimento econômico. Jaguaribe alistou os grupos que por ele aspiravam e afirmou haver uma parcela crescente de população direta e indiretamente beneficiada pelo incremento da produtividade e pela fruição de condições mais elevadas de vida. Mais tarde, ele se inclinou por uma unidade a partir do nível federal e contra a dualidade de planos políticos. O desenvolvimento do colonialismo favorecera propensões centrífugas. A saber: de um lado, havia dualidade horizontal dos partidos, pois as agremiações partidárias ora eram federais em conformidade com a lei, ora significavam, cada uma delas, apenas justaposição das seções estaduais; de outro lado, cada unidade federada se relacionava diretamente com centros externos, para onde exportava as matérias-primas. Jaguaribe (1961) ainda abordou o tema da unidade ao tratar de classes sociais. Para acentuar como que uma unanimidade de interesses, arrolou como favoráveis ao desenvolvimento nacional: na burguesia, seus setores industrial do grupo urbano e capitalista do grupo rural; na classe média, tanto urbana como rural, seus respectivos setores tecnológicos e gerenciais; no proletariado, os setores funcional do grupo urbano e assalariado do rural. A seu modo, ele enfatizava uma abertura pluriclassista ao afirmar que, no Brasil, as posições de classe são muito mais referidas aos setores contrários e favoráveis ao desenvolvimento do que referidas à detenção ou não da propriedade dos meios de produção.[15] A polêmica que Jaguaribe enfrentou em 1958 sobre problemas ligados ao capital estrangeiro nos permitiu vislumbrar o viés ideológico com que ele preferia assumir a "deficiente integração vertical" (Jaguaribe, 1961, p.294).

Cândido Mendes lembrou que no populismo – o de Getúlio Vargas no Brasil ou o de Perón na Argentina – se formavam massas debilmente enquadradas, que não chegavam a constituir propriamente um proletariado: "No populismo não se recortam nitidamente as várias classes, uma vez que nelas não existem bases econômicas que permitam essa diferenciação" (Mendes, 1960a, p.36). Os líderes políticos avançavam à base da outorga. Contudo, segundo Mendes, se vivia, na América Latina como no Brasil, um momento de compromisso com o desenvolvimento econômico, sem subserviência a

---

15 Tenha-se também presente a afirmação de Jaguaribe: "A promoção do desenvolvimento se constitui no objetivo ideológico mais representativo de todas as classes brasileiras (grifo nosso)". O nacionalismo na atualidade brasileira, 1958a, p.51

resíduos culturais recebidos da colonização. Concebiam-se projetos de destino histórico. Havia unidade, no continente, contra a idéia de submissão a projetos imperialistas, como era o da Boa Vizinhança. Os pactos de auxílio não ocultavam que a ideologia do pan-americanismo mascarava uma convivência desequilibrada entre os Estados Unidos e o resto do Novo Mundo. Para os países periféricos, o desenvolvimento econômico devia dar-se nos quadros da nação, em esforço único, capaz de abranger plenamente a coletividade e de convocar todos e cada um a participar.

Cândido Mendes pensava na unificação em torno a um projeto quando, após o golpe dos militares, sugeriu à Igreja Católica precaver-se contra certa racionalidade tecnocrata oportunista: caberia a ela "impedir que a racionalidade, desligada das tensões do concreto, possa, à sua vontade, trocar, indefinidamente, um grande desafio por um pequeno sucesso" (Mendes, 1966a, p.256).

Em 1968, em pleno endurecimento do regime militar vigente, em retrospectiva centrada na unidade para um projeto emancipador, Mendes escreveu sobre a *intelligentsia* e sobre a sua própria reflexão na crise do desenvolvimento. Procurou mostrar como, no Brasil, num momento que ele chamou de "canônico" (1956-1961), a *intelligentsia* se pautou por uma relação ideal entre desenvolvimento, reflexão e ação (Iseb). Ela assumiu uma perspectiva crítica e fez a análise da alienação dos conteúdos mentais dos grupos anteriores; procurou estabelecer a compatibilidade na conexão de interesses entre os vários atores da mudança (uma ideologia englobante); destacou no todo social a função das *intelligentsias*, criadoras de uma agência de assessoramento e de crítica aos centros do poder; e, finalmente, se lançou à procura dos símbolos de mobilização, por exemplo, o valor de figuração da gigantesca maquete do futuro, Brasília recém-construída. Para Mendes, tratar-se-ia, nessa unidade, de um sistema social primário, de auto-afirmação nacional, de um sistema crescentemente industrial e voltado para o próprio mercado interno imediato do país. No entanto, a partir de 1964, na agonia de um projeto nacional sob novos detentores do centro de decisão e sob um grupo ideologicamente homogêneo – compatibilização mais redução dos dissensos –, desapareceu necessariamente o comportamento ideológico e se perdeu a vigência do produto democrático clássico (Mendes, 1968).

Realizações e percalços

Criado em 14 de julho de 1955, o Iseb foi extinto a 13 de abril de 1964, por força do decreto nº 53.884, assinado por Paschoal Ranieri Mazzili, provisoriamente presidente da República após a deposição de João Goulart. Já vimos, anteriormente, como se deu a passagem dos intelectuais "históricos" do Iseb pelo Grupo de Itatiaia e pelo Ibesp. Cândido Motta Filho, ministro da Educação, favoreceu esse início. A experiência do alcance extremamente reduzido do Ibesp foi que pressionou a criação de uma instituição de projeção nacional e melhor definida juridicamente. De fato, o Iseb nasceu dotado de autonomia administrativa e plena liberdade de pesquisa, de opinião e cátedra.

Conforme o decreto de criação, o Iseb se compunha de três órgãos: o conselho consultivo, o conselho curador e a diretoria executiva. O conselho consultivo compunha-se de 40 membros, designados pelo ministro da Educação e Cultura. O conselho curador compunha-se inicialmente de oito membros: Anísio Teixeira, Ernesto Luiz de Oliveira Júnior, Hélio Burgos Cabal, Hélio Jaguaribe, José Augusto de Macedo Soares, Nelson Werneck Sodré, Roberto de Oliveira Campos e Roland Corbisier. O conselho curador confiou a Corbisier o cargo de diretor executivo. Os responsáveis pelos departamentos foram: *Filosofia*: Álvaro Vieira Pinto; *História*: Cândido Mendes; *Sociologia*: Alberto Guerreiro Ramos; *Ciência Política*: Hélio Jaguaribe; *Economia*: Ewaldo Correa Lima.

O Iseb promoveu cursos, conferências, seminários de estudos, pesquisas etc., durante seus quase nove anos de existência. Dele participavam representantes das Forças Armadas, do Conselho de Segurança Nacional, do Congresso Nacional, dos Ministérios de Estado, bem como empresários industriais, líderes sindicais, parlamentares estaduais, professores e estudantes universitários, profis-

60 ANTÔNIO MARQUES DO VALE

sionais liberais, funcionários públicos e outros. Concediam-se bolsas de estudos.[16]

De Caio de Toledo utilizamos uma cronologização do Iseb em três fases:

1) Um breve período, da criação até a encampação por Juscelino Kubitschek. Caracterizou-se pela manifestação de posições ideológicas ecléticas e conflitantes. Para comprová-las, bastaria considerar a composição do conselho consultivo na contracapa das publicações do próprio Iseb ou mesmo do conselho curador, no qual se acham as mais diversas orientações político-ideológicas. Ficou bem evidenciado o arco-íris ideológico no primeiro curso que o Iseb patrocinou no segundo semestre de 1955, o qual foi publicado em livro sob o título *Introdução aos problemas do Brasil* (1956). De um lado estão aí os primeiros ensaios de formulação da ideologia nacionalista isebiana (Guerreiro Ramos, Roland Corbisier, Werneck Sodré); de outro, os discursos dos defensores da via tecnocrática de desenvolvimento (a-ideológica?) ou as imprecações contra o nefasto movimento nacionalista (ao jeito de Roberto de Oliveira Campos), além de orientações das mais diversas. Eram muitos os que abordavam o desenvolvimento industrial brasileiro do ponto de vista do antiestatismo e do antinacionalismo. Conforme Toledo, esse primeiro momento não chegou a ter conseqüências importantes nas definições posteriores do Iseb.

2) A segunda fase correspondeu ao qüinqüênio juscelinista. A ideologia nacional-desenvolvimentista foi hegemônica no Iseb.Em 1959, por decreto federal, houve alteração de alguns artigos do regimento geral, e assim ficou extinto o conselho consultivo, que se mostrara funcionalmente ineficaz. Em seu lugar foi criada a

---

16 Para estes primeiros dados de crônica também nos servimos do anexo de Toledo, C. N. de. *Iseb: fábrica de ideologias*, pp.184-186. Ver também Abreu, A. A. de. *Nationalisme et action politique au Brésil*. A autora, nessa tese de doutoramento, refere que os membros do conselho consultivo são 50; alista apenas 47 nomes à p.110. O decreto de fundação, nº 37.608 – de 14/7/1955 –, menciona 40 membros.

congregação, composta por professores responsáveis pelos departamentos, que assumiu a direção da política cultural. Tais mudanças foram interpretadas, posteriormente em 1963, pelo professor Osny P. Duarte, ao declarar que, como os professores do Iseb reivindicavam liberdade de cátedra e como o desenvolvimento de Juscelino Kubitschek passou a ser discutível, pareceu conveniente ao próprio goverador federal não ser mais o fiador das idéias e princípios generalizados dentro do Iseb. Libertação para ambos os lados, pois também o Iseb, ainda um centro oficial de estudos, mas privilegiado pela impendência científica, viu aumentada a própria autoridade. Para além do comentário de Osny Duarte, entretanto, Toledo sentiu um Iseb ainda submisso ao presidente da República, João Goulart, por necessitar de verbas de financiamento.

Importante acontecimento, na vida da Instituição, foi o desligamento de Hélio Jaguaribe, em conseqüência das vicissitudes de 1958 provocadas pela publicação de seu livro *O nacionalismo na atualidade brasileira*. O livro atraiu aversão ou crítica, primeiramente pelo fato de advogar, por razões de eficácia técnica, a privatização de setores básicos da economia, e, depois, por sugerir, em nome de maior segurança nacional, a repressão à agitação comunista.

Outro desligamento marcante foi o de Guerreiro Ramos, que chefiava o Departamento de Sociologia. Aventou, em escrito posterior, *Mito e verdade da revolução brasileira*, 1963, que o Iseb se transformara em agência eleitoreira e escola de marxismo-leninismo. Muito mais tarde, Ramos escreveria que seu afastamento se devera à incompatibilidade entre a posição nacionalista da Instituição e o seu ponto de vista (dele, Ramos) proletário. Segundo expressão de Toledo, esse ponto de vista nada teria a ver com marxismo-leninismo, mas Ramos o radicalizou fortemente para aplacar uma consciência culposa.

3) Uma terceira fase foi aquela em que o Iseb *acompanhou* o movimento político pelas reformas de base. A perspectiva nacionalista apareceu, então, sensivelmente atenuada. O caráter entreguista do governo JK frustrara as esperanças de que o desenvolvimen-

to fosse beneficiar toda a nação, e o Iseb fez coro com os grupos que, como numa revolução, pleiteavam alterações nas estruturas da sociedade e reformas de base. Oferecia apoio a João Goulart. O livro de Wanderley Guilherme, *Introdução ao estudo das contradições sociais no Brasil*, o único que foi publicado pelo Iseb após 1960 – falta de verbas, desde Jânio Quadros –, ostentava postura teórica e política radicalmente diversa daquela que fora hegemônica alguns anos atrás dentro da Instituição. Para Guilherme, a ideologia desenvolvimentista era da classe dominante. Na verdade, o Iseb de após 1960 parecia estar aberto para a exposição e discussão de teses que negavam pressupostos da ideologia nacional-desenvolvimentista. De certo modo, os *Cadernos do Povo Brasileiro*, tão críticos – não editados pelo Iseb, mas escritos por autores que haviam pertencido aos seus quadros –, eram movidos pela ideologia isebiana. Nos últimos anos da existência da Instituição, só permaneceram assíduos, dentre os membros da primeira hora, Vieira Pinto e Werneck Sodré. Toledo afirmou que, como a da sede da União Nacional dos Estudantes (UNE), a sede do Iseb foi destruída e teve seus documentos, arquivos e publicações consumidos pelo fogo.[17]

Quanto aos percalços vividos pela *intelligentsia* do Iseb, e para completar a visão que ela conseguia sobre as próprias dificuldades, pode-se retomar revelações fornecidas por Werneck Sodré (1978). Sodré salientou a heterogeneidade inicial entre os membros da instituição; dela já se apercebera nas primeiras conferências de 1955. Segundo ele, Jaguaribe era estrela central nessa constelação de valores e sua ascendência contribuía para unir todos os membros; mas, por vezes, a divisão entre atividade empresarial e cultural suscitava nele renovadas dificuldades para conciliar as contradições. Corbisier, vindo de São Paulo, merecedor de emprego condizente com o seu nível intelectual, assumiu o cargo de diretor. Fora integralista e emergia então do existencialismo. Provido de vitalidade intelectual,

---

17 Para esta síntese histórica, cf. TOLEDO, C. N. de. *Iseb: Fábrica de ideologias.*

O ISEB, OS INTELECTUAIS E A DIFERENÇA **63**

apaixonava-se pelas tarefas e buscava exercê-las com rigor. Sodré se reconhecia, no Iseb, uma pessoa de segundo plano, e lamentava não ter tido encontros com Mendes para discutirem os programas de História. Não se entusiasmara por Kubitschek e insinuou que os outros membros do Instituto, na maioria, viam em JK a grande oportunidade política para o grupo e para cada um, e achavam que sua vitória faria o país avançar.

Conforme Sodré, o Iseb sempre foi apresentado como o Instituto que iria formular a "ideologia do desenvolvimento".[18] A esse desenvolvimento, no entanto,

> o Plano de Metas, elaborado por Roberto Campos, definiria como o esforço para acelerar o ritmo do crescimento sem tocar na estrutura, de sorte a alcançar determinados níveis, tidos como metas, meramente quantitativos, particularmente pelo ingresso maciço de capitais estrangeiros, que seriam cobertos de privilégios (Sodré, 1978, pp.19-20).

De março a maio de 1957, o Iseb realizou, com sucesso, conferências em São Paulo, sob o patrocínio do Centro e da Federação das Indústrias. No Rio de Janeiro, entretanto, logo arrebentaram catilinárias contra a instituição e seus membros. Foram manobras possibilitadas pela heterogeneidade do Iseb, segundo a opinião de Sodré.

Para Sodré, a crise do Iseb só podia ser entendida se inserida na crise geral brasileira. Em junho de 1958, *A Tribuna da Imprensa* veiculou uma acusação falsa contra o Iseb: ele estaria conspirando para a manutenção do ministro da Fazenda, José Maria Alkmin, na sua pasta. Gerou-se o ensejo para que Gustavo Corção agredisse o Instituto. O próprio Sodré foi atacado pela imprensa, em julho de 1958, quando substituía Corbisier, que se achava na Europa: atos de espionagem se misturavam à acusação de ser ele um militar co-

---

18 Sodré mostra que logo se foi dando uma cisão entre os que se associavam ao imperialismo e os que eram partidários do desenvolvimento em bases nacionalistas. Não era de estranhar que, já em dezembro de 1956, surgisse, em *A Tribuna da Imprensa*, uma série de reportagens (infiltração totalitária e outras mentiras contra pessoas) contra o Iseb; como instituição, este visaria a "constituir uma réplica à Escola Superior de Guerra" (p. 22).

munista. Na verdade, Sodré assinava, no *Última Hora*, sob título de observador militar, uma coluna que vinha incomodando os patrões. A maciça campanha contra o Iseb já conhecera semelhantes, e era como as que depois iriam desencadear-se, em 1963 e no primeiro trimestre de 1964, até o colapso do regime democrático no país.

A grande crise, como foi constatado, estourou em fins de 1958, em torno da edição do livro de Hélio Jaguaribe, *O nacionalismo na atualidade brasileira*. No início do mês de novembro, Corbisier estivera respondendo a uma repórter sobre os critérios para publicações no Iseb, e mencionara o livro de Jaguaribe a sair dentro em pouco. Logo depois, como se achasse substituindo Corbisier, ausente no exterior, Sodré recebeu ofício pelo qual o presidente da UNE pedia urgentes esclarecimentos a respeito do livro de Jaguaribe, supostamente considerado pela opinião pública um livro dos trustes estrangeiros. O livro nem fora colocado no mercado, e já se levantava a UNE, vigilante contra o governo de Juscelino Kubitschek e em defesa do monopólio estatal do petróleo. Sodré lamentou que a UNE estivesse favorecendo manobras divisionistas. Guardou a impressão convicta de que o Iseb, desde sua origem, fora marcado pela heterogeneidade ideológica. E por aí se detinha com a questão da publicação.

Sodré, em suas memórias, também salientou que havia entre os professores competição por prestígio e divisões nascidas do individualismo e da vaidade intelectual. E revelou que Guerreiro Ramos, admirador de Jaguaribe até bem pouco antes, se voltara contra o amigo, levando o livro "herético" à UNE e mobilizando outros setores com habilidade incontestável. Sodré evocou a figura humana e ética de Jaguaribe, opondo-a àquela maneira de proceder de Ramos. Por razões que se conservaram ocultas, Ramos pretendia expulsar Jaguaribe, e o momento azado surgira daquele escândalo considerado uma traição contra o Iseb, baluarte nacionalista. Sodré narrou como Ramos se serviu do sectarismo para seus propósitos pessoais, depois que mudou para uma posição de direita. Por outro lado, confessou que sentiu ter falhado na discussão com a UNE, ao contemporizar ante o esquerdismo radical dos jovens que só aceitavam o

O ISEB, OS INTELECTUAIS E A DIFERENÇA   **65**

padrão máximo de pureza, e sofreu ao ver a opinião pública contra Hélio Jaguaribe e a divisão crescendo. Admirou-se de Ramos envolver a fidelidade esquerdista de Corbisier, de Vieira Pinto e dele mesmo, Sodré, e de como a manobra evoluiu mansamente.

Corbisier convocou reunião para 19 de dezembro de 1958, reunião conjunta do conselho curador e da congregação. Na discussão da questão do livro, surgiram prós e contras. Quanto ao que podia significar preservação do Iseb, os presentes se dividiam em duas áreas. Hélio Jaguaribe até se propôs, diante dos demais, assinar um documento em que se mostrasse mais acessível ao nacionalismo, baseado em duas moções redigidas, sem diferenças essenciais, por Corbisier e Anísio Teixeira. Pareciam ter todos chegado a um entendimento e a uma decisão unitária; praticamente, só Guerreiro Ramos e Roberto Campos estariam discordando. Mas Sodré referiu a presença, no Iseb, na manhã seguinte àquela reunião, do jornalista Paulo de Castro, que já ensinara algo no Instituto e que assinava um comentário internacional no *Diário de Notícias*, conversando com Ramos. Quando, no jornal de 23 de dezembro, saiu versão deformada do que acontecera na reunião de 19, Sodré viu confirmadas tanto a interferência de Paulo de Castro como a ligação dele com Ramos no desenvolver-se de toda a crise. Sodré fora certificando-se de que, "dentro da estrutura do Iseb, com a composição reinante, a posição sectária não tinha a mínima condição de vitória" (Sodré, 1978, pp.43-49). Houve tentativas de esclarecimento na imprensa – Jaguaribe que defendia Sodré, Sodré que advertia contra as divisões provocadas por forças anti-nacionais –, mas bem pouco ajudaram. Sodré escreveu: "O trabalho intelectual, pela sua própria essência, está impregnado de individualismo e dificulta a fusão de esforços, a comunidade nas tarefas, o caráter coletivo dos empreendimentos" (p.51).

Não havia sido apenas uma doença infantil. As mudanças foram várias em 1960. Aconteceu a saída de Jaguaribe, e, logo depois, a de Ramos. Sodré comentou que se convenciam de que a tarefa preliminar era a homogeneização. Com nova estrutura, o Iseb ia dispor-se a novas lutas, conquanto, por nenhum instante mais, havia de ser poupado.

Este primeiro capítulo deixa algumas perguntas: Qual a relação dos "históricos" do Iseb com a educação? Eram ou não pedagogos esses homens que, juntos, teimavam em falar de descolonização da nação e das consciências e da formação de uma cultura nacional? O que pensar da unidade por eles propalada?

2
MUDANÇA E DESENVOLVIMENTO

Depois de ter estudado a história do Iseb baseando-se em informações sobre seus membros "históricos", consideraremos, neste capítulo, as principais categorias com que eles trabalharam a realidade brasileira em mudança, a fim de, segundo suas próprias concepções em ciências sociais, ir coligindo as análises, esparsas nos escritos de cada um, sobre o papel próprio de intelectual ou sobre o papel do intelectual em geral.

Da situação de colônia ao subdesenvolvimento

América Latina e Brasil: uma situação colonial

Em livro editado pela primeira vez em 1957, e pretendendo oferecer o contributo da inteligência brasileira à formação de um novo ponto de vista da América Latina, Cândido Mendes começou a falar das condições da vida colonial e do caráter alienado que marcavam os países latino-americanos. Com a radical conquista européia, foi se formando nesta América Latina uma consciência sem memória social da sua existência pré-colombiana e dócil ao projeto de destino ao qual era incorporada. Nas cidades revérbero, se criavam padrões imitativos das metrópoles e predominava o alheamento à circunstância e ao desafio local. As estruturas impediram a organização de comunidades nacionais; mesmo após os movimentos de independência, continuaram países sem povo. Nos países egressos dos despojos do império espanhol, no século XIX, ainda não se produzira nenhuma aglutinação de interesses entre os territórios e as cidades, e a idéia de comunidade nacional se via esfacelada sobre um espaço ganglionar. Subsistia um gigantesco sistema de produção fornecedor de matérias-primas. A mão-de-obra barata fora secularmente acostumada à servidão das atividades extrativas numa economia de exploração. A condição geral da América Latina era de objeto e não de sujeito da História (Mendes, 1960a).

O que sustentava as oligarquias era uma escassa unidade de grupos de unidades regionais discretas: grupos de estrutura familiar dominavam cada área, e não havia um povo. Desse modo, muitos governos latino-americanos foram mais a expressão dos interesses de limitado número de famílias que da coletividade.

O momento que ora abordamos, segundo Mendes, caracterizou-se pela mudança radical da posição reflexa e passiva da América Latina. Tendo a idéia nacional como ponto de partida de sua visão de mundo, os países foram rompendo com o condicionamento exógeno do processo histórico e com o próprio comportamento de simples mercados especializados e acessórios do sistema. A idéia nacional e a tarefa de promoção do desenvolvimento econômico se associaram. Um novo ponto de vista latino-americano permitiu supor a destruição do regime econômico que conduzira ao imobilismo as nações do hemisfério. E também lhes caberia, em esforço contra a passividade que permeava a sua própria realidade cultural, superar o tipo de convivência extremamente desequilibrada com os Estados Unidos.

Com a indigência de recursos que o colonialismo deixou, também era forçoso reconhecer as limitações do mercado interno que inviabilizavam a formação de um processo emancipatório em vários países da América Latina. Com maior dinamismo e com mercado interno ponderável, destacavam-se Peru e Colômbia. Brasil, México e Chile viviam pleno processo de desenvolvimento, nos quais, com a quebra do imobilismo, já cresciam o parque industrial, o planejamento e a atividade produtiva. Destruir a hegemonia latifundiário-patriarcal – tentativas do Brasil (1930) e da Argentina (1946) de superar a antiga ordem de coisas – e confiar no Estado para conjurar a ameaça de sobrevivência dos aparelhos tradicionais de economia de exploração foram imperativos faseológicos. O recente projeto, apoiado em novas classes – década de 1950 –, vinculava-se à industrialização, que podia acelerar o aumento da renda *per capita* e cooperar para a erradicação do pauperismo. Mendes (1960a) se revelava confiante com a possibilidade de conceber, em termos autárquicos, embora numa experiência aberta, o projeto latino-americano de destino histórico.[1]

Hélio Jaguaribe falou, para o caso do Brasil, de três estágios de desenvolvimento: o colonial, até 1850; o semicolonial, de 1850 até 1930; e o de transição, ainda em curso.

Para Jaguaribe, o estabelecimento colonial baseou-se na apropriação da terra e dos meios de produção por uma minoria aristocrática, minoria essa ajudada por alguns comerciantes urbanos e apoiada por estritas classe-média militar e burocracia oficial. Tudo se produzia por meio da mão-de-obra escrava e, depois, por alguma maquinaria; em vista da exportação para a metrópole, as mercadorias necessárias à manutenção do regime econômico deviam ser importadas. O estágio semicolonial foi se introduzindo desde a lei de Eusébio de Queirós de 1850, que impunha limitações à importação de escravos. Aos poucos, chegava a mão-de-obra importada e paga, que favoreceria o crescimento endógeno. Complexidade maior se manifestou, então, na sociedade brasileira. O domínio continuou sendo do patriciado de latifundiários rurais, que estabeleceu

---

1 O autor sabia que os países subdesenvolvidos enfrentavam esquema limitante de opções políticas no mundo contemporâneo, mas se posicionava contra a ideologia pan-americanista dos Estados Unidos e sugeria inclinar-se para a busca de um caminho histórico autônomo em vez de inclinar-se pela doutrina de Monroe.

um governo centralizado, mas se expandiu uma classe média marginal, da qual foi cooptada a burocracia militar e civil, podendo se formar o chamado Estado cartorial e uma cultura de intelectuais. Embora os centros de produção continuassem muito desligados uns dos outros, o mercado se ampliou, e também emergiu a classe média, com influência política e participação econômica. Esse estabelecimento semicolonial entraria em crise estrutural na década de 1920, conforme a leitura de Jaguaribe (1967a).

Guerreiro Ramos, como os demais do Iseb, chamou o período semicolonial de período do subdesenvolvimento, no qual o país ainda se encontraria mergulhado em 1950. Veterano do grupo, ele publicou pesquisa sobre o pauperismo (Ramos, 1951), e avaliou bem cedo a complexidade da situação da maioria subdesenvolvida da população e reivindicou planos de mudança de estrutura econômica e social. Era o tempo em que também Corbisier (1952b) sentia a crise e declarava que a filosofia tinha de aludir a realidades inscritas nas circunstâncias e recuperar a terra firme.

Jaguaribe (1967a), que proporcionou definições sobre período colonial e semicolonial, entendeu o subdesenvolvimento como um fato social global, determinado por três espécies particulares de alienação sócio-histórica: a alienação cultural, a alienação social e a alienação nacional.[2] Também tratou do subdesenvolvimento em seu livro *O nacionalismo na atualidade brasileira*,[3] dentro das contradições que o tema suscitava, as quais eram: econômicas, ligadas à subcapitalização; sociais, ligadas às inconsistências presentes no proletariado, nas classes médias, na burguesia; culturais, ligadas à incapacidade de conceber a própria situação e à mentalidade nativista; e políticas, ligadas à pretensão de ainda poder preservar o clientelismo e o Estado cartorial (Jaguaribe, 1958a).

---

2   Adiante, desenvolve como vê tais tipos de alienação.

3   Obra publicada em 1958 e objeto de severa controvérsia, como já vimos no primeiro capítulo. As contradições que mantiveram o subdesenvolvimento foram analisadas entre as páginas 37 e 46.

A partir dessas análises de Jaguaribe é ilustrativo passar a uma definição de colônia. Tomamos a de Corbisier com seu comentário. Colônia era uma região cujo aparelho econômico se esgotava na produção de matérias-primas e na importação de produtos acabados; mas significava também uma estrutura social e ideológica, segundo a qual as instituições políticas e culturais reoperavam sobre as estruturas de base, consolidando o poderio das classes dominantes. Nos países subdesenvolvidos, que se mantinham na condição de colônias, as classes trabalhadoras eram excluídas da educação e da cultura, e as classes médias desfrutavam de subvenção da classe dominante sob o título de emprego público e de serviço burocrático; assim, até a erudição se tornava um reflexo e forma alienada de cultura. Uma cultura autêntica só seria criada pela instauração das condições objetivas – a independência e a integração econômica – que a tornassem possível (Corbisier, 1976b).

Efetivamente, a desarticulação de regiões entre si sempre impedira o desenvolvimento econômico e cultural. Nos períodos colonial e semicolonial, sem comunicação, cada região produzia somente para o autoconsumo e o mercado externo. Finalmente, as condições de possibilidades culturais estimularam a coragem para a construção de Brasília: as comunidades se dispunham a participar e colocavam exigências de desenvolvimento (Corbisier, 1960). Com o novo projeto de produção voltado para o próprio país, a teoria do desenvolvimento, constituída havia pouco em nova disciplina, adequou-se de modo diferente: tomou consciência do desequilíbrio entre países adiantados e atrasados, bem como da submissão à ideologia colonialista e à pretensa superioridade do colonizador (Corbisier, 1975).

Em conferência de 1956, Vieira Pinto (1960c) fez a crítica da ideologia de dominação, da alienação e da inautenticidade, às quais estiveram sujeitos historiadores e sociólogos. Nós nos comportávamos como objeto, não obstante se fosse impondo, já desde os tempos coloniais, a configuração de sujeito nacional. No que tocava à consciência individual, ingênua ou crítica, o autor falou depois em longa obra já referida, *Consciência e realidade nacional* (1960b), em dois volumes.

Industrialização, classes e capital estrangeiro

Na abordagem dos fatores da consciência crítica no Brasil, Guerreiro Ramos começou com a afirmação bem isebiana de que o povo brasileiro vivia naqueles dias uma nova etapa do seu processo histórico-social. A industrialização era o fato inédito e central, e ela, com as decorrências de urbanização e alteração no consumo popular, nos interessou sobremaneira.

Atividades industriais haviam tido longo passado no Brasil, pois que a população, mesmo rural, sempre atendera a novas necessidades por meio de produção mercantil. Esta fora incrementada a partir de 1850, sem dispensar o suplemento da importação. Dado que a exportação do país aumentara entre 1850 e 1929, era possível perceber que a economia brasileira se fora dotando de condições de autodesenvolvimento: o número de sacas de café exportadas crescera progressivamente até perto de 1930, a agricultura se especializara e várias atividades produtivas do âmbito rural se haviam transferido para os núcleos urbanos. Segundo Guerreiro Ramos, a magnitude do processo industrial foi percebida em especial na década de 1950, quando a importação de bens de produção superou em muito a importação de bens de consumo: em 1954, os bens de produção atingiam 79,5% sobre o total das importações. Os membros do Iseb exultavam a industrialização:

> ...demanda elevada da capacidade empresarial de particulares e do Estado, assume o caráter de empreendimento político, provocando modificações na psicologia coletiva, entre as quais se inclui o pensar em termos de projetos. O povo brasileiro está atualmente empenhado na realização de projetos (Ramos, 1958b, p.71).

Ramos enfatizava que, quando um povo passava a ter projeto, adquiria uma individualidade subjetiva e se via como centro de referências, o que, na colônia, instrumento da metrópole por definição, não podia ocorrer. Com a urbanização, um indivíduo se tornava essencialmente comprador e sentia avultar-se o próprio conteúdo político; efetivamente, nos anos 1950, a consciência política cresceu e o grau de politização foi sem precedentes. Junto com melhor nível de subsistência na cidade e refinamento dos hábitos populares de consumo, Ramos também detectou uma psicologia coletiva de forte conteúdo reivindicativo. E ainda pareceu festejar a nova formação da cidade, da indústria, do comércio, do desenvolvimento: "Este processo de abertura do complexo rural, que permite a migração de fatores (mão-de-obra e capitais) do campo para as cidades, ainda hoje é importante referência dinâmica da economia brasileira" (Ramos, 1957c, p.44).

Em 1957, em retrospectiva, Guerreiro Ramos expressou paixão pelo novo Brasil e até pela figura do empresário. A recente formação de um mercado nacional implicava alteração no esquema de convivência das classes sociais. Os proprietários de terras, antigos detentores do poder, teriam perdido suas posições dominantes em proveito de novos titulares. Formou-se uma população obreira e, sobretudo, uma burguesia empreendedora, cujos interesses dependiam do consumo interno: "Compondo a matriz de um verdadeiro povo, constituem hoje a maior força política do Brasil" (Ramos, 1957a, pp.16-17). A nova classe dirigente ainda carecia da consciência das necessidades orgânicas da sociedade brasileira naquela fase, mas o Brasil, amadurecendo, estava em vias de tornar-se um país secundariamente agrícola e predominantemente industrial.

Entre 1920 e 1930 se alvoroçara, segundo Jaguaribe (1985b), a rebeldia da classe média, que incluía os militares. Também se gerara uma nova classe, a operária, e uma nova subclasse, o setor industrial da classe burguesa, predestinado a exercer a liderança na burguesia.

Com a revolução industrial e com a presença de novas lideranças, após 1930, promoveu-se a cooptação das massas emergentes dentro de um sistema político populista. Era um sistema capitalista e de propriedade privada, baseado na expansão das indústrias, mas com o Estado como planejador e complementador de inversões. O Estado, por meio de serviços empresariais específicos, assegurava transporte, comunicação, eletricidade, produção siderúrgica, exportação de minérios e petróleo, ficando os demais setores para a indústria privada. Com retórica um tanto socializante, o sistema produtivo, essencialmente privado, foi acolhido pelas massas, não por engodo, mas porque elas acreditavam ter o que ganhar. Segundo Jaguaribe, os salários subiram e a participação aumentou. Com efeito, houve ganhos reais com o Plano de Metas de Juscelino Kubitschek, que promoveu progresso, ainda que só heterodoxamente e ao preço de transferir para o sucessor uma conta difícil de pagar, a conta da modernização automobilística voltada para um mercado interno ainda restrito.

Jaguaribe veio a reconhecer, mais tarde, que a alta taxa de marginalidade não permitira ao governo seguinte aumentar a capacidade aquisitiva dos mercados, e que um Congresso conservador impedira reforma fiscal. Com efeito, à posse de Getúlio Vargas, a arrecadação federal era de 9% do produto, e os mesmos 9% persistiam com João Goulart, enquanto a despesa da União, já pelos 18%, gerava inflação e déficit do Tesouro. A dívida ficava por pagar, todavia. E, se a economia parava de crescer, as massas mantinham as reivindicações e exigiam a redistribuição da riqueza existente.

O bom êxito do país na área da indústria e na implementação da infra-estrutura teve a ver com o interesse pela integração e pela ciência. Em termos de educação, avançou o debate em torno à projetada Lei de Diretrizes e Bases, e se foi recorrendo para uma formação técnico-científica que viabilizasse maior produtividade e competitividade. Doutra parte, ganhava relevância o empenho em formular uma ideologia para o desenvolvimento, de maneira que se afirmassem a nacionalidade e seus interesses histórico-econômicos. O país não podia prosseguir à mercê do capital estrangeiro e no semicolonialismo. Roland Corbisier, consciente da inter-relação entre cultura, consciência e economia, denunciava a situação de dependência, numa das primeiras conferências realizadas no Iseb em final de 1955:

> No plano cultural, essa oposição ativa se revela na ação da *intelligentsia* que se converte, como dissemos, em órgão da consciência nacional; no plano político, na luta dos partidos ou movimentos de sentido nacionalista, que representam os interesses do desenvolvimento nacional; no plano econômico, pela ação realizadora dos produtores, dos industriais autóctones, do proletariado industrial e da lavoura de base tecnológica (Corbisier, 1958, p.49).

O ISEB, OS INTELECTUAIS E A DIFERENÇA **75**

E a seguir, citando palavras de Hélio Jaguaribe:

> O Brasil (...) ou completa seu desenvolvimento econômico, ultimando a sua industrialização, reformando o seu sistema agrícola, comercial e financeiro, e adotando as medidas políticas e administrativas correspondentes ou retrocede à condição de país colonial (Jaguaribe, *apud* Corbisier, 1958, p.49).

Noutra conferência, Corbisier disse que o Brasil, deixando de ser país agrícola e empenhado em emancipar-se, "adota e procura realizar o projeto de industrialização como o único capaz de promover essa emancipação" (1958, p.58).

No primeiro capítulo, já acenamos ao conflito em torno do livro de Jaguaribe, publicado em 1958. Seu nacionalismo aprovava o capital estrangeiro, mas com a preconização de um controle sobre ele. Como havia o Brasil de industrializar-se, fechando as portas ao capital externo? Jaguaribe assumiu posições que suscitaram constrangimentos e divisão no grupo. Algumas ostentam maiores implicações com os objetivos do presente estudo.

Muitos do Iseb se pronunciaram contra o capital estrangeiro ou, ao menos, reclamaram severo controle sobre ele. Na verdade, porém, optando pela modernização e pela burguesia industrial nacional, todos experimentavam um entusiasmo descuidado.

A posição de Jaguaribe, sempre perspicaz e bem inclinado ao realismo e à abertura, não deixou de causar perplexidade. Ele atribuiu ao empresário nacional uma "missão schumpeteriana", situando-o no capitalismo social do século XX, um sistema produtivo com máxima acumulação social de capitais e ótima utilização. O empresário seria, cada vez mais, um coordenador de fatores produtivos a operar com os recursos de que a comunidade dispusesse, distinto dela não por estilos de consumo, mas apenas por capacidade profissional. Ao Estado caberia adotar as medidas que tornassem a função empresarial possível. Para Jaguaribe, a função do capitalista sofreu processos de dispersão e de concentração: de um lado, a função se difundiu pela comunidade, pois cada cidadão, com a elevação da renda *per capita*, se tornou um poupador e um investidor; de outro, o Estado, pela tributação e pela imposição de empréstimos compulsórios, conduziu a poupança ao máximo permitido pelas condições econômico-sociais. Poupança pela tributação e poupança privada se complementavam. Do empresariado, Jaguaribe requeria que fosse dinâmico e austero, e, da comunidade, que não viesse a aplicar tanto no mercado imobiliário (Jaguaribe, 1958a).

Num certo contraste com tal perspectiva, encontramos Cândido Mendes. Reconhecia que na América Latina, em 1957, vinculadas à industrialização, se descortinavam verdadeiras classes em projeto. Chamava-as de burguesia industrial, proletariado, classe média produtiva. Atento ao pauperismo, Mendes também lembrava a desconcentração da renda nacional, a aceleração da renda *per capita* e a implantação de parques industriais resultantes do processo. A isso conectou, porém, o populismo: forma de conduta político-partidária na qual nem se recortavam nitidamente as várias classes nem se constituía um proletariado. Foi o caso do Brasil de Vargas. Aqui e em outros países, o proletariado, criado por decreto do Estado, permaneceu artificial, e os beneficiários da outorga não puderam definir posição de classe. Mendes (1960a) observou que as revoluções em curso na América Latina realizaram a tarefa de extinguir os proletariados históricos contemporâneos. Concluiu criticamente, após um provável reexame da proposta de Jaguaribe e das suas próprias de 1957: a desintegração brasileira consentia na existência de populações felás. E passou a sugerir que se colocasse em outros moldes, diferentes dos de países adiantados, a polêmica entre o setor privado e o setor público na política do desenvolvimento. Não lhe agradavam nem uma evolução em termos neocapitalistas nem a idéia de manter a alienação própria daquele universo ideológico preso às estruturas do velho regime, e, por isso, apelava para maior cautela.

Em poucas palavras, Mendes (1962a) advertia que as classes em emergência e os grupos de pressão, que acompanhavam a industrialização do país, a formação de um mercado interno e a expansão acelerada da renda *per capita* estavam, de fato, pugnando pela dominância. Via o perigo, entre outros, da utilização concentrada do

O ISEB, OS INTELECTUAIS E A DIFERENÇA   **77**

crédito público em termos de benefício de uns poucos privilegiados, e, inclusive, insistia contra a política de respeito a um desenvolvimento privatista e espontaneísta (Mendes, 1966a).

Tratando da industrialização para o desenvolvimento, Vieira Pinto opinou que a divisão de classes era de ordem secundária na fase do processo que se vivia em 1960. Para ele, a contradição principal era nacional e não de classe; parecia acreditar que o nacionalismo, no qual se exprimia a ideologia do desenvolvimento nacional, se apoiava sobre um terreno unificado, onde classes distintas unem neste momento seus interesses... (Pinto, 1960a). Vieira Pinto participava da euforia isebiana pela industrialização que ia sendo promovida pela burguesia nacional, a nova classe hegemônica que reputavam desapegada e patriótica.

Em nossos autores, como em muitos outros, o crescimento patológico das cidades e a marginalização do homem saído do campo ainda passavam despercebidos.

Mudar e desenvolver

Um conceito predominante no desenvolvimentismo brasileiro, mesmo entre os isebianos que se situavam mais à esquerda, era o de revolução brasileira. Ora, se desenvolvimento reporta à idéia de devir e progresso, é oportuno esclarecer, aqui, os sentidos de *mudança* que resultaram de nosso primeiro exame sobre os autores.

Cândido Mendes insistiu sempre na desejada mudança, como foi próprio dos isebianos em geral. Era sobretudo a mudança de uma estrutura de colônia para uma estrutura de desenvolvimento autônomo, encargo eminente do Estado (Mendes, 1966a). Guerreiro Ramos almejava um projeto societário global e institucional que minasse os fundamentos psicológicos e sociais dos grupos que punham obstáculo ao processo. Diziam sentir um novo estado de coisas na década de 1950, em especial no início do governo JK: a sociedade brasileira já não era sociedade produzida, e, especialmente na economia, estavam deflagrados fatores que permitiriam comandar o desenvolvimento e interferir para acelerar o progresso material (Ramos, 1957c). Evidentemente não se podia pensar apenas em crescimento econômico, mas certas condições haviam sido criadas para um autêntico desenvolvimento: Hidrelétrica do São Francisco, no governo Dutra, e depois, com Vargas, a Petrobras, a Siderúrgica Nacional de Volta Redonda, a Fábrica Nacional de Motores. Impulso decisivo deveu-se ao Plano de Metas de Juscelino.

Segundo Corbisier, integração econômica e revolução democrático-burguesa, com avanço tecnológico segundo exigências das classes que dominavam o processo, coincidiam. Ao longo dessa revolução, vinha se criando a própria nação. A industrialização, era certo, fora um crescimento só quantitativo, desde os engenhos de açúcar, as minas, o café, a borracha; condição, porém, segundo as expectativas de Corbisier, para um desenvolvimento além da renda *per capita*, isto é, de qualidade e capaz de realizar os desejos do homem de liberdade, justiça e verdade (Corbisier, 1975). Segundo o pensamento de Ramos, no entanto, o pauperismo como tal e como estado de espírito tinha sua inércia e era resistente; ele alertava que qualquer mudança só aconteceria a longo prazo e dependeria de mudança de estrutura econômica, social e cultural (Ramos, 1951).

Também Jaguaribe confiava as mudanças ao Estado brasileiro, mas não o Estado como instrumento de conservação da propriedade latifundiária, capitalista, cartorialista, como o de 1930. Na crise do início de 1950, ele propunha firmar uma ideologia geral que integrasse a programática reclamada pelos problemas: ideologia voltada para uma socialização, mas com burocracia gerencial e sob controle planejado (Jaguaribe, *apud* Schwartzman, 1981).

Os referenciais de mudança relançavam o tema básico da cultura. Cultura não muda facilmente, como lembrou Ramos. Aguçava-se, pois, o desafio do aspecto qualitativo: a industrialização vinha afetar era o espírito, que não se confundia com uma erudição qualquer, segundo advertiu Corbisier amiúde. Conforme Vieira Pinto, a cultura se manifestava como crescimento pessoal e como consciência toda vez que um trabalhador se sentia mais ágil e qualificado, toda vez que a qualificação da obra se refletia na sua própria pessoa, ou que ele,

O ISEB, OS INTELECTUAIS E A DIFERENÇA   79

vendo a própria produção aumentar, se descobria como autor do que estava produzindo. Essa consciência de participação era a consciência de uma cultura (Pinto, 1960a). A cultura do desenvolvimento, nunca entendida como popular, mas como provocação à mudança e ao novo fazer, tinha de surgir como consciência crítica, indagadora e reflexiva e jamais como doação de uma elite. Seu crescimento seria resultado do movimento próprio do processo de realidade.

Ora, para criar cultura *brasileira*, precisávamos da revolução nacional do desenvolvimento; esta implicava, simultaneamente, cultura, desenvolvimento e consciência. Por aí é que se deveria esclarecer melhor, no Iseb, o conceito de espontaneísmo da economia e do desenvolvimento: qualquer espontaneísmo se dava somente a partir do trabalho para construir, na História, o consenso ideológico e democrático.[4]

Além da filosofia, fornecedora de importantes pressupostos, também a sociologia se mostrou fundamental nas pesquisas do Instituto. Com freqüência foi abordado o tema da teoria sociológica. Guerreiro Ramos falou de planos para o sociólogo, em vista do autêntico desenvolvimento: "A sociologia no Brasil será autêntica na medida em que colaborar para a autoconsciência nacional, na medida em que ganhar em funcionalidade, intencionalidade e, conseqüentemente, em organicidade" (Ramos, 1957c, p.26). Desde as suas primeiras denúncias da oficialidade da sociologia em 1953, Ramos tentava promover uma teoria da sociedade brasileira. A formação do sociólogo, ajudada pela posse do conhecimento básico da ciência social, deveria resultar da indução dos fatos nacionais; e a sociologia iria mudando do âmbito oficial para o âm-

---

4   Para melhor entender sobre o conceito de espontaneísmo e de padrão trófico (e distrófico) de desenvolvimento, vejam-se e relacionem-se os dois artigos de Mendes: 1) O discurso político como indicador nos sistemas de elite de poder na América Latina, em: MENDES, C., Crise e mudança social, Introdução, p.147ss; 2) Sistema político e modelos de poder no Brasil. *Dados – Revista de Ciências Sociais*, v.1, pp 7-16 principalmente. Vejam-se logo adiante, porém, outros esclarecimentos.

bito da realidade, pois o importante era a autoconsciência da nossa sociedade.[5]

A educação também exerceria seu papel nas transformações. Ninguém ficaria na alienação semicolonialista, voltado para a Europa e para a erudição, para a sociologia do Velho Mundo ou norte-americana. Nem se preparariam funcionários para um Estado cartorialista. A educação, científica e integral, conservaria seu valor pragmático, sem descurar das tarefas pedagógica, ética e política, conforme as melhores expressões de Corbisier. Educação para a consciência crítica e para a superação da consciência ingênua, segundo Vieira Pinto. Educação como conscientização, para Vieira Pinto e Paulo Freire. A conscientização que, na visão de Mendes, era momento praxístico da teoria: nem estrita denúncia nem simples educação, mas vetor do processo em que o povo se tornasse protagonista.[6]

Consciência e povo: desenvolvimento *espontâneo*

Povo e cultura

Em São Paulo de 1952, Roland Corbisier, na conferência inaugural do primeiro curso do recém-fundado Instituto Brasileiro de Filosofia (IBF), referindo-se à cultura e à pedagogia, e sob a influência do existencialismo de Marcel e Jaspers e de Ortega y Gasset, ainda se mostrava preocupado com a construção de uma imagem unitária de homem, bem como se dispunha a criticar todo projeto que manipulasse as massas (Corbisier, 1952a). Mais tarde, acumuladas novas experiências, e junto então aos cariocas, revelou outra pers-

---

5   Cf. especialmente o artigo de RAMOS, A.G. "A dinâmica da sociedade política no Brasil". *Revista Brasileira de Estudos Políticos*, v.1, pp.23-38.

6   Cf. especialmente MENDES, C. *Memento dos vivos*, p.178.

O ISEB, OS INTELECTUAIS E A DIFERENÇA **81**

pectiva e projeto de Brasil, num lamento que lhe saía sincero: "A rigor, nunca houve sociedade nem povo brasileiro" (Corbisier, 1960, p.37).

Essa experiência não foi só de Corbisier. Nas suas novas análises, Guerreiro Ramos explicitava: "Durante a dominação dos fazendeiros, o Brasil foi um país sem povo". Quanto a isso, reuniu testemunhos diversos. Do padre Antônio Vieira: "Cada família é uma república"; do francês Louis Couty: "O Brasil não tem povo"; de Sílvio Romero de 1907: "Não éramos uma nação, pois a nação não se configura historicamente sem a sua substância que é seu povo" (Ramos, 1957a, pp.14-15). Para Ramos, o Brasil sempre se definira como um país que exercia, na divisão internacional de trabalho, o papel da complementaridade, satisfazendo apenas à demanda externa, o que refletia, política e culturalmente, a alienação nas relações de produção. A matriz de um verdadeiro povo somente se compôs quando se formou uma população obreira e uma burguesia empreendedora, com interesses dependentes do consumo interno. Também surgiu, com isso, o novo substrato de poder. Era a burguesia industrial, com uma indústria que foi evoluindo desde os lentos anos de 1880 até o início da década de 1950. Depois de observar que a nova classe ainda não amadurecera ideologicamente, Ramos comentou que a recente irrupção do povo instalara na comunidade brasileira, entre o Estado e a sociedade, uma tensão que os antepassados não tinham conhecido. Ele reclamava, então, por uma redefinição do poder nacional: era tempo de o nosso "Terceiro Estado", com vontade política, se transformar numa força para si, pois que o país se estava tornando sobretudo industrial.

Como existisse povo então, segundo o pensamento de Ramos, fundada estava concretamente a nação brasileira; condicionado pela sociedade, o Estado não mais operava num vazio histórico. Uma conversão à forma nacional só comparável ao fenômeno do nascimento de uma cultura. Uma revolução nacional até distinta das revoluções do princípio do século XIX, porque, nos tempos recentes, já não se tratava da independência política, mas da conquista de um desempenho histórico. Para novas relações independentes do exterior, faltaria apenas um elemento anímico – a nossa vontade. As massas, ademais, em ruptura com os antigos quadros de dominação espoliativa e convocadas por governos representativos, caucionavam condutas externas de significado emancipador (Ramos, 1957a).

Era esse o otimismo idealizado de Ramos, na aula inaugural do Iseb de março de 1957, quando já ia em curso o segundo ano do governo de Juscelino Kubitschek. Otimismo sobre a união de um povo, sobre a vocação da classe burguesa industrial, sobre as possibilidades de transformação com o novo governo.

Em termos gerais, tais concepções se encontravam nos demais "históricos" isebianos, desde Corbisier, para o qual a construção de Brasília pelo presidente que ajudaram a eleger foi símbolo de um povo e de sua força criadora (Corbisier, 1976b).

Sobre a cultura, Corbisier (1958) viera refletindo de longa data. Em 1952, no Instituto Brasileiro de Filosofia (IBF), enfatizara que ela não era só um patrimônio que se transferisse individualmente por meio da educação formal; de preferência, então, criticava aquele colonialismo cultural que mantinha o país no não-ser ou como puro objeto. Cultura não podia guardar sentido livresco ou de conjunto de coisas prontas e acabadas: isso ocultaria a realidade do país ou impediria a descoberta de sua própria realidade.[7] Corbisier, no desejo de assumir cultura como totalidade, valorizou, então, porém na linha de Max Weber, a interação dos fatores reais e dos fatores ideais e até o elemento totalmente imprevisível. Mas depois levou a sério a "circunstância", segundo a proposta de Ortega y Gasset e outros e se interessou pelos objetos culturais, porque os via como portadores de significação. Enfim, se deixou entusiasmar pela industrialização e, embevecido ante o símbolo da construção de Brasília, exaltou o contexto urbano, em que o espírito poderia despertar para a elaboração de formas superiores de cultura (Corbisier, 1960).

---

7   No mesmo sentido, Ramos lembrou que o intelectual é o que se habilita, como foi no século XVIII europeu, a favorecer tarefa criadora e emancipadora no domínio da cultura. Ver RAMOS, A. G. *Introdução crítica à sociologia brasileira*, p.213.

O ISEB, OS INTELECTUAIS E A DIFERENÇA   **83**

Com a idealização da cidade, aconteceu a idealização da burguesia industrial. E se repôs a questão das classes sociais. A cultura é elemento unificador de classes que existem dialeticamente. Como disse Corbisier, o homem que trabalha está situado num grupo ou classe social – como um país está situado num contexto mundial ou num momento do processo que chamamos de história universal. Em linguagem frobeniana, escreveu Ramos (1950, p.67): a classe social "marca todo homem na sua carne e no seu espírito", ela "atravessa o homem". Também em Ramos se fez perceber a elevação do setor burguês industrial; em artigo de 1956, deixou atrás a classe média e subestimou o *lumpenproletariat* (Ramos, 1956). Certo descaso pelas classes médias – parasitas – pudemos detectar em Jaguaribe, quando ressaltava que delas provinha a clientela que inchava o Estado cartorial. O neocapitalismo de Jaguaribe favorecia a nova burguesia dinâmica e sugeria que aquele tempo (1957) era auspicioso do ponto de vista da representatividade e da autenticidade dos interesses ideológicos, visto que coincidiam os interesses do proletariado, da burguesia industrial, do campesinato e da classe média, e todos só ganhavam segundo as perspectivas de sua própria classe (Jaguaribe, 1958b).

O discurso foi mudado, porém, com o término do governo JK. Cândido Mendes, no início de 1962, e após a renúncia de Jânio Quadros, passou a falar de uma etapa de transição. Malgrado os condicionamentos da estrutura colonial, havia forças que disputavam entre si a dominância. Comportamentos diversos, egressos de diferentes matrizes sociológicas, mostravam uma política de oligarquia, uma política de clientela e uma política de grupos de pressão. Esta última provinha de outra estrutura de vida coletiva, já típica de uma sociedade mais diversificada e sem a homogeneidade da moldura social do Estado cartorial. Para Mendes, se revelava novo eixo de interesse mais aperfeiçoado, a classe social, como o que se vivia no momento da política de ideologia com seus partidos, os agrário-conservadores, os liberais-burgueses, os socialistas-proletários.[8]

---

8   Cf. o artigo de MENDES, C. "Desenvolvimento e problemática do poder". *Sín*

De Vieira Pinto, quando abordou a cultura, selecionamos um esquema útil para a compreensão do que estamos tratando neste capítulo. Em linhas gerais, segundo ele, as transformações econômicas provocavam o surgimento de um povo, um povo que permitia supor uma cultura solidificadora das muitas relações, inclusive as de classes; requeria-se uma tomada de consciência, que não perdesse a conexão com as consciências individuais, o que, necessariamente, conduziria a movimentos e lutas de onde se gerassem forças consideráveis e projetos, sobretudo um projeto de trabalhadores. Segundo esses termos, ação do intelectual e educação se ostentavam no momento em que se fazia urgente interpretar um projeto, cabendo dizer que a cultura era o conteúdo da educação.[9]

Nação, nacionalismo e Estado

Alberto Torres, na segunda década da República, considerara a nação brasileira uma ficção jurídico-institucional, algo artificial e imposto de cima para baixo; faltava a ela a correspondência com suportes consuetudinários. Quanto a esse ponto de vista, Ramos contestou Torres, dizendo que a nação brasileira só poderia aparecer em plenitude com o advento do capitalismo brasileiro; Torres, por não ter percebido o condicionamento econômico do fenômeno

---

tese política, econômica, social, v.14, pp.60-91. O autor já se pergunta, na segunda parte do artigo, qual seria o lugar de uma legítima tecnocracia política. Jaguaribe, em estudo sobre a queda de Jânio Quadros, anotou que a distinção entre posições políticas ditas de direita e de esquerda, no Brasil, indicava mais posições referidas aos setores contrários ou favoráveis ao desenvolvimento e que se atinham à detenção ou não da propriedade privada dos meios de produção. Mais que diminuir a esquerda, Jaguaribe parecia afirmar que Jânio, na sua indefesa deposição, não podia contar com força organizada do seu lado. Ver JAGUARIBE, H. "A renúncia do presidente Quadros", *Revista Brasileira de Ciências Sociais,* v.1, pp.292-293.

9 Sugerimos a leitura do capítulo VI, Teoria da cultura, pp.119-138, em PINTO, A. V. *Ciência e existência* – Problemas filosóficos da pesquisa científica.

O ISEB, OS INTELECTUAIS E A DIFERENÇA   85

nacional, se teria equivocado ao propor que a nação se forma de cima para baixo, da inteligência para as emoções, com a tutela do povo pelas elites nacionalistas. Ramos acreditava que o nacionalismo tinha um fundamento econômico próprio – verificado na década de 1950, em vários componentes objetivos – e já se tornara um fato sociológico (Ramos, 1957c).

A nação, portanto, como autoconsciência da sociedade, tinha de existir como vigência de uma comunidade com estilo de vida histórico. Por isso que 1822, quando as gerações de brasileiros assumiam o mister ciclópico de criar instituições para uma nação, só deveria ser entendido como a simples inauguração de fase. Em tal linha, tida como histórica, caberia ao sociólogo brasileiro dedicado ao ensino a tarefa de estimular nos discípulos uma capacidade de autonomia e de assenhoreamento das forças particulares da sociedade em que viviam, bem como de promover a autarquia social do seu país.[10]

Também Hélio Jaguaribe, em *O nacionalismo na atualidade brasileira*, definiu, de modo histórico, nação como existência de um povo dotado de vínculos comuns (raça, tradição cultural) e como conseqüência da vontade prévia de constituí-la e mantê-la. Para ele, numa concepção que chamava de dialética, a nação e a nacionalidade supunham o "projeto político que visa a fundá-las e mantê-las". (Jaguaribe, 1958a, pp.18-20). Corbisier (1960), tendo buscado a configuração e a definição de nação, acentuou que elas provinham da integração econômica, social, política e cultural; e, salientando os dois últimos elementos, enunciou que cabia ao Estado uma soma maior de responsabilidades, dada a concentração de recursos que ele detinha para qualquer planejamento. Vieira Pinto (1960b, pp.368-370), por seu lado, se perguntava: "Qual seria o processo político real para garantir o destino econômico numa nação?". As nações subdesenvolvidas se encontravam apenas a caminho, mas a pleni-

---

10 Ramos enfatiza que a função da teoria sociológica é fazer que a nação possa compreender a si própria e decifrar problemas; daí que se planificam tanto o ensino como o trabalho de campo. Ver RAMOS, 1957c, p.104.

tude da existência estava na autonomia material. Se o universal concreto é a realidade histórica, a nação à qual pertenço é única, para mim não há outra, e não posso, em generalização vazia, desligar-me do contorno histórico.

E voltamos a Jaguaribe (1958a, p.51). Nacionalismo significava, essencialmente, o "propósito de instaurar ou consolidar a aparelhagem institucional necessária para assegurar o desenvolvimento de uma comunidade". Cresceu especialmente depois de 1920, quando o desenvolvimento passou a exigir uma ordenação político-jurídica adequada. Jaguaribe enfatizava que o nacionalismo só se realizaria na medida em que reconhecesse o seu fim, o desenvolvimento. Para isso, os agentes, fosse qual fosse a origem deles, utilizariam todos os meios apropriados e nem tinham de fechar-se necessariamente aos recursos estrangeiros. Na verdade, o autor reprovava a proteção de atividades marginais ou de baixa produtividade, própria de um nacionalismo de conotação fortemente econômica, enquanto advertia contra o clientelismo do Estado cartorial e contra reivindicações do proletariado que impediam o desenvolvimento. Isso nos força a recordar que Jaguaribe dava razão a Juscelino Kubitschek, que optou por fazer – e fez mesmo! – crescer o Brasil 50 anos em cinco. Depois, endividamento, inflação e desequilíbrios se tornaram mais visíveis, e Mendes foi o primeiro a expressar restrições aos riscos associados com negativas conseqüências: as metas custavam muita marginalização e desigualdade.

Vieira Pinto (1960b) colocou o nacionalismo como prática política no centro de sua obra filosófica. Contra a primeira fase nacionalista, a do beletrismo, valorizava a discussão sobre a emancipação econômica. Defendia um nacionalismo autêntico contra o nacionalismo espúrio que confundia o pensamento das forças de vanguarda e dos trabalhadores; em favor da consciência popular, das massas e das elites autênticas, rejeitava o nacionalismo simplesmente das elites, para as quais só eram legítimos os interesses delas mesmas.

"Seremos enérgicos e oportunos" foram as palavras do candidato Juscelino Kubitschek, segundo relatou Corbisier. Invectivas e intimidações só fortaleciam, no futuro presidente, a disposição para a luta. Na empresa revolucionária de emancipação econômica e cultural, Corbisier atribuía papel preponderante ao Estado e ao poder público (Corbisier, 1976b, p.142). No que chamou de uma "nova conversão", ele descobriu o povo quando, em campanha para deputado, e já passando do nacionalismo ao socialismo, se encontrou em meio a favelados e congressistas, a jogos políticos e problemas sociais: "Como não reconhecer o antagonismo das classes, a exploração do homem pelo homem, a alienação do trabalho e a tirania do dinheiro?" perguntava Corbisier (1978, pp.106-107).

Uma normatividade primeira, segundo Guerreiro Ramos, se acharia no Estado. Estado idealizado ao extremo do otimismo:

> ... os objetivos fundamentais do poder nacional devem, internamente, constituir-se como suprema instância normativa, hábil para encaminhar o processo emancipatório do país (...) e o poder nacional objetivaria (...) externamente, tornar-se garantia de uma política internacional que tire legitimamente o melhor partido dos acontecimentos mundiais (Ramos, 1957a, p.38).

Em Jaguaribe também prevaleceu o Estado como área do consenso. Privilegiou o monopólio do petróleo, porque considerou que somente o Estado conseguiria a visão de conjunto dos interesses sociais e os preservaria. No entanto, esse Estado tinha de aceitar o capitalismo da burguesia, o único então oportuno; a burguesia industrial era capaz de reduzir as desigualdades e seria austera e eficiente – deveria sê-lo, do contrário, sabia ela, o povo pediria o socialismo (Jaguaribe, 1958a). Mostrou otimismo ainda quando favorável – e aí o aspecto mais polêmico de suas declarações – a que se mantivessem os investimentos estrangeiros, valioso fator auxiliar, com a só ressalva de que se neutralizassem os seus efeitos colonizadores. O Estado não se poria como empresário direto, nem o empresariado brasileiro posaria de vítima. Desse modo, ia sendo superado o Estado cartorial com prevalecimento da política ideológica. Pontos de vista que teriam encontrado apoio de Cândido Mendes, não fosse a ambigüidade da posição de Jaguaribe em subestimar a crescente marginalidade e as conseqüentes lutas do proletariado.

Em 1967, nos inícios do milagre econômico do governo militar, Jaguaribe acabou por reconhecer que o capital estrangeiro fora usado em excesso, e que a América Latina sofria o perigo da estagnação sob o seu domínio (Jaguaribe, 1967a, p.49). No período pósditadura, nos estertores do regime ditatorial, também iria acusar que o modelo do nacional-capitalismo requeria uma sociedade menos heterogênea e uma consciência mais generalizada da parte da burguesia nacional, do próprio interesse de classe e da própria função social (Jaguaribe, *in* Furtado, 1977, p.30).

O espontaneísmo

Segundo Cândido Mendes, houve descuido, no período populista de desalienação, com os conteúdos da cultura popular e se privilegiou a reflexão sobre o contato mensagem-destinatário. Ao mesmo tempo em que se manifestava a potencialidade de mudança da ordem social, ressurgia o velho preconceito quanto à eficácia substantiva do plano ideológico. A perspectiva intelectual até sofreu um ofuscamento, deflagrado pela "aparição do povo, em bruto, sobre o processo social, como aríete desatado" (Mendes, 1966a, p.183). Que expressaria Mendes com semelhantes termos? Quereria censurar a pressa de conscientizar sem a devida discussão. Limitadas eram as análises, e mais complexa a realidade. Reprovou que se tivesse dado um cunho apenas praxístico à cultura nos movimentos de base. De fato, ele se inclinava para a abordagem também reflexiva, convicto de que quando bem se reflete acontece unirem-se melhor a teoria e a ação.

O momento da idéia, contudo, se inflou no Iseb; acentuou-se demais a idéia, sem a boa ponderação sobre a sua execução ou viabilidade. Nesse sentido, Guerreiro Ramos advertiu quanto às limitações da própria burguesia industrial – dirigente ou chamada a sê-lo –, classe que dominava, mas não dirigia. Para dirigir, fazia-se necessária a consciência orgânica das lacunas e necessidades nacionais. E não se restringia a isso tão-somente. Como era relativamente curto o prazo

O ISEB, OS INTELECTUAIS E A DIFERENÇA   **89**

para realizar a emancipação do país, tornava-se obrigatório enquadrar os novos fatores autodeterminantes em estudos econômicos e sociais e realizar um elenco de medidas integradas que refletissem aquela consciência orgânica (Ramos, 1957c). Conforme Ramos, tais fatores de vulto, que permitiam assumir o comando do desenvolvimento, se achavam como que desvairados e entregues à sua espontaneidade. E o espontaneísmo poderia ser mortal para o Brasil.

O próprio Corbisier se entregou muitas vezes a um espontaneísmo, o da consciência, como se esta surgisse amadurecida logo após qualquer experiência de progresso de um grupo ou nação. Na conferência de 1956, na qual pintou de cinza forte o torpor da vida intelectual nacional pregressa, acabou dando ensejo ao espontaneísmo das mudanças por não explicitar que ação se deslancharia após a formulação da ideologia do desenvolvimento. Entretanto, foi cedendo maior importância ao planejamento, na medida em que se voltava para a *circunstância*. "A idéia de desenvolvimento envolvia a idéia de planejamento" (Corbisier, 1978, p.99), e este subentendia a idéia de práxis social como também abarcava a noção de luta.[11] Já anteriormente, Corbisier (1958, p.39) pudera criticar Ramos: "Talvez Guerreiro Ramos exagere ao dizer que com a Independência se torna lúcida e dramática a consciência do problema da transplantação".

Para Corbisier, nem mesmo a Abolição viera alterar a estrutura sob a qual se tinha vivido, e, por isso, como intelectual que analisava a inteligência brasileira, ele declarara em 1955: "Compreendemos hoje que a tomada de consciência de um país por ele próprio não ocorre arbitrariamente, nem resulta do capricho de indivíduos ou de grupos isolados, mas é um fenômeno histórico que implica e assinala a ruptura do complexo colonial" (Corbisier, 1958, pp.41-45). Arrolou os fatores históricos que provocavam o advento da nova consciência crítica e enunciou as classes nas quais a *intelligentsia* se apoiaria ao

---

11 No mesmo sentido, em experiência mais tardia, o autor afirmou que não basta a utopia que consente em deixar a realização da cidade ideal na dependência do aleatório, isto é, do aparecimento do filósofo-rei; o pensamento não se separa da vida, nem a teoria da prática (Cf. CORBISIER, 1978, pp.15-16).

90 ANTÔNIO MARQUES DO VALE

forjar a ideologia da libertação contra o semicolonialismo. Resvalou de novo, contudo, para o espontaneísmo por não prever como, ou por que meios reais, a ideologia libertária penetraria nas massas.[12]

Em Vieira Pinto também nos surpreendemos com o idealismo curioso: conceber uma idéia já conduz a que espontaneamente se possa tornar realidade. Surpresa ao menos com a mais volumosa de suas obras, *Consciência e realidade nacional*; freqüentemente não discutiu o modo pelo qual conduziria uma população à realização efetiva da idéia-projeto, em meio a contradições e determinações das mais diversas.[13]

Igualmente se falou de espontaneísmo em termos de produção capitalista. Jaguaribe abordou a questão em 1958, usando de linguagem às vezes sub-reptícia, que, necessariamente, ia abrir conflito com o grupo isebiano favorável a maior intervenção estatal. Abordou o ponto candente, mas não em forma de alternativa: dirigismo *e* espontaneidade. Lançava a questão para o campo político, o das opções ou da livre escolha. Opinava, entretanto, que cada vez mais diminuía o número dos autores propensos a defender uma posição liberal estrita, e, paralelamente, o dos que se inclinavam a defender o dirigismo total. Na prática, dizia ele, a controvérsia tendia a ser superada, e até a União Soviética já fazia outorgas aos mecanismos espontâneos que incitavam o trabalhador à produtividade e à boa execução da tarefa. Jaguaribe se desvencilhava de qualquer posição mais radical e favorecia a conciliação entre o princípio da espontaneidade e o do dirigismo, entre uma certa privacidade espontânea

---

12 Parece que aí falaria, de preferência, de tomada de distância dos problemas e não de tomada de consciência por parte dos intelectuais.

13 Falamos da obra em dois volumes, rica, mas extraordinariamente difusa, *Consciência e realidade nacional – A consciência ingênua*, Volume 1, (1960a), e *A consciência crítica*, v.2, (1960b). Mais vezes nos deparamos aí com a *idéia* hegeliana; de modo espontâneo deveria ela surgir como realidade objetivada, sem que ficasse explicitado qual parte tocaria a um agente histórico-social assumir. Às vezes, parece envolver algo como o argumento ontológico anselmiano: uma vez que se concebe, existe.

e estímulos vários para realizar a expectativa contida no plano (Jaguaribe, 1958b).

Quanto a esse aspecto, Mendes (1972) se convenceu, depois, que os anos 1950 e os primeiros de 1960 foram efetivamente anos de espontaneísmo, no sentido de que o padrão de mudança foi um "padrão trófico", padrão do debate democrático e contínuo dos sistemas de vontade geral mais que do intervencionismo de alguma elite de poder disposta a impor um consenso ou homogeneidade.

Analisados esses conceitos básicos, passaremos aos conceitos de crise, projeto, revolução; completar-se-á a visão de como nossos autores situaram o intelectual na vida brasileira crítica e num projeto nacional.

O intelectual e a realidade brasileira

Função do intelectual

No meio de um povo sem memória e experiência nacional, como expressou Corbisier, as elites todas, especialmente as intelectuais, existiam para esclarecer, definir, decifrar e resolver os problemas. Essa visão tutelar era cônscia de que a ditadura varguista não formara novas elites. Os intelectuais tinham a visão de conjunto, não os técnicos. Técnicos até se poderiam formar em estabelecimentos de ensino, mas não ostentariam tal visão de conjunto tão necessária nos tempos novos de liberdade; donde, no meio da desolação, a urgência de surgirem as elites de tutela, especialmente as intelectuais. Como faltava a preparação dos espíritos e a conversão das consciências, Corbisier (1956, pp.47-51) exaltou o papel dos intelectuais: "Os homens de ação, os políticos puros, não fazem senão encarnar em fatos, em realidade, a meditação e o pensamento dos ideólogos, dos teóricos, dos intelectuais".

Os intelectuais adquiriam tanta importância quanto os enciclopedistas ao seu tempo, os quais, com suas idéias que eram gestos em estado potencial, não foram menos eficazes do que Napoleão I. Para

92 ANTÔNIO MARQUES DO VALE

Corbisier (1978), recordou-o posteriormente, acontecia nova e inevitável luta contra as melhores tradições e valores, e então caberia aos intelectuais também o papel de sentinelas, de guardiões da cidadela do espírito. Se, antes, o problema fora o da situação de marasmo de quem mal saía do semicolonialismo, mais tarde, em plena aceleração industrial, se definia uma tarefa de denúncia e de oposição ativa perante toda situação de dependência cultural, e a intelectualidade era convocada a tornar-se órgão da consciência nacional.[14]

Vieira Pinto também se pronunciou semelhantemente, em 1956, a respeito da intencionalidade do primeiro curso regular do Iseb:

> Não tivemos filósofos que desempenhassem o que seria o seu papel natural, o de sugerir aos diferentes especialistas, críticos dos fatos, artistas e reformadores das instituições, a superação dos próprios campos de pensamento ou de ação e a formulação dos problemas nacionais no âmbito da visão histórica de conjunto (Pinto, 1960c, p.12).

Guerreiro Ramos (1961) sugeriu que o conceito russo de *intelligentsia* incluía, o mais das vezes, escritores, filósofos e sábios que, com posição cismática e até intransigente, desempenharam relevante papel na história do pensamento de sua pátria. Lembrou a definição do *Oxford Dictionary*: "aquela parte de uma nação que aspira a pensar com independência". E destacou, assim, duas características do intelectual: independência de pensamento e militância. Os paradigmas dessa *intelligentsia*, Ramos os achava no círculo weberiano – ou melhor, nos círculos do Weber pai (Berlim) e do Weber filho (Heidelberg) – e na "sociedade fabiana" da Inglaterra. Cada um dos dois Webers, "como quase todo pensador alemão, por mais abstratas que fossem suas preocupações, era afetado pela consciência da especificidade do destino alemão". Max Weber "jamais se distraiu em seus estudos e em sua vida prática do problema na-

---

14 CORBISIER, R. *Formação e problema da cultura brasileira*, p.48. O livro é de 1955, nos inícios dos trabalhos do Iseb: pretende veicular expressões programáticas, portanto.

O ISEB, OS INTELECTUAIS E A DIFERENÇA   **93**

cional alemão"; enfatizava, com efeito, que "imensa tarefa de educação política está diante de cada um de nós" e "não há mais sério dever para cada um de nós, para cada um em seu estrito círculo, do que colaborar na educação política de nossa nação, que deve ser o fim último de nossa ciência" (pp.187-188).[15]

Vieira Pinto (1960a) propunha que sociólogos e filósofos devessem preceder os economistas na iluminação conceitual, como aliados; e aqueles pudessem gozar, afinal, da elaboração realizada pelos últimos, das noções, minúcias e tecnicidade específica. Igualmente, deviam preceder os políticos: estes, amiúde marcados pela ingenuidade, mas preponderantes como delegados do povo, teriam a ganhar no que se referisse às cogitações sobre os rumos do governo. Nas crises isebianas de 1958-1959, Vieira Pinto projetava ampliar os quadros nacionalistas, ainda modestos e imperitos. Não obstante os muitos meios materiais e intelectuais postos a serviço do combate ao nacionalismo (os maiores jornais do país, políticos habilidosos, economistas teóricos, sociólogos eruditos, pensadores sutis), afirmava ser ele a totalidade de uma consciência, o grau da consciência nacional e máxima verdade que então era possível ter (Pinto, 1960b).

No debate sobre a universidade, em 1962, o autor mostrou, mais uma vez, a gravidade do momento, apontando o papel alienador desempenhado por grupos professorais. Intelectuais da burguesia, cumulados que tinham sido dos favores das classes econômicas dominantes, não tinham a revelação da realidade de si mesmos. Tudo conspirava contra tal revelação. Vieira Pinto parecia, de fato, confiar mais na transformação das mentes estudantis do que das mentes dos mestres universitários.

Ele também criticou asperamente o papel dos técnicos universitários que usaram de esquemas intelectuais de dominação e que, inocentando a classe dominante, terminaram por servir a ela e por man-

---

15 Assim, o Iseb vai procurando legitimar teoricamente a própria posição nacionalista.

ter-lhe o poderio.[16] Revisitando sempre o papel das elites, inclusive intelectuais, no processo do desenvolvimento e do engajamento exigidos, dizia: "A sua prática é que deve servir-lhes de instrumento de compreensão da realidade, levando-as a cooperar na dinâmica do processo coletivo" (Pinto, 1960a, pp.56-58). Já não se tratava de esclarecimento iluminista a outorgar ou de formação das consciências; tratava-se do fazer e do trabalhar, sob pena de repúdio pelas massas.

A realidade forçava o sociólogo brasileiro a sair do nível abstrato e abraçar o heideggeriano *ser-no-mundo*. Era para transformar a realidade e a *circunstância*. A estas, Ortega y Gasset ou Dilthey foram orientando a atenção dos nossos "históricos", muitas vezes distraídos pela idéia hegeliana. Houve, nisto, uma evolução no pensamento dos nossos autores, alguns dos quais bem propensos, depois, a abraçar a historicidade por meio do marxismo-leninismo.

Se Vieira Pinto alimentava esperanças de bom êxito em favor da nacionalidade, por meio do processo de reflexão, Cândido Mendes – ressalvando que aqui deparamos com um olhar para trás, um exame *a posteriori* – sentiu que a autonomização da reflexão do período canônico (1956-1961) dificilmente podia subsistir diante das elites de poder, sobretudo se se atentasse à paralisia da mudança econômica e à presença de outras correlações econômicas e sociais. Sem excessivas pretensões, Mendes declarou, em síntese, qual fora o papel dos intelectuais do Iseb naquele período canônico: exercício da função crítica; contínua confrontação da decisão política com o projeto histórico da coletividade; produção de ideologia vinculada à compatibilização dos dissensos na mudança; produção de símbolos para favorecer o consenso; organização das vanguardas sociais, difusoras da conduta específica das *intelligentsias*; e interveniência nos centros decisórios, num curto-circuito do papel crítico, esperando também institucionalização dentro do aparelho de poder (Mendes, 1968).

---

16 PINTO, A. V. *A questão da universidade*, p.32. Escreveu, à página 41, que a classe dominante precisa dos letrados, e a universidade é a oficina que os prepara.

O ISEB, OS INTELECTUAIS E A DIFERENÇA **95**

A formação do intelectual e seu papel tinham a ver com o tema da redução sociológica, desenvolvido por Guerreiro Ramos, com inspiração em Edmund Husserl e na fenomenologia. Em sentido genérico, redução consistia na eliminação de tudo aquilo que, pelo seu caráter acessório e secundário, perturbava o esforço de compreensão e a obtenção do essencial de um dado. No que tocava à sociologia, a redução sociológica incorria na necessidade de uma comunidade servir-se da experiência de outras para realizar seu projeto de existência histórica. Para Ramos, o sociólogo brasileiro devia cuidar de não se distrair, ao abordar problemas e categorias da sociologia norte-americana, das questões de maior interesse para a coletividade nacional (Ramos, 1958b). Uma consciência crítica formada não mais admitiria importar e consumir objetos culturais acabados para a realização de um projeto comunitário, sob o risco de se expor como caso aberrante. A prática da redução sociológica só havia de ocorrer no cientista social que tivesse adotado uma posição de consciente engajamento e de compromisso com o conteúdo dessa posição.

Em sentido semelhante, podemos tomar o que, em 1952, Corbisier escrevia como que por antecipação: que o problema pedagógico, ou, aliás, da formação do próprio técnico, era mais que tudo filosófico e ético. Só a técnica – ou só a educação – não podia oferecer à vida objetivos e ideais (Corbisier, 1952a). No final do regime militar, ele reafirmou que o intelectual é o não-especialista, o não-técnico, o especialista do universal; o intelectual é o filósofo que se define pelo projeto de apreender o real em sua totalidade, e o filósofo é a consciência crítica da totalidade (Corbisier, 1980). E mais, a *intelligentsia*, pelo simples fato de ser *intelligentsia*, é crítica e, portanto, revolucionária. Após a análise do problema da censura no regime militar, ele desabafou: "Intelectual conservador representa, por assim dizer, uma contradição em termos" (Corbisier, 1975, p.156).

O tema da realidade foi ocupando espaço e teve destaque nos *Cadernos de Nosso Tempo,* do Ibesp. Suscitou longo artigo do ibespiano Oscar Lorenzo Fernandez (*apud* Schwartzman, 1981). Desde as propostas sobre a redução sociológica, Guerreiro Ramos queria descobrir os pressupostos referenciais dos objetos e fatos da realidade social; no estudo da evolução da teoria da realidade brasileira, que há tempo elegera, citava não só Azevedo Amaral mas também Martins de Almeida como autores marcados por caráter empírico-indutivo (Ramos, 1961).

O filósofo Corbisier, por seu lado, recordou mais vezes a *circunstância* e enfatizou que Natureza e História envolviam a contradição, raiz e mola de todo movimento; só como processo e contradição podia ser pensada a realidade. O historicista Hélio Jaguaribe salientou os fenômenos histórico-sociais, que, com sua faceta objetiva, podiam tornar-se insuscetíveis de julgamentos de valor (Jaguaribe, 1958a). Vieira Pinto captou, desde cedo, a tendência das massas a tomar consciência da nova realidade nacional; daí ter ele escolhido, em fase nova do Iseb, o título da sua obra *Consciência e realidade nacional*. Ele abriu-se ao método da pesquisa científica, criticou a possibilidade idealista de idéias serem a única origem das idéias e passou a acentuar que o processo objetivo do homem "se encontra sempre em contato com o mundo material, com o movimento dos fenômenos e a transformação das coisas que se passam na realidade"; por fim, imbuiu-se da obrigação do homem de "pensar a realidade e projetar a transformação do mundo, de modo a fazê-lo acolhedor" (Pinto, 1969, pp.438-439).

Crise e projeto: o problema da revolução

Roland Corbisier se perguntou, no início, sobre o que era a crise. Exatamente porque todos os "históricos" se teriam encontrado num tempo de crise. Tempos assim se caracterizariam pela complicação da vida, mas também pela nostalgia da simplificação. Sofria-se pela falta do essencial e por não se saber o que fazer de si mesmo: gestos sem sentido, reflexão sobre o caos ao redor e também de momentos de lucidez em que se podia sonhar com uma existência simples e autêntica (Corbisier, 1952a). No esboroamento das crenças que podiam dar sustentação à vida, não se encontrava uma filosofia pronta para oferecer qualquer conjunto de certezas (Corbisier,

1952b). Às diversas concepções de crise eram comuns as idéias de ruptura e desequilíbrio. Contudo, podia ocorrer uma crise sem que afetasse a estrutura do regime vigente. E poderia acontecer que a resistência das instituições fosse proporcional à capacidade de superação que o funcionamento do regime periodicamente suscitasse. Assim se deve entender as crises *no* mundo e não *do* mundo, como se deu com a crise de confiança na ciência após a Primeira Grande Guerra (Corbisier, 1953b).

Corbisier passou às análises econômicas do capitalismo como processo. O caudal de progresso desembocara na crise sem precedentes da primeira metade do século XX. Ensaístas, sociólogos e filósofos o perceberam, e ela tirou razões aos doutores do progresso indefinido e até forçou a constituição de um campo do saber, a "epocologia", para analisar como o progresso se desenrolava dialeticamente e não em trajetória retilínea. A moderna crise do capitalismo, cujas contradições se mostravam então como fator paralisante, tornava urgente buscar as causas da paralisia. Equiparada à do racionalismo, era uma crise única: a do conjunto de crenças e valores em que se apoiava o mundo moderno (Corbisier, 1954).

Quanto à crise político-econômica, o mesmo Corbisier (1960) disse ao final da construção de Brasília: "Consiste na inadequação entre o projeto que se quer realizar e o meio, o instrumento de que se dispõe para realizar o projeto, ou, em outras palavras, entre o desenvolvimento e o Estado cartorial" (p.43).

Encontramos em Jaguaribe (*apud* Schwartzman, 1981, pp.131-140) um comentário sobre a crise em seus vários aspectos. A econômica, ele assim definiu: "Estruturalmente, a crise econômica brasileira consiste no fato de ter ultrapassado o seu nível de tolerância o processo de nosso subdesenvolvimento". Tratou, depois, da crise social brasileira: "... consiste no agravamento crítico do 'problema social', dentro das condições peculiares à nossa História". Já a crise cultural era "o agravamento, em termos críticos, da incultura nacional", pois que não se pôde formar a cultura brasileira. E, concluindo, disse da política brasileira: há uma "crise na fundamentação e estruturação do Estado, nos processos de aquisição e de transmissão do poder, nas concepções sobre a missão do Estado e o exercício das atividades estatais, que exprimem as dificuldades e a desorientação nos itens precedentes" (Jaguaribe, 1981, p.141).

Jaguaribe concluiu que sendo o fenômeno um complexo integrado, só comportava uma solução integrada, a saber, "no bojo de um movimento ideológico" (p.148).

Quanto às soluções, comentava Jaguaribe:

> Se a crise de nossas crenças substantivas escapa às nossas possibilidades de interferência deliberada, o mesmo não se verifica com relação às crenças adjetivas. Essencialmente, as crenças substantivas são religiosas e as adjetivas são ideologias (...), as ideologias podem ser construídas por atos da inteligência e da vontade (...). Uma ideologia consiste, essencialmente, na formulação de uma pauta de valores e de sua articulação num projeto social dotado de eficácia histórica (p.148).

Insistindo em que o projeto de vida coletiva das elites anteriores não despertava mais apelo social, punha então o problema da exigência da formação de uma nova ideologia.

Se as condições estruturais para a reforma do Estado e a modificação da política eram o ponto onde se podia chegar, colocavam, finalmente, o problema da crise e da vigência de uma ideologia, o que significava reclamar por novo projeto (Jaguaribe, 1958b).

Foi, por conseguinte, em vista da realização do acalentado projeto de desenvolvimento que os nossos "históricos" propugnavam a formulação de uma ideologia. Claro que, como a crise se difundia em vários campos, vários também eram os projetos, mas isso era secundário no corpo de pensamento que tentavam construir. Buscavam a essência mais que a diversidade. Quando Corbisier e Jaguaribe viajaram à Suíça, em 1953, representando o jornal *O Estado de S. Paulo*, pretendiam investigar a idéia platônica da Suíça, a estrutura ontológica da Suíça, o projeto que unificava e orientava os gestos daquela nação no seu presente (a *suiceté*). Admiraram a ordem e a liberdade lá reinantes, como composição de forças mais do que oposição (Corbisier, 1953a). Para Corbisier, era necessário conceber, no caso do Brasil, a nação-projeto de que falava Ortega y Gasset; ou o caráter nacional de Paulo Prado e Sérgio Buarque de Holanda; ou o brasileiro como essência metafísica (Corbisier, 1978). A busca ia consolidando o projeto nacionalista e de desenvolvimento nacional, porque se rejeitava o projeto alheio, colonial. A cultura despertava como consciência e tensão, esforço constante para realizar novo destino. O intelectual não ia mais necessitar de tarefa própria e a consciência intelectual romperia com a condição de subproduto da cultura estrangeira (Corbisier, 1958). Era como que antecipação da expressão de Guerreiro Ramos, segundo a qual o nacionalismo, tendo superado o nativismo, significaria o projeto de elevar uma comunidade ao "ser para si", à apropriação total de si mesma (Ramos, 1957a).

O projeto, para Vieira Pinto (1960c), era uma idéia ainda não realizada, mas pensada em função das representações do momento. Só alcançaria significação, visibilidade e eficácia, se decorresse do que concebemos como realidade presente. Já que a ideologia do desenvolvimento nacional tendia ao avanço histórico, devia o realismo caracterizar homens objetivos e rigorosos que, sem divagação doutrinária, sem misticismo social e onirismo político, buscassem alcançar o progresso possível. Vieira Pinto (1960b) sempre insistiu na unificação do curso histórico. Portanto, era o projeto comunitário de destino que, na base, gerava a relação de sentido, o nexo associador das partes do todo. As nações pobres, por seu lado, deviam ser convocadas a participar do processo da humanidade como um todo. A tendência à unidade da História conduzia a uma consciência que facilitava às nações perceberem os níveis a que chegaram outras e meditarem sobre a condição de marginalidade na qual elas mesmas se encontravam.

A revolução como projeto iria merecer dos "históricos" do Iseb longas explanações.

Guerreiro Ramos ponderou sobre a necessidade da revolução para a conquista de um desempenho histórico independente e contrário ao semicolonialismo. Revolução, para ele, não tinha necessariamente a ver com insurreições e quarteladas, mas com mudanças qualitativas em favor de uma coletividade humana. Denunciava certos conceitos ambíguos e até próprios de caudatários do poder e só aceitava conduta que revelasse articulação das instâncias de poder com as massas populares. As esperanças que Ramos acalentou quanto às possibilidades da revolução nacional se fundavam, especialmente, sobre dados brutos em torno dos anseios da população e sobre expectativas externas referentes à bipartição do poder entre dois centros unificadores do mundo, Estados Unidos e União das Repúblicas Soviéticas. Podiam ser fecundas, para os países, as tensões em busca de autoconformação cultural e econômica. De qual revolução Ramos tratava, porém? Recusando-a como patologia social (Comte), tomava-a como categoria sociológica básica. A revolução, para ele, era a democrático-burguesa. Sem violência, se havia de buscar, no Brasil e demais países latino-americanos, uma unificação da classe burguesa e da massa dos trabalhadores, com a hegemonia da primeira (Ramos, 1957a).

Roland Corbisier, nas primeiras fases, também foi explícito em tomar como verdadeira revolução a que a burguesia industrial ia liderando, não sem o apoio das massas proletárias. Fenômeno revolucionário já se dera com a vitória de Getúlio Vargas nas urnas em 1950, porque foi o triunfo da realidade social sobre as aparências: as massas trabalhadoras tomavam consciência da sua *circunstância*, inclusive quando o elegeram. Já nas eleições, cabia enxergar essencialmente uma idéia, um projeto, um diagnóstico, uma terapia da situação de crise nacional; nela se encontrava ativa uma ideologia de desenvolvimento, que devia ser aprofundada numa revolução do desenvolvimento (Corbisier, 1956).

Em Vieira Pinto, a consciência crítica se impunha como requisito fundamental para arrancar o país do estado de subdesenvolvimento econômico. Revolução era possível. Todo país podia escapar ao primarismo econômico, e aqui não carecíamos que viessem de fora realizar a revolução do desenvolvimento. A condenação do nacionalismo deixava às claras um jogo ideológico: o pensador metropolitano sempre achava que a teoria revolucionária devia preceder de muito a ação. Na verdade, se a revolução que acontecia no país

O ISEB, OS INTELECTUAIS E A DIFERENÇA **101**

subdesenvolvido não dispensava a teoria revolucionária, na aceleração do tempo; teoria e prática quase haveriam de coincidir a ponto de tudo parecer um gesto desvairado (Pinto, 1960a). O Brasil, com efeito, se desenvolvia mais depressa em fatos do que em palavras, e era mais fácil ver o desenvolvimento do que exprimi-lo.[17] Vieira Pinto, como Guerreiro Ramos, também criticou que uma mudança superficial não era revolucionária, mas acabou preconizando o pleno de- senvolvimento dentro do mesmo regime produtivo, o máximo possível no momento. A essência da revolução necessária era a conquista da plena soberania: centrar nas mãos do povo, das massas trabalhadoras, as decisões históricas da nação. Voltaria a afirmar, porém, que – observe-se o outro pólo – a contradição que regia era entre o trabalho e o capital nacional autênticos. Ele prosseguia no capitalismo, embora se opondo fortemente ao capital estrangeiro.

Revestiu-se de interesse especial o livro de Corbisier, *Reforma ou revolução?*, no qual se lê que os povos colonizados tomaram consciência da miséria da própria situação e também repeliram o Ocidente opressor. No Brasil, a tomada de consciência fez descobrir muitas distorções internas, agravadas no período de 1955-1960, porque o Estado não conseguiu sanar os desequilíbrios reais. Entre as possíveis atitudes assumidas politicamente, contavam-se: a conservadora, a reformista, a revolucionária. A classe trabalhadora projetava-se como a que estava pronta para as transformações. Corbisier (1968) declarou que ela era sociologicamente pura por situar-se em um dos pólos da estrutura social e por viver excluída de qualquer convívio com a classe dominante.[18] A posição reformista era, de maneira ge-

---

17 Expressões como essas, em Vieira Pinto, são freqüentes, e denotam um otimismo muita vez idealista. De fato, ele abraça também, em tese, a revolução pela burguesia, a que produz o visível progresso econômico e tecnológico; a população, as maiorias, é deixada em segundo plano em geral. Centra a sua atenção nos estrangeiros: "... a única revolução nacional desejável nesta fase da vida brasileira consiste na tomada do poder (...), a fim de extinguir a dominação estrangeira...". (Cf. p.586.)

18 A expressão deixa a desejar, aqui, em termos de clareza. Corbisier não considera o alcance dos meios de comunicação que alienam. Adiante, porém, os mencionará, adequando melhor a linguagem.

ral, ambígua, excetuado talvez o reformismo progressista que, podendo ser dialético, admitia um caminho para a mudança qualitativa das estruturas econômicas e sociais. As atitudes revolucionárias eram claras, mas tinham de promover a informação e o esclarecimento da opinião pública por meio de um trabalho pedagógico, o qual, por seu lado, tendesse a respeitar o Congresso e a preservar a legalidade. Constava, para ele, que milhões de brasileiros esclarecidos e conscientes, se organizados, significariam torrente irresistível.

Ainda não se configurava uma situação revolucionária. Pré-revolucionária, sim, já por causa do agravamento das contradições internas, já por causa do despertar da consciência popular e nacional. Desde 1955, em meio a vários esforços, sempre se valorizou a ação do Estado, ação que regrediu após o qüinqüênio de Juscelino Kubitschek, em razão especialmente da campanha desordenada e radicalização da extrema-esquerda. Ao discutir os primeiros anos da década de 1960, Corbisier distinguiu entre o líder e o ideólogo, conceitos que se implicariam. O líder era líder porque levava em si "a capacidade de conciliar ou de atender simultaneamente as duas exigências, de visão lúcida das idéias e de intuição segura do momento e das condições adequadas à sua realização" (Corbisier, 1968, p.193). Como líder, sabia não poder agir à revelia de condições objetivas. O ideólogo, o homem de pensamento, capaz de visão global da História, era chamado à vida em equipe ou em grupo com diferentes especialistas.

A violência, o autor não a considerava ingrediente essencial da idéia de revolução; ainda que reconhecesse que a maior parte das revoluções tivesse sido efetuada com violência, não imaginava compromisso prévio com as soluções de força.

Ele passou, então, a uma análise daquele período anterior ao golpe militar, período sobre o qual escreveu praticamente todo o texto em pauta. A expressão 'revolução nacional brasileira' já não significava só a industrialização e o ingresso na era tecnológica, mas também a luta pela justa distribuição da renda, pelo bem-estar do povo. Reconheceu que o capitalismo foi progresso, e daí que o nacionalismo – opção necessária – podia abraçar o processo de industrialização

O ISEB, OS INTELECTUAIS E A DIFERENÇA **103**

dos países subdesenvolvidos e assumir a burguesia nacional como protagonista e vanguarda da revolução do desenvolvimento. Corbisier afirmava já ter trabalhado com essa hipótese no período de 1956 a 1960, e se tratava, então, de ajudar a burguesia nacional a tomar consciência de si própria para, contando com o amparo do Estado, liderar tal revolução. À época, isso constara como ideologia global ou nacionalismo.

O autor acreditou que todas as correntes de esquerda que, durante o qüinqüênio, lutaram pela revolução democrático-burguesa tivessem aderido ao nacionalismo; a burguesia nacional, porém – incluindo-se a Federação das Indústrias do Estado de São Paulo (Fiesp), a convite da qual dirigiu um curso –, não teria sabido tomar consciência de si e realmente se posicionou ante o nacionalismo com reserva e desconfiança. Era de se perguntar: Como teria despertado essa burguesia nacional, se o esclarecimento de assessores, técnicos e intelectuais não lhe bastava? Impunha-se, então, a palavra de Che Guevara: "Ou revolução socialista ou caricatura de revolução!" (Corbisier, 1968). Por isso, o autor, nas últimas páginas, recolocou que revolução não se fazia no mundo das idéias platônicas, mas sob determinadas condições, sem descurar do processo histórico. E reconheceu que precisava caminhar para a revolução socialista, embora com a prudência aconselhada por Roger Garaudy: acelerar seu advento, criando primeiro as condições que a tornassem possível. Revolução sem violência, mesmo que as classes dominantes pressionassem, e preparada pelo trabalho pedagógico da *intelligentsia*.[19]

Feita a discussão sobre nossos autores, passamos ao exame, neles, do problema do poder – uma das principais categorias que aqui não podia faltar.

---

19 O material abundante de *Reforma ou revolução?* foi retomado pelo autor no livro *Os intelectuais e a revolução*, editado em 1980. Neste, encerrava assim: "Tal é a tarefa histórica dos intelectuais. Se não há movimento revolucionário sem teoria do movimento revolucionário, como ensina Lênin, cabe-lhes criar a consciência revolucionária, condição prévia da transformação do mundo".

Questão do poder e presença das Forças Armadas. Ciências sociais militantes

As Forças Armadas na formação brasileira

Segundo Cândido Mendes, o poder, na década de 1940, ainda se achava concentrado nas mãos da organização latifundiário-patriarcal de produção. Em nome da aliança com esse poder se deram *pronunciamentos* e movimentos militares na América Latina. Os militares não entravam para defender uma soberania nacional, mas, de modo arbitral, sentiam-se como se fossem a única força organizada e à margem do primarismo dos quadros econômicos. Numa tradição de levantes, abandonavam a posição de fiadores da ordem para controlar diretamente a máquina política e modificar o rodízio governamental. Algum freio se pôs às Forças Armadas, às vezes; no caso da Bolívia, depois da reforma agrária de 1952, foi abolido o exército e substituído por milícias obreiras subordinadas a controle sindical (Mendes, 1960a). O Exército brasileiro, porém, sempre se compôs de uma classe média que, de preferência, se unia à alta burguesia em troca de receber respeito, prestígio e atendimento às próprias demandas de classe.

Na década de 1920, os movimentos políticos de classe média foram assumidos por uma ala revolucionária das Forças Armadas, gerando-se o tenentismo e as subversões de 1922, 1924 e 1930. Segundo Guerreiro Ramos, a escassa contradição entre as classes, confundidas como povo, pôs à mostra que o tempo era de real mudança no centro de poder (Ramos, 1957c).

Para Ramos, o povo, na reviravolta de 1930, pouco ou nenhum papel chegou a desempenhar, e mesmo a pequena burguesia, que não pretendia lhe fosse transferido o poder, só tinha reparos tópicos a fazer nas instituições, num reformismo moderado, aliás, que lhe valeu ascender à área decisória. Na verdade, a antiga classe dominante já não podia exercer o poder em termos exclusivistas: aceitava compromissos com os industriais e, ao mesmo tempo, com a

O ISEB, OS INTELECTUAIS E A DIFERENÇA **105**

classe média, da qual provinham os militares de modo geral. A análise de Ramos entendeu, por essa razão, que a classe média jamais teve tão larga participação no poder como durante o Estado Novo, ditadura de uma híbrida burguesia nacional e ultimação da revolução de 1930 (Ramos, 1961).

Hélio Jaguaribe confirmou que Getúlio Vargas realizou, de 1930 até 1942, uma política de classe média, e a ela devera a conquista do poder (1930 e 1937) e a sua permanência nele (Jaguaribe, *apud* Schwartzman, 1981). Classe média, porém, que se divorciaria de Getúlio na fase de governo populista de 1950, por sentir-se abandonada:

> Na segunda fase do governo, a atual classe média, sempre mais angustiada economicamente, se depara com um governo que lhe parece ter interesse apenas pelo proletariado, que procura arregimentar para fins eleitorais (...) a classe média vê o governo agitar as mesmas bandeiras que, anos atrás, eram consideradas subversivas... (Jaguaribe, *apud* Schwartzman, 1981, p.34).

Jaguaribe avançou nas análises, distinguindo entre burguesia industrial e burguesia comercial. Esta se mostrava mais realista e envolvida com a manipulabilidade individualista dos negócios, manipulabilidade esta utilizada para garantir também o apoio mobilizado da massa pequeno-burguesa por meio do moralismo ideológico: a constante crítica à corrupção dos governos e a generalização da teoria da *corrupção do Estado*. Exatamente esse moralismo político representou uma superestrutura ideológica de classe média, com méritos, mas com limitações no seu idealismo, segundo Jaguaribe; sem as devidas análises da inautenticidade do governo, tal idealismo se alienava numa falsa revolução e consolidava o predomínio da burguesia mercantil e a espoliação das classes média e proletária. Se considerarmos que anteriormente Jaguaribe já tratava da insatisfação, até dos militares, com os salários aviltantes – e houve manifesto dos coronéis nesse sentido –, poderemos concluir que a classe média, toda ela, ficava descontente tanto com a inflação como

106 ANTÔNIO MARQUES DO VALE

com a desigual distribuição do seu ônus (Jaguaribe, *apud* Schwartzman, 1981).[20]

O golpe de 1964 foi ensaiado em 1954 e em 1955. Em agosto de 1954, o suicídio de Getúlio Vargas e o libelo contido em sua carta-testamento evitaram-no. E, no famigerado 11 de novembro de 1955, foi a posição democrática do general Teixeira Lott que impediu o desencadear-se do golpe que teria proibido a posse de Juscelino Kubitschek. Fora do governo se conspirava para manter o regime, enquanto, dentro do governo, no Catete, se conspirava para destruí-lo (Sodré, 1978).[21]

Em visita à Escola Superior de Guerra para uma conferência, no fim de fevereiro de 1955, vários meses antes das eleições que iam consagrar o nome de Juscelino Kubitschek para a presidência, o ministro da Educação, Cândido Motta Filho, teve a oportunidade de afirmar que os acontecimentos recentes recolocavam a questão da crescente influência das classes armadas, cuja função devia ser definida com clareza: nas democracias, as classes armadas eram, em tese, o povo em armas, o próprio povo que se armava para garantir as instituições e o regime. O ministro destacou o papel da educação: reforçar a comunhão dos interesses (Corbisier, 1976b).

---

20 Na verdade, o escrito de Jaguaribe saiu na primeira metade de 1954, e parece prever um desfecho trágico para o governo de Getúlio Vargas; veja as páginas 31-32: "Daí a formação e outros movimentos, como a 'Aliança popular contra o roubo e o golpe'. Daí o indefinido alargamento dos propósitos moralizantes, que passaram a visar à deposição do sr. Getúlio Vargas – considerado fonte de todos os males do país, causa de todas as corrupções e ameaça constante à legalidade – e lograram conduzir as Forças Armadas a desfechar um verdadeiro golpe branco no presidente da República, (...) que ficou, praticamente, prisioneiro em palácio".

21 *A verdade sobre o Iseb*, p.15. Interessante ler o que, com comoção, refere Barbosa Lima Sobrinho, no seu prefácio ao livro de Corbisier, *JK e a luta pela Presidência – Uma campanha civilista*, p.16: "Agora vamos para o Catete", disse um oficial militar de alta patente ao General Lott, agarrando-o pelo braço. Ao que este retrucou: "O que acabamos de fazer foi para assegurar o respeito ao voto do povo brasileiro, não para violentá-lo. E continuarei no meu posto para fazer cumprir a vontade do povo". Juscelino tomou posse.

O ISEB, OS INTELECTUAIS E A DIFERENÇA **107**

Jaguaribe, ao lembrar como coubera aos militares destituir Getúlio Vargas do poder em 1945, considerou o Exército como tradicional agente da classe média. Depois afirmou que Juscelino Kubitschek, para evitar fatal confrontação com os militares, como a de Getúlio, optou por um acordo com as forças oligárquicas e com o compromisso de manter inalteradas as condições de vida no campo, em troca de apoio na promoção de um desenvolvimento acelerado da indústria (Jaguaribe, 1967a).

Deixamos em aberto uma pergunta: Teria sido por convencer-se da instabilidade das relações com o Exército que Guerreiro Ramos – cooptador? – se arrojara, em 1957, a abordar uma determinada sociologia do Exército, chamando-o de instituição cuja sensibilidade política seria "virtude saudável da estrutura do país?". Instituição que, com raízes tão profundas no meio do povo, sai invariavelmente de sua posição discreta, toda vez que a comunidade brasileira, por incapacidade temporária das instituições civis, fica exposta a um desvio em sua evolução? (Ramos, 1957a, p.19).

Em nenhuma outra parte dos escritos de Ramos parece se encontrar expressões dessa índole. Constariam como um desafio para a análise ou quereria ele levantar o ânimo nacionalista dos militares? Adiante, de fato, Ramos recordou aos titulares do poder nacional o nosso processo de emancipação, declarando que as instâncias do poder, em suas mais diversas modalidades, não deviam ser apenas receptivas; tinham de assumir exigência ética e conteúdos de valor, incluídos no processo. Critérios de complementaridade só embaraçariam o processo de emancipação.[22]

Em 1961, a liderança do PSD sentiu-se insatisfeita com diferentes atitudes de Jânio Quadros; o partido perdera antigas facilidades

---

22 Guerreiro Ramos publicou, em 1957, pequena obra sobre a segurança nacional, na verdade uma conferência que deixou insatisfeitos os militares presentes, porque o sociólogo isebiano apresentou as Forças Armadas como força dividida perante a realidade nacional, o que demonstra capacidade de sensibilizar-se ante as nossas vicissitudes. Cf. RAMOS, A. G. *O problema nacional do Brasil*, p.51.

e buscara conivência com o marechal Denys e seus colegas Heck e Moss. Os militares, descontentes por não terem recebido de Jânio Quadros a atenção que mereciam, e, competentemente manobrados por Carlos Lacerda, se somaram às pressões que forçaram a renúncia do presidente. O marechal Denys insurgiu-se contra a legalidade à hora de o vice, João Goulart, tomar posse. O Sr. Ranieri Mazzili assumiu uma presidência nominal e, com outros altos dirigentes, ficou obediente às prescrições dos chefes militares. Como, no entanto, o III Exército apoiasse as resistências civis, sobretudo lideradas por Leonel Brizola, governador do Rio Grande do Sul, e outras manifestações defendessem a legalidade, já não puderam as Forças Armadas tutelar o governo (Jaguaribe, 1961).

Também a João Goulart escaparam os meios de manter, sob o próprio controle, as ações e a imagem política do seu governo. Já antes da formulação apropriada das suas metas, foi derrubado por um golpe dos militares, tanto tempo desgostosos pelo que experimentavam como marginalização no processo do desenvolvimento nacional. O presidente partiu para o exílio. Os militares, numa apropriação nua e crua do poder, editaram, em 9 de abril de 1964, o Ato Institucional n° 1, ao qual outros se haveriam de seguir (Jaguaribe, 1967a). Sem vontade de entregar de novo o controle do governo aos civis, abraçaram uma tendência fascista-colonial, e ficaram dependente dos Estados Unidos, apoio externo que cobria a falta do apoio interno.

Roland Corbisier refletiu, já desde 1963, sobre o papel político dos militares, tentando mostrar a contradição nos seus movimentos. Quando intervinham, diziam pretender restabelecer a ordem e, no entanto, quase sempre intervinham para assumir o poder. Corbisier os considerou frustrados e ressentidos porque, no desemprego real de quem não estava em guerra, procuravam contra quem voltar as próprias armas e descobriram, então, um inimigo externo dentro da própria nação, uma empresa em que se fizessem ocupar. O livro que publicou, *Reforma ou revolução?*, reúne seus escritos do período, inclusive impressões vívidas da humilhação de um tempo no cárcere, sob as agruras do novo sistema. Muito se discutira sobre a revolução brasileira e era tema novamente. O livro encerrou dizendo

O ISEB, OS INTELECTUAIS E A DIFERENÇA **109**

que o imperialismo seria destruído pela crítica das armas, que o intelectual realiza pelas armas da crítica e em defesa de uma educação multifacetada e contraditória para a formação da consciência revolucionária (Corbisier, 1968).

A militância do intelectual

Roland Corbisier afirmou que o obscuro sentimento da crise impedia a consciência clara. Ficava antecipadamente invalidado e comprometido o crédito que se poderia abrir em favor de qualquer tentativa de solução ou projeto de reforma. Caberia aí falar de planejamento, conforme as tendências do pós-guerra e as perspectivas do Iseb. Hélio Jaguaribe o exprimiu sistematicamente em aulas de 1957, quando declarou que era necessário pensar e planejar para executar, num esforço ideológico com a organização de núcleos de coordenação e de esclarecimento sociais. Se assim não fosse, difícil falar de prática e militância.

Guerreiro Ramos despertara para a autocrítica da sociologia que, para ele, devia ser teoria militante da realidade nacional em reação às tendências positivistas. No Brasil, a sociologia fora condicionada por caracteres negativos, por agências que se beneficiavam da alienação do país, principalmente a econômica. Estivera distante dos problemas contemporâneos. Em termos de economia, já se dera alguma militância, mas a sociologia nacional reclamava por promoção. Assim, a questão do negro e das relações de raça aguardavam um tratamento mais adequado. Ainda era dominante o tema da brancura como critério de estética social, apesar de se distribuir uma camada de origem negra no meio da população nacional. O Teatro Experimental do Negro fora um início notável de militância – e pacifista e generoso –, na tentativa de suscitar uma consciência das contradições.

Ramos criava ciência histórica e teoria da problemática atual: sem militância não há ciência social. Na esteira de Hegel e seus continuadores revolucionários, com o historicismo de Dilthey à frente, pretendia realizar uma tarefa criadora no domínio da cultura. Seria um iconoclasta, como se propalou? Era simplesmente alguém incompreendido, porque contrariava a rotina, assumia as mudanças de fase e mantinha a militância necessária. Com gosto, Guerreiro Ramos citava Napoleão I para falar do próprio projeto: *"On s'engage et puis on verra"*. Lançar-se decididamente na História: apresentava assim a própria tarefa. Nesse sentido, produziu muito. Com fecundidade teórica destacada, discutiu temas dos mais diversos, inclusive o da revolução e esteve sempre envolvido em alguma polêmica.

Corbisier comentou que muitos intelectuais, outrora, nenhum perigo ou ameaça representaram aos interesses das oligarquias dominantes. A cultura deles não era a realidade circundante e, no seu conhecimento livresco, se caracterizavam pela ociosidade. Confessou que ele vivera semelhante experiência, mas pôde, em campanha eleitoral, descobrir um outro país, visitando favelas e entrando nas casas dos pobres. Uma conversão ao Brasil. Afirmou que mesmo um intelectual engajado e militante teria de realizar o esforço de explicar a realidade, o mundo em que vivia e que não seria intelectual se apenas militante. Era a união entre teoria e prática, entre tomada de consciência e elaboração do plano. Esses dois elementos estiveram juntos, disse, no qüinqüênio de Juscelino Kubitschek e do Plano de Metas.

Corbisier insistia que o líder nem era só um ativista, nem só o homem do pensamento; de preferência, era o homem da ação. No grupo de ação devia achar-se um filósofo, o qual não seria assessor esporádico, mas membro do grupo: "... o grupo não pode ou não deve incluir apenas técnicos ou especialistas, mas deve compreender homens de formação filosófica e políticos dotados de ampla experiência. Unificando-os a todos, é indispensável a mesma formação ideológica..." (Corbisier, 1968, pp.196-197).

Todos partilhando o encargo de operar as transformações exigidas pela História. Militantes, afinal.[23]

---

23 Ver CORBISIER, R. *Reforma ou revolução?*, pp.193-197. O autor aborda, por exemplo, a questão da organização; ela não pode ser transcurada por quem quer que aborde o planejamento: "... não há revolução, nos dois sentidos, de tomada do poder e de execução de programa, sem organização" (p. 198).

O ISEB, OS INTELECTUAIS E A DIFERENÇA **111**

A revolução se faria pacificamente ou pela violência? "As circunstâncias mostrarão o caminho," segundo Corbisier. Ao intelectual só caberia prosseguir em sua tarefa – o esclarecimento e a organização do povo brasileiro. Explicava que a teoria socialista precisava ser ensinada à classe trabalhadora, não iria emergir espontaneamente da luta de classes. Contudo, colocado diante da revolução, voltava ao papel do intelectual de maneira geral:

> A tarefa e a responsabilidade dos intelectuais, criadores, intérpretes e pedagogos do pensamento revolucionário, não é propriamente a de definir a estratégia e a tática da revolução, mas a de interpretar a realidade do seu tempo e do seu país, à luz desse pensamento... (Corbisier, 1968, pp.271-274).

A abordagem de Vieira Pinto ressaltava a luta contra o imperialismo. Parecia lamentar o tipo de nacionalismo de alguns membros do Iseb, mas perseverou dentro do Instituto até o fim. Criticava certo traço de elasticidade, uma plasticidade que tinha visíveis reflexos na consciência individual; e ia ironizando: "...também iniciativas de essência nacionalista admitem ser desviadas e se prestar a intenções e manobras contrárias ao bem do país". O seu apelo à ação e à militância foi lembrado como sendo o das massas e das classes intelectuais, cada vez mais inconformadas com a nossa situação e desejosas de alterá-la (Pinto, 1960b).

Alicerçados com os dados e categorias fundamentais vistos até aqui, passaremos ao problema pedagógico. Para viabilizar a transformação ou o desenvolvimento, os intelectuais criticam, esclarecem, ensinam. Mas, como entenderam os nossos "históricos" a educação? E a educação formal e o seu planejamento?

3
Papel do intelectual e educação para o desenvolvimento

Este capítulo ocupa ponto central do nosso trabalho. Depois de abordar uma história que nos situa melhor diante do Iseb como instituição, e após considerar conceitos básicos com os quais trabalharam nossos autores, queremos, no presente capítulo, defrontar-nos com a questão fundamental de nosso trabalho: o intelectual tem um papel de educador e para isso se forma. Ainda é baseando-nos nas obras de nossos autores que desenvolveremos os tópicos a seguir.

Consciência para o desenvolvimento

Visão histórico-empírica

Partimos do pressuposto de que a ideologia do desenvolvimento necessitava explicitar-se historicamente na organização de planos. O planejamento não se elaboraria sem análise da realidade empírica. Antes, pois, de falarmos de totalidade, é necessário observar como nossos isebianos procederam com referência à realidade histórica e local. Preocupação que também aflora quando se trata de educação: a educação escolar como tal e a educação do técnico e do trabalhador.

"Qualquer concepção a respeito da promoção do nosso desenvolvimento deve partir da tomada de consciência do mecanismo que o realiza", escreveu Hélio Jaguaribe (1958b, p.46). Com tal afirmação, queria dizer que, para promover o desenvolvimento, era necessário esforço deliberado e consciente e, inclusive, adotar as instituições que mais favorecessem a realização histórica do que fora idealizado. Sociedade desenvolvimentista teria de vincular-se com a idéia de planejamento, idéia que, na década de 1950, mobilizou muitos encontros, em todos os continentes; as nações deviam adequar-se aos novos tempos do pós-guerra. Em termos de economia, o planejamento foi objetivo constante a partir do governo Dutra. O passo dado pela comissão mista foi, depois, incorporado pelo Banco do Desenvolvimento Econômico, e o país enveredou-se para a organização das metas sobre as quais se basearia o governo Juscelino Kubitschek. Jaguaribe concebeu que houvesse uma educação ideológica consciente, que só se afirmaria como tal, porém, quando do fossem organizados os padrões de comportamento e os programas, em vista da execução de planos e do desenvolvimento.

Por rebelar-se contra a idéia e risco de nossa sujeição a uma sociologia européia ou norte-americana, Guerreiro Ramos propôs o problema da sociologia como nacional. Era o problema do colonialismo cultural. Afirmou ele: "Não é fortuito o fato de que, em todos os momentos em que, numa sociedade, se faz imperiosa uma mudança institucional, recrudescem os esforços de teorização da realidade social" (Ramos, 1956, p.24). Com uma sociologia brasileira, esperava obter suporte para a estruturação efetiva das tendências de autodeterminação vigentes no Brasil. Decidia-se por uma teorização sociológica ou científica, resultante, de preferência, de uma atitude crítica e autocrítica, interessada, radical. Ramos ressaltava o desenvolvimento global da sociedade, sem descartar nenhum fator, sem descurar do condicionamento histórico-social. Ao contrário, à teorização ideológica desejava atribuir bem menos prestígio. Repetiu que a radicalidade da sociologia científica se exprimia pela admissão do condicio-

O ISEB, OS INTELECTUAIS E A DIFERENÇA **115**

namento histórico-social incessante. E explicava que existe uma efetiva preponderância deste ou daquele fator num determinado período; a essência da realidade social é a transitividade, ela é construída dialeticamente. Depois de recordar o imperialismo cultural e suas imposições, afirmou que este só se tornava neutralizável quando fossem atingidas determinadas condições objetivas num país.

Em Corbisier (1952a), lemos que o processo pedagógico consistia em promover "a coincidência entre o homem empírico e o homem ideal". Mas ressaltava enfaticamente: "Menos do que das técnicas, depende a pedagogia da antropologia filosófica, da teoria que nos revela simultaneamente a estrutura do homem empírico e a imagem do homem ideal" (pp.229-230). Uma visão bem abstrata que, sem dúvida, ia dando lugar a maior realismo dentro do Iseb.

Em Vieira Pinto, descobriu-se, com os anos, um novo ou mais direto apreço pela ciência empírica e pela pesquisa, com referência à historicidade: "O traço mais distintivo da capacidade de criação do saber metódico, da ciência, encontra-se na atitude existencial do homem de estar *necessariamente* obrigado a pesquisar a natureza" (Pinto, 1969, p.421). E no mesmo sentido:

> Definimos a pesquisa científica fundamentalmente como um *ato de trabalho* sobre a realidade objetiva. Sendo um ato de trabalho, cabe indagar em que consiste. A resposta é aqui enunciada: consiste em conhecer o mundo no qual o homem atua; (...) sendo ato de trabalho (...), a pesquisa inscreve-se entre as modalidades da produção social (...); a definição implica que o trabalho de pesquisa científica faz-se sempre dirigido por uma finalidade que, sendo apanágio da consciência, dá a esse ato o caráter existencial que nele devemos reconhecer (p.457).

Cândido Mendes introduziu a questão da programação do desenvolvimento e também divisou os tecnocratas, nos países coloniais, como os possíveis planejadores. Entretanto, arremessando-se eles em bruto sobre o processo histórico, confiando na eficácia intrínseca da racionalidade, arriscavam-se ao perigo de, no excesso do tecnicismo, não se deixarem sensibilizar pelas condições históricas. Por isso que, depois de insistir na consciência nacional como processo realizado por meio de etapas que líderes bem identificados teriam ganho, Mendes terminou dizendo que era o povo (não o tecnocrata) o estrito intérprete dessa consciência. É de notar que, em Mendes, história e povo adquiriam forte prevalência, mas não apareceram estratégias coniventes com os interesses das massas populares (que o populismo costuma evocar). No seu livro *Nacionalismo e desenvolvimento*, o último tópico, intitulado Desenvolvimento e História, relançou, com o nacionalismo, uma possibilidade de destino; nele se lia (populisticamente?): "Mas do sucesso, último, logrado, deste cometimento, responderá o povo, emerso" (Mendes, 1963, p.398).

No item presente, pretendemos uma coisa só: mostrar que, nos "históricos" do Iseb, a pesquisa e o método de análise deveriam evoluir e significar comprometimento com uma realidade histórica, em contraste com o idealismo, segundo o qual a idéia provém da idéia. Um intelectual não se conceberia destacado nem do líder nem do grupo; logo, tudo – educação ou revolução – se entenderia em chave praxística.

Corbisier também já se mostrara cônscio das implicações de um tal planejamento desde os primeiros cursos do Iseb ao afirmar que a transformação das estruturas de base se realizariam por meio de comportamentos livres, racionalmente planejados e executados, e a modernização e industrialização do país iriam requerer a formação de técnicos capazes de projetá-las e dirigi-las, sem, evidentemente, dispensar a participação de homens dotados de visão global e panorâmica (Corbisier, 1958). Contudo – com algumas ressalvas para Jaguaribe, possuidor de prática visão econômica e política –, os nossos isebianos incrementaram, o mais das vezes, os momentos da globalidade, da idéia e do interesse elitista em detrimento da realização. Isso interessa ao que se segue.

Formação do intelectual

Cândido Mendes, depois de estudar a ação das elites católicas da década de 1920, opinou que entre elas não havia o desempenho de um legítimo papel do intelectual; não se notava esforço de mudan-

O ISEB, OS INTELECTUAIS E A DIFERENÇA   117

ça de perspectiva e nem arrojo de formulação dos problemas do destino nacional, que podiam ser vistos a partir do momento crítico. Não tomando ciência dos dinamismos novos da sociedade circundante, os católicos do movimento de Jackson de Figueiredo demitiam-se do papel de ideólogos diante do processo histórico. Separaram-se mesmo.

Hélio Jaguaribe, ao comentar sobre a eficácia da consciência ideológica, recordou a necessidade de padronizar os comportamentos políticos segundo grandes diretrizes. Os intelectuais estariam devotados já a um esforço ideológico, já à organização de núcleos de coordenação e de esclarecimento sociais, em vista de constituir a grande unidade nacional para o desenvolvimento (Jaguaribe, 1958b). Guerreiro Ramos elogiou uma nova *intelligentsia* no Brasil da década de 1950: intelectuais finalmente politizados e, à maneira do círculo de Weber ou da associação fabiana da Inglaterra, contrários às expectativas até então dominantes. Na proporção do teor concreto das idéias que exprimia, estava aberta ao intelectual a oportunidade de valer por si e exercer uma tarefa *pedagógica* (Ramos, 1961).

Corbisier evoluiu para uma abordagem da realidade social de características contraditórias. E explicou que a burguesia, tornada classe dominante e proprietária dos meios de produção, provocou o aparecimento do proletariado, cujos interesses eram opostos aos dela, a qual tendia a não tomar consciência da estrutura social como um todo, pois não desejava condenar-se como classe beneficiária da espoliação. Para Corbisier, via-se aí o porquê de a burguesia se desinteressar pelas ciências humanas e sociais e se encaminhar para posições filosóficas e ideológicas irracionais. Era a geração do conservadorismo para manter o *status quo*. Surgiu a pergunta: "Por que a direita não pensa?". Pensar é procurar apreender pelo pensamento a realidade que o transcende, ou seja, a Natureza e a História, o mundo não feito pelo homem e o mundo feito pelo homem. A realidade aparece como processo, movimento, mudança; contraditória, pois, como já se viu. E se a burguesia buscava sustentar-se ideologicamente, a classe trabalhadora, com a denúncia, era impelida na direção da tomada de consciência e da própria emancipação (Corbisier, 1980).

No processo histórico, as ciências sociais participam na tarefa de denúncia contra a exploração e em favor da igualdade e da justiça. Para formar o intelectual que intervém historicamente, qual o lugar da sociologia? Guerreiro Ramos contribuiu desde cedo com a teoria da redução sociológica, delimitando a contribuição do saber sociológico e científico ao processo econômico-político-cultural de descolonização. Para ele, o intelectual sociólogo seria um pesquisador que não se descuidaria de tarefas criadoras do ponto de vista nacional, sabendo prevenir-se, inclusive, contra a sedução das ajudas financeiras externas. O saber científico, mesmo se estabelecesse natural distância entre o sociólogo e o leigo, tenderia à popularização, facilitando o acesso das massas à cultura. A ciência sociológica, como ingrediente da conduta ordinária dos cidadãos e do processo social global, não consentiria em regredir ao estado moralista e intelectualista comtiano, mas valorizaria outros aspectos da realidade social, sobretudo o econômico. O trabalho do intelectual sociólogo tenderia ao pragmatismo, com regras metódicas que conduzissem à fundação de uma sociologia nacional, com produção de idéias, de coisas ou serviços em proveito do meio brasileiro e com sistematização passível de ser adotada também por outros domínios do saber e da atividade humana (Ramos, 1957c).

A formação do intelectual, portanto – atinente às diferentes áreas das ciências sociais –, se beneficiava do texto no qual Ramos tratava do ensino da sociologia. Acenamos com as primeiras regras de maior abrangência: é desaconselhável a transplantação literal de medidas adotadas em países desenvolvidos; a organização do ensino deve obedecer ao propósito da emancipação cultural dos discentes; no aconselhamento, que os sociólogos considerem as disponibilidades da renda nacional e orientem para que a pesquisa receba estímulos à formulação de interpretações genéricas dos aspectos global e parcial das estruturas nacionais e regionais; que a sociologia autêntica vise à reconstrução social, à vida, à problematicidade da vida; que os sociólogos brasileiros e latino-americanos não mais se adestrem para o conformismo, e a inteligência já não fique em disponibilidade para teorias e soluções prontas. E ainda mais: que,

O ISEB, OS INTELECTUAIS E A DIFERENÇA **119**

no Brasil, o ensino da sociologia, marcado pela ausência de compromisso entre professor, conteúdo e necessidades comunitárias, conte mais com a experiência vivida e a meditação dos problemas; disponha de um corpo docente amadurecido para as tarefas didáticas; não permita que o educando, aprendiz de sociologia, seja distraído da tarefa essencial de promoção da autarquia social do seu país. Em *A redução sociológica* – livro no qual reeditou sua famosa "Cartilha do aprendiz de sociólogo" de 1954 –, Ramos já acentuava que o trabalho sociológico, entre nós, refletia a dependência de quem se utilizava de produção estrangeira para exibir ao público leigo conhecimento de conceitos e técnicas importados. Era a sociologia enlatada, a sociologia consular (Ramos, 1958b).

Corbisier pode ser mencionado no que se refere à formação filosófica e ao ensino da filosofia. Redigiu a apresentação do programa do curso ministrado no Iseb em 1956, curso que gerou em torno do conceito de *circunstância*. Rememorou que acabavam de ser fundadas as faculdades de filosofia, que considerava um progresso, embora os efeitos da institucionalização ainda fossem parcos, inclusive pela reduzida presença de vocações filosóficas. E era a sua preocupação principal: "... as faculdades não têm sabido corresponder às exigências do momento histórico que vivemos, promovendo a reforma radical da inteligência brasileira e a tomada de consciência da realidade nacional" (Corbisier, 1978, p.233).

Vieira Pinto, com a participação de Dermeval Saviani e de Betty de Oliveira, publicou, em 1966, um livro sobre educação de adultos, no qual colocava sua experiência em torno do intelectual educador e sua formação, bem como levantava questões do ensino. Ele insistiu, de início, que a educação tinha caráter social e, portanto, histórico; se a sociedade fosse democrática, os interesses dominantes teriam de ser os do povo. Assim, a educação era um fato humano, encontro entre consciências livres, encontro dos educadores entre si e com os alunos. Em preparação permanente, o educador – junto com o filósofo e o sociólogo – necessitava possuir noção crítica do próprio papel, refletir sobre o significado da vida profissional, as circunstâncias que determinavam a sua missão e a finalida-

120 ANTÔNIO MARQUES DO VALE

de de sua ação. Tal finalidade tinha de ser nacional: transformar a nação. O educador, como pedagogo, era chamado a produzir o saber e não a imitar o que em outras nações se produzia. A alienação do mimetismo ou da transplantação não mais se justificava depois de a sociedade ter adquirido suficiente consciência de si.

Do ponto de vista antropológico-sociológico, Vieira Pinto falava ainda do educador de adultos: como formador da consciência crítica, e o adulto crítico, por sua vez, não aceitaria largar o próprio meio para apenas satisfazer-se em ser técnico. Na verdade, a atividade educadora, eminentemente social, só era válida se o educando admitisse participar dos acontecimentos no seu meio vital. A educação formalizada era um dos processos pelos quais a sociedade se configurava, mas não era o único: havia uma inter-relação de muitos processos configuradores. Com isso, a sociedade era educadora do educador, em curso sem fim e de complexidade crescente; e não se descartava que ela houvesse de exercer um controle sobre o professor-educador, sobre sua qualidade técnica e profissional, sua competência, e, depois, sobre sua consciência de educador, o qual se perceberia, a essa altura, como alguém inconcluso no seu saber. Isso o conduziria a desejar aprender sempre e adquirir melhor consciência de sua realidade de servidor social, de homem de diálogo educacional. Capacitação externa e interna, isto é, constante indagação da consciência sobre seu próprio papel social. Verdadeira análise esta, que se realizaria melhor no debate coletivo, na crítica recíproca, na permuta de pontos de vista, na troca de opiniões e sugestões sobre os problemas comuns (Pinto, 1982).

E os técnicos em Corbisier? Eram intelectuais? Os técnicos, os especialistas, situados entre o capital e o trabalho, eram homens do saber teórico e prático, mas, dentre eles, os intelectuais podiam ser recrutados. Formados pela universidade, serviam ao capitalismo e aos interesses particulares da classe que detinha a propriedade dos meios de produção. Declaravam-se apolíticos e ideologicamente neutros. Contudo, quando negavam a condição de cães-de-guarda do sistema capitalista, quando se recusavam a ser funcionários alienados da superestrutura, quando se recusavam a ser parafusos, assu-

O ISEB, OS INTELECTUAIS E A DIFERENÇA **121**

miam a própria humanidade, e essa tomada de consciência política era o que os convertia em intelectuais ou filósofos (Corbisier, 1980). Corbisier repetiu muitas vezes que o universal, o compromisso com a totalidade, com a História, era o que definia o intelectual.

Retornemos ao livro polêmico de Jaguaribe, em outros momentos trazido à baila. Nele constata-se um apelo ao diálogo entre os intelectuais, que podia propiciar confiança em alternativas quando os caminhos pareciam fechar-se. Como estudioso dos problemas brasileiros, escreveu Jaguaribe (1958a, p.7): "... o crescente equívoco que se está formando em torno do problema do nacionalismo, além de impedir a adoção de políticas racionais e eficientes, está levantando barreiras injustificáveis entre alguns de nossos melhores homens".

Ao final do livro, Jaguaribe discutia, em associação com a causa do desenvolvimento, a posição brasileira de neutralidade. Propugnando a necessária liquidação do Estado cartorial, apelava para a formação de uma opinião pública consciente e responsável. No caso da abertura ao Estado funcional e às relações com o exterior, aventava a hipótese de elaboração colegiada em favor de independência e autonomia; um órgão colegiado permitiria uma política externa relativamente isenta das influências clientelísticas e criaria maior resistência perante grupos de pressão.

E quando o assunto foi o das possibilidades de manter independência perante as duas potências da Guerra Fria, Jaguaribe concluiu pela unidade e coordenada solidariedade latino-americanas, que se deviam impor. Insistia na solução da negociação, do diálogo, do jogo aberto em vista dos diferentes interesses. Análises perspicazes indicavam na direção de um intelectual que se formasse para soluções pacíficas, mas necessariamente dialogantes.

O intelectual, o nacionalismo e o dilema elite/massas

O nacionalismo é mais do que o amor à terra e a lealdade aos símbolos que a representam. É também o projeto de elevar uma comunidade ao "ser para si", à apropriação total de si mesma. A conclamação ao nacionalismo não vem de retórica, vem sobretudo de tabelas, diretrizes e programas; daí a motivação concreta para um comportamento popular, um comprometimento das massas (1957a).

A partir de 1922, e especialmente a partir de 1930, o Brasil começou a tomar consciência de si próprio, explicou Guerreiro Ramos. Mas foi durante a Segunda Guerra Mundial, na visão de Corbisier, que se acrescentou um amplo trabalho de pesquisa e conhecimento da realidade e dos planos brasileiros. O país subdesenvolvido e semicolonial sentia a urgência de encontrar uma alternativa em face do imperialismo. Aceitação não fazia sentido, nem passiva nem ativa, mas havia de optar entre a oposição passiva e a ativa. Oposição passiva supunha um mínimo de consciência da contradição existente entre os próprios interesses e os do imperialismo; oposição ativa requeria plena consciência do problema, em luta aberta contra a dependência, e, no plano cultural, se manifestava na ação da *intelligentsia*, órgão da consciência nacional. Não abordaria somente o cultural, mas também os planos do econômico e do político; só assim a possibilidade da emancipação (Corbisier, 1958). O mesmo Corbisier alertava para a aliança esperada entre a burguesia industrial, o comércio ligado a essa burguesia, os setores esclarecidos da classe média e o proletariado industrial. Com o apoio nessas classes, nos seus interesses e reivindicações, coincidentes com os interesses do desenvolvimento do país, a *intelligentsia* brasileira poderia forjar a ideologia da libertação nacional. Já Guerreiro Ramos defendeu, depois, um nacionalismo-ciência, um nacionalismo que não se esgotaria em nenhuma posição partidária. Uma posição sobretudo metódica (Ramos, 1961). Estudar a realidade nacional numa perspectiva própria, disse ele, foi busca e obra de pioneiros que, ao início da década de 1950, até foram marginalizados como verdadeiras aves solitárias, mas, após 1960, a própria universidade dava sinais de ter acordado para entender e assumir as propostas levantadas (Ramos, 1963).

Os programas do próprio Iseb, como instância pedagógica principal, favoreceram a expansão do nacionalismo como ideologia. Corbisier os enunciou: "... estudos e pesquisas, cursos e conferências, editar obras nacionais e traduzir obras estrangeiras, promover con-

O ISEB, OS INTELECTUAIS E A DIFERENÇA **123**

cursos e conceder bolsas de estudos e prêmios, a fim de estimular a curiosidade e o interesse pelas coisas brasileiras" (Corbisier, 1978, p.272). Como intelectual, arrematava: "Todas as nossas atividades se enquadram em um plano coerentemente articulado que visa a possibilitar a tomada de consciência da realidade nacional, a 'conversão' de nossa *intelligentsia* ao Brasil" (p.273). Como político-candidato confessou ter objetivos mais largos, ao pedir voto em 1960:[1]

> A ideologia do desenvolvimento e o nacionalismo, porém, não se esgotam na atividade docente, na conferência e no livro. (...); o pensamento que defendemos só se poderá tornar realmente eficaz quando aqueles que o representam, com o apoio do eleitorado consciente, forem investidos nas funções públicas e passarem a interferir, de modo direto, na orientação política do governo (p.286).

Vieira Pinto (1960c), em sala de aula, se mostrou elitista mitigado. Unido às massas, levantou a tese: "A ideologia do desenvolvimento tem de proceder da consciência das massas" (pp.34-35). E se tal consciência não surge espontaneamente? Quem vai influenciar o seu despertar? Não a inspeção externa feita por um clínico social, historiador, sociólogo ou político. A verdade sobre a situação nacional só seria dita pela própria massa. Equivocar-se-iam os que pensassem que a consciência do desenvolvimento deveria vir *de cima,* artefato da especulação da elite intelectual. O intelectual pensaria o projeto de desenvolvimento nacional com as massas, e nunca a distância. A elite só seria autêntica se constituída por aqueles que compreendessem a nova consciência nacional e se identificassem com o sofrimento do povo. Nada de personalidades carismáticas, salvadores iluminados por graça transcendente. Os promotores do desenvolvimento deviam emergir da consciência coletiva e, então, se colocava a questão da educação das massas. Sem doação, até podia admitir-se uma aceleração por influência exterior; mas era preciso criar novo conceito de educação, conforme a definição do tipo de

---

1 É texto de circular aos eleitores, com data de agosto de 1960, pedindo voto.

homem que se desejasse formar para promover o desenvolvimento do país.

Dentro de um humanismo de seu tempo, e lançando convite a filósofos, historiadores, políticos, economistas e sociólogos para participarem na elaboração da ideologia do desenvolvimento nacional, Vieira Pinto clareava a tarefa do Iseb: centralizar a ação intelectual para favorecer a rápida transformação da consciência nacional. Nos seus encontros, todos queriam aprender, mesmo os que iam ensinar; por meio dos debates, dos seminários e dos trabalhos de investigação, procediam ao exame exaustivo dos problemas da vida brasileira.

O trabalho sociológico para o esclarecimento e a autoconsciência das sociedades foi relevado por Guerreiro Ramos. Trabalho que devia cooperar para a compreensão das peculiaridades estruturais da nação e de cada região. No Brasil, seriam raros os que não apreciassem a sociologia como saber também integrativo da vida comunitária efetiva; emergindo de suportes existenciais, ela contribuía para aprofundar a inserção do homem no seu contexto nacional e regional (Ramos, 1957c).[2] Crítico da sociologia enlatada como conserva cultural vinda do exterior, ele desdenhava a pergunta muito comum na sala de aula: "Que escola o senhor segue?". Ele recusava ortodoxias, excelências, modelos a imitar.

Ramos (1957a) também criticava o aulicismo dos economistas periféricos que, nas universidades, usavam dos mesmos métodos de análise dos países centrais.[3] Por isso – e foi quando restringia certas pretensões de segurança nacional –, idealizava uma certa vontade política da nação a ser respeitada, vontade não facilmente detectável pela pesquisa empírica.

---

2 Em polêmica com Florestan Fernandes, Ramos, em seu *A redução sociológica*, afirmava de novo a importância da sociologia como ciência do geral, ao tratar de normas, valores, idéias, como o que justificava a visão sobre o Brasil; este, por seu lado, era uma particularidade histórica, uma situação perante outras nacionalidades. Os sociólogos convencionais, porém, não estariam participando em nada na formulação de um legítimo pensamento sociológico nacional.

3 Ver a conferência "Ideologias e segurança nacional" em RAMOS, A. G. *O problema nacional brasileiro*, 1960, pp.41-76.

O alcance das teorias nacionalistas fora limitado, até por resistência a excessivas idealizações. Como uma das resistências, o polêmico livro de Jaguaribe (1958a, p.12): "O nacionalismo brasileiro constitui uma ideologia vaga, sem formulação teórica e carregada de contradições" e "redistribuindo a opinião pública em favor de si mesma"; foi tendência que "impôs uma caracterização meramente negativa aos seus opositores...". O autor advertia que nossas limitações nacionais e os critérios comparativos desautorizavam a pura e simples afirmação de confiança nas potencialidades do país; e avisava do perigo de um nacionalismo incondicional, tendencialmente xenófobo, e propenso a erigir a própria condição em ideologia. A receita de Jaguaribe era uma formulação mais consistente do nacionalismo, apta a impedir-lhe o malogro. Depois, à sua maneira, ele começou a empregar o conceito de "nacionalismo integrador (...), preservador da nação mediante sua unificação político-jurídica" (pp.14, 44).

O intelectual: relação teoria/prática

O formulador de ideologia

Genericamente, Jaguaribe (*apud* Schwartzman, 1981) definiu a ideologia como "o conjunto de valores e de idéias que apresentam como razoável e desejável determinado projeto ou estatuto convivencial para a comunidade, a partir de interesses situacionais de determinada classe ou grupo social" (p.48). Assim as ideologias comandam o comportamento social de uma comunidade.

Quando se insinuava, dizia ele, o apelo a formular uma nova ideologia válida, acontecia ou que se postulasse a perda de validade de outra que anteriormente prevalecia, ou que crenças adjetivas, com correspondente projeto de vida coletiva, adquirissem caráter problemático. A liderança de elites prevalecentes era, assim, questionada. Repartidos entre elites, subelites e massas, ou seja, entre formuladores, implementadores e sujeitos dependentes da decisão de outros, respectivamente, os papéis eram analisados em termos

126 ANTÔNIO MARQUES DO VALE

de custo e benefício, isto é, sobretudo era analisada a relação entre a *performance* diretiva dos grupos e o senso de gratificação dos que se encontravam na base do processo. No caso das elites funcionais intelectuais, se tratava de uma tarefa educacional. Por seu lado, as elites, em geral renovadas e auto-renovantes, iam dando respostas criativas às pressões das massas. Não sem conservar a parte mais substancial da própria liderança e várias das próprias prerrogativas, concediam participação maior das massas ou incluíam crescente mobilidade ascensional delas.[4]

Enunciados assim tais conceitos, e dado como aceito que era *mister* procurar constantemente o consenso entre as classes, já para preservar posições de quem se achava no alto, já para satisfazer a expectativas próprias das subelites ou das massas, Jaguaribe acabou empregando expressões deste tipo: "Carentes de preparação ideológica e política, as classes obreiras preferem as soluções demagógico-assistencialistas, como que se prestam ao jogo das clientelas". Na verdade, porém, se achava em pauta uma luta de classes, e era grave a dificuldade de encontrar um projeto de convivência que inspirasse confiança no futuro (Jaguaribe, *apud* Schwartzman, 1981). O tema da ideologia ligava-se, pois, à enumeração dos problemas nacionais e das soluções genericamente requeridas. Uma ideologia, além de atender a solicitações específicas, iria integrar, num sistema de crenças e idéias, a programática – diríamos já, o planejamento – exigida pelos referidos problemas.

A urgência de mudanças, após o desaparecimento de Getúlio Vargas e às vésperas de um novo concurso às urnas, foi captada por Roland Corbisier. Tanto havia uma culpa nas elites tradicionais como uma revolta contra a injustiça. Já não se podia disfarçar: "A culpa das elites é sempre a culpa maior, e são elas que devem ser denunciadas, são elas que devem comparecer ao tribunal da acusação e do julgamento" (Corbisier, 1956, pp.42-43). Por outro lado, os indivíduos que formavam as elites técnicas, sociais, políticas e intelectuais eram

---

4   Cf. MENDES, C. *Crise e mudança social*, p.XVII, na Introdução. Mendes se refere à fala de Jaguaribe, "Elites funcionais e disfuncionais", transcrita na obra.

O ISEB, OS INTELECTUAIS E A DIFERENÇA **127**

os que Corbisier entenderia como os mais capazes, os superiores, os melhores, os que deveriam implementar melhorias de cima para baixo. Logo depois de fundado o Iseb, nas primeiras conferências do segundo semestre de 1955, em posição definida frente ao colonialismo alienador dominante, Corbisier apresentava nova *intelligentsia* que estava disposta a responsabilizar-se como órgão da consciência nacional e a forjar uma ideologia da libertação (Corbisier, 1958). Na aula, no curso regular de 1956, como já vimos, os intelectuais se sentiram convocados a elaborar a ideologia que permitisse decifrar o Brasil. Cada um deixava de ser consciência solitária e alienada para tornar-se órgão da consciência coletiva a serviço dos interesses comuns do povo brasileiro e da realização do seu destino histórico.

A contribuição da filosofia para a edificação de tal ideologia, levando em consideração as raízes do processo histórico, foi salientada por Vieira Pinto na conferência de maio de 1956. Se, psicologicamente, o indivíduo possui a idéia, em sociologia se devia dizer que a idéia possui o indivíduo. Não seria, portanto, um esquema conceitual abstrato e improdutivo, e sim uma ação prática rigorosa, traduzida em planejamento. Logo, o conferencista clamava por uma idéia diretora, por real inteligibilidade, por uma interpretação e por competência histórica. Sem o que não haveria desenvolvimento (Pinto, 1960c).

Era imprescindível, além disso, uma ideologia do desenvolvimento em oposição à inautenticidade e alienação de historiadores, sociólogos e filósofos, sujeitos a idéias de fora. A ideologia era o aspecto social daquilo que, no indivíduo, constituía a consciência de uma idéia, mas não bastava afirmar isso. A ideologia do desenvolvimento, insistia Vieira Pinto mais incisivamente que os outros do grupo, tinha de ser fenômeno de massa, de residir na plena consciência das camadas populares. Quando ressaltava que essa ideologia não seria doação feita a tais camadas, mas admitia aceleração, vinha propondo a intensificação útil do processo no país. Era a proposta da educação: "Enunciar esta questão é simplesmente formular o problema da educação das massas" (Pinto, 1960c, pp.42-46). Por isso que, ao final do período JK, com experiência acumulada, fez duas afirmações contundentes em linha histórico-crítica: primeiro, que a aceitação da ideologia surgida da meditação de um grupo de sociólogos, economistas e políticos seria, sobretudo, produto do momento histórico para este mesmo momento; segundo, que nunca se deveria julgar que a aceitação viesse da influência superesclarecida da elite autora da formulação ideológica (Pinto, 1960a). Sinteticamente, isso se exprimia no que, em 1960, escreveu sobre a tarefa do filósofo crítico: "... formular em caráter *dialético* as leis da realidade *onde vive* [grifo nosso]" (Pinto, 1960b, p.104).

Guerreiro Ramos chegou a insistir mais na ação, na prática. Em 1956, avisava da urgência de agir para a emancipação do país, e de garantir os fatores autodeterminativos. Era preciso, porém – refletindo a consciência orgânica de lacunas e necessidades –, projetar e realizar um elenco de medidas integradas para, então, enquadrar tais fatores nos estatutos econômicos e sociais que eles reclamavam. No entanto, Ramos via, na classe dirigente, a carência de uma compreensão da realidade do país como um todo (Ramos, 1957c). A compreensão global resultaria de uma atitude crítica (componente ideológico) e autocrítica (componente psicológico) com condicionamento histórico-social (Ramos, 1956). Dos condicionamentos, que eram muitos, o principal era ideológico: os isebianos esperavam ter no Estado – e o divulgavam – o primeiro protagonista e o mais firme apoio para mudanças sociais profundas e eficientes.

Ligações com o poder constituído

Em 1962, Jaguaribe se manifestou de modo interessante sobre o Estado ao analisar o desenvolvimento econômico e político do Brasil e da América Latina. A configuração nacional continuaria imprescindível, por diferentes razões: primeiro, persistiam sendo nacionalistas os mais poderosos Estados do mundo; segundo, era indispensável a proteção nacional contra as discriminações do nacionalismo alheio; e, terceiro, não se previam outras formas de associação para substituir a ação nacional, como corretivo às forças centrífugas e como garantia da propensão ao desenvolvimento da

O ISEB, OS INTELECTUAIS E A DIFERENÇA   **129**

comunidade (Jaguaribe, 1962). De fato, havia tempo que se valorizava o Estado em toda ação de planejamento, a fim de superar os vícios do Estado cartorial e pôr no lugar um Estado-serviço com administração produtiva e eficaz. Também a exploração de novas riquezas nacionais só seria possível sob intervenção do Estado, porque particulares não conseguiriam enfrentar todas as dificuldades nessa área e socializar a produção. Em todo sentido, só a ele tocaria uma política interna baseada num planejamento geral (Jaguaribe, *apud* Schwartzman, 1981).

Ao abordar a abertura das consciências individuais a planos de desenvolvimento, Vieira Pinto (1960c) apelava à nova e necessária representação, uma imagem justa da realidade nacional, que permitisse a concepção do plano de desenvolvimento que os grupos sociais dirigentes pretendem realizar. E, no início do primeiro curso regular, o Iseb, como tal, se oferecia para contribuir com o Estado e grupos sociais nele influentes, num voto de ação conjunta com o novo presidente democrata.

Em obra de 1955, publicada dias depois da fundação do Iseb, Corbisier criticava as elites sociais de vida leviana e irresponsável que tivéramos; augurava o surgimento de novas elites democráticas, sobrelevando o papel dos ideólogos, teóricos e intelectuais que, na catequese e conversão das consciências, podiam criar nova atmosfera histórica; e convocava-os para uma "cruzada urgente e quixotesca da redenção do nosso povo" (Corbisier, 1956, pp.50-52).

Em 1950, em conferência na Biblioteca Municipal de São Paulo, ele fez eco ao resultado da eleição de 3 de outubro, que reconduzira Getúlio Vargas à presidência. Como intelectual, atribuía a todo homem de espírito a tarefa de transcender a paixão e a incompreensão, colocar em suspensão fenomenológica as próprias conveniências e abraçar o senso histórico; na ressurreição do ditador e liberticida, convidava a respeitar o resultado da livre escolha pelas urnas. E então, fazia confluírem a história do Segundo Império e a da República num período – o medíocre governo de Dutra – de retração da ação intelectual. Mas em 3 de outubro, enfim, foram derrotadas as elites em primeiro lugar, e ficou desprestigiado o Exército. "Venceram as

massas, derrotando as elites; venceu o número, derrotando a qualidade" (p.53), foram palavras de Corbisier.[5] Já na conferência do mês
de dezembro do mesmo ano, na Associação Comercial, falou das
perspectivas da democracia no Brasil, um longo estudo especialmente teórico. Reiterou nada ter encontrado em nosso passado que pudesse servir de ponto de apoio para as experiências democráticas.
Crítico das massas desorganizadas e inconscientes, e esperando a
tomada de consciência das elites políticas e intelectuais, decidia como combater:

> Organizar o regime, a fim de que não só realizasse o imperativo
> da justiça social, mas conduzisse aos postos de governo os mais capazes
> e os melhores, pois, como ensinou Rousseau, *c'est l'ordre le meilleur,
> et le plus naturel que les plus sages gouvernent la multitude* (Corbisier,
> 1956, p.125).

De certo se explicitava, nas conferências, um programa de ação
mais do que uma teoria. Programa que desembocaria, em 1954, num
entusiasmo forte pela figura carismática de Juscelino Kubstichek,
capaz de despertar no professor paulista ibespiano uma singular confiança: o Estado seria sempre a salvação. Em 20 de dezembro de 1954
– horário cativo na Rádio Mayrink Veiga – iniciava com a primeira
crônica, *Sentido de uma campanha*, e lançava Juscelino Kubitschek
de Oliveira, o intrépido governador das Alterosas e demônio da ação
(Corbisier, 1976b).

Em outra palestra, de 31 de março de 1960, no auditório do Ministério da Educação e Cultura, embora consciente das limitações da
estrutura objetiva e das tendências dominantes da realidade, ainda
fez referências à poderosa personalidade do homem de Estado, do
chefe de governo, bem como ao novo Estado brasileiro, entendido

---

5   A seguir, Corbisier lembrou essa "hecatombe eleitoral", expressão de um jorna-
    lista, e concluiu: "Não rir, nem chorar, mas compreender. Compreender que, se
    quisermos manter a democracia, deveremos transformá-la radicalmente, conver-
    tendo-a de liberal em social" (p.85).

O ISEB, OS INTELECTUAIS E A DIFERENÇA **131**

como principal agente ou protagonista do desenvolvimento nacional (Corbisier, 1960).

Confiante na missão do Estado, ainda escrevia, em 1963, que o planejamento revolucionário tendia a atribuir ao poder público os principais encargos do desenvolvimento. Como já dissera antes, em relação aos países pobres e atrasados, o órgão que convertia o plano em realidade ou procurava adaptar a realidade ao plano era precisamente o aparelho administrativo, o Estado. De modo geral, Corbisier também nutriu a idéia de uma ação política direta junto ao governo por meios político-partidários. Em panfleto de propaganda da própria candidatura, em 1960, fazia constar: "... o pensamento que defendemos só se poderá tornar realmente eficaz quando aqueles que o representam (o país) (...) forem investidos nas funções públicas e passarem a interferir, de modo direto, na orientação política do governo" (Corbisier, 1978, p.286). Só mais tarde, já migrado intelectualmente para uma análise da realidade de cunho hegeliano-marxista, foi que Corbisier abandonou tais pontos de vista otimistas quanto à ação do Estado (e da burguesia industrial) em favor do desenvolvimento.[5]

Com ou sem migração para a esquerda, todos os nossos "históricos" passaram, aos poucos, a posições de mais reserva quanto às ligações com o poder, fosse o do Estado, fosse o da classe burguesa industrial.

---

6   Em 1963, Mendes publicou o livro *Nacionalismo e desenvolvimento*. Nele aborda a ideologia do "Estado supletivo" e defende a intervenção do Estado no campo econômico (o estatismo e o estado empresário) contra distorções devidas a uma ideologia liberal capitalista; preferia recordar que o aparelho fora transformado em depositário mudo e complacente de grande parte da infra-estrutura do Estado colonial (pp.383-384).

132 ANTÔNIO MARQUES DO VALE

Educação crítica e emancipadora

O problema pedagógico e a cultura

No primeiro capítulo, já referimos o interesse do Iseb pela cultura, o que permitiu viesse tal órgão a nascer dentro do MEC. Privilegiaria a reflexão sobre o "C" que compõe a sigla. Há uma história sobre isso.

Em setembro de 1954, quando o professor Cândido Motta Filho era ministro da Educação, Roland Corbisier assumiu a secretaria geral da Assistência Técnica de Educação e Cultura (Atec). No discurso de posse, o novo secretário destacou a razão de ser da Atec e a importância da cultura como projeto. Serviço público, à maneira de utensílio, nascia de um projeto anterior, projeto de racionalização implícito na filosofia com a qual, consciente ou inconscientemente, todos se vinham adaptando. A Secretaria de Estado da Educação não dispunha de órgãos adequados que permitissem articular e unificar a sua política no setor cultural. Assim, por meio da Atec, não havia uma centralização administrativa, mas a unificação de sua política, imprimindo sentido à atividade do ministério. Com a racionalização e organização de planos, a Atec poderia obter melhor rendimento dos recursos técnicos, materiais e humanos com que contaria no setor cultural.[7] Com ela, se estavam dando outros passos e diretrizes notáveis para a breve fundação do Iseb dentro do MEC.

Em 1952, em São Paulo, Corbisier falara da Educação, tentando refletir sobre os fundamentos e a razão de ser da pedagogia mais que sobre aspectos técnicos e didáticos. Qualquer descrição do processo educativo devia mostrar, inicialmente, que ele se reduzia a uma relação entre dois termos: a cultura, entendida no sentido objetivo e de história, e o sujeito, capaz de assimilá-la. Efetivamente, na origem de cultura, como realidade objetiva e histórica, estava "o próprio homem, a imaginação do gênio criador que modela e con-

---

7 Cf. o discurso de posse em: CORBISIER, R. *Autobiografia filosófica*, pp.228-230.

O ISEB, OS INTELECTUAIS E A DIFERENÇA   **133**

figura as formas do pensamento e da arte, da ciência e dos costumes" (Corbisier, 1952a, p.224). Por sua vez, a educação, como ação e influência constante da comunidade sobre o indivíduo, não se reduzia a um aprendizado, sempre igual, de certas técnicas ou especializações que permitiriam o exercício de uma profissão. Coincidia com a vida humana que se desenrola no seio de uma comunidade, como, para os gregos, era a *paidéia*.

A cultura era conjunto orgânico de crenças, de valores, de obras, de ideais que, unificados na sua diversidade por uma só inspiração e um só estilo, imprimiam no indivíduo a forma que representava e simbolizava a sua alma. As idéias de cultura e de unidade, pois, não se separavam. A volta aos gregos ajudava a recuperar o sentido pleno e orgânico da educação que, em nosso mundo desarticulado e caótico, se havia confundido ora com a tecnologia e com fórmulas que só proporcionavam êxito em determinadas esferas do conhecimento, ora com pura ilustração e enciclopedismo erudito. A cultura, nossa vida cotidiana na comunidade, nos educava ou nos deseducava, não apenas por meio da família ou do ambiente escolar, mas sobretudo com os influxos modeladores de conduta recebidos do meio social. Por isso, aliás, se disse que a pedagogia transbordava para a política, obrigando-se, por outro lado, a tomar em consideração a presença da propaganda e o mundo moderno anticultural e antipedagógico, onde grassava o desinteresse por desenvolver e formar a pessoa humana.

O problema fundamental da pedagogia, filosófico e ético, era a essência do homem e do seu destino ou razão de ser. E perguntava-se então: Que é o homem que nos propomos educar, para que existe, qual é o seu destino?[8]

Guerreiro Ramos (1958b), ao direcionar a questão da educação do sociólogo para a redução sociológica e a superação do formalismo,

---

8 Corbisier (1952a) afirmou enfaticamente: "Enquanto não tivermos respondido a essas perguntas, será inútil nos perdermos na discussão dos métodos pedagógicos e dos processos e técnicas de transmissão da cultura" (*Ibid.*, p.229).

134 ANTÔNIO MARQUES DO VALE

também deu urgência a discussões sobre fundamentos para ressaltar as exigências efetivas das comunidades em nações subindustrializadas: "O trabalho educacional, as atividades científicas e técnicas se frustram, quando se orientam por critérios de organização de fundo e forma não específicos em cada país" (p.263).

Jaguaribe, detectando um problema de *incultura nacional*, analisou, a seu modo, a carência, em outros tempos, de elementos favoráveis para o florescimento da nossa cultura. Achou as raízes para a crise cultural brasileira no não exercício da angústia religioso-filosófica. Teríamos herdado da cultura portuguesa uma pauta de valores e idéias já consolidadas e que davam resposta antecipada aos problemas religioso-filosóficos, visto que ela mesma não fora atingida pela crise da Reforma. Assim, Portugal, que não teria revisado os fundamentos de sua cultura, ficara imobilizado nas idéias medievais e sem reflexão própria. Como nem nós os revisamos, se criou uma cultura verbal, no Brasil, apreciável somente por critérios de sonoridade, ritmo e força figurativa, encaminhada para o ornamento e o divertimento, para o consumo das classes mais abastadas. Colocando tudo isso como problema, Jaguaribe indicou soluções que já foram enunciadas. Destacamos dois elementos básicos: criação de um movimento ideológico que extraísse da própria crise os materiais e os incentivos para uma afirmação cultural vigorosa e reforma da educação, que a tornasse compulsória e global, orientada para a compreensão e o domínio de nossas circunstâncias. A seguir, o autor mencionou a criação de amplo quadro de técnicos e administradores (Jaguaribe, *apud* Schwartzman, 1981).

Reputando que somente as classes latifundiário-mercantis fossem contrárias ao desenvolvimento (industrializante), o mesmo Jaguaribe já imaginava uma reforma do Estado. Existiam as condições gerais para tanto. As condições especiais, essas constariam de propaganda ideológica, como disse, bem como de organização dos grupos mais dinâmicos interessados na funcionalização do Estado.

A organização e a educação ideológica suscitariam, juntas, a adesão das grandes massas rurais e urbanas (Jaguaribe, 1958b). A organização impulsionaria o desenvolvimento como processo social glo-

O ISEB, OS INTELECTUAIS E A DIFERENÇA **135**

bal, e Jaguaribe sugeria padronizar os comportamentos políticos contra barganhas clientelistas; as grandes diretrizes da posição ideológica moldariam os padrões políticos. Por seu lado, a educação se apoiaria na organização de núcleos de coordenação e de esclarecimento sociais que, independentemente da distribuição de partidos – estes não seriam de desprezar absolutamente –, formariam correntes de idéias e de interesses, dentro e fora do Congresso e do governo, para apoio maciço e unitário aos programas de desenvolvimento. Assim se estaria imprimindo ao Estado a funcionalidade de que carecia. Evidentemente, aqui também Jaguaribe enfatizava o progresso econômico.

As especulações de Corbisier sobre a cultura de datas anteriores possivelmente influíram sobre os colegas do Iseb. Sob outro prisma, os conceitos de unidade e totalidade mereceram sua atenção desde escritos de 1943: uma abordagem sobre a crise brasileira fortemente elitista. Apreciando positivamente as chefias iluminadas, insurgia-se contra tecnocratas e técnicos. O técnico, deliberadamente, "circunscreve e limita o campo da sua consciência", técnicos "podem ser produzidos em série, nos estabelecimentos de ensino adequados". Quando faltam, também podem ser importados, e "só a insensatez da nossa época é que poderia inventar o absurdo da tecnocracia". Sem a visão de conjunto e a consciência da totalidade dos problemas, eles só podem ser aplicados como instrumentos. "As funções técnicas estão sempre subordinadas a planos de conjunto, cuja concepção implica a consciência de interesses e necessidades mais amplos, o que constitui propriamente a 'política'" (Corbisier, 1956, p.53).

Ao tempo do governo de João Goulart, porém, Corbisier afirmou no Iseb que a transformação das estruturas de base, que incluíam também indústria nacional e mercado interno, aconteceria, não mecanicamente, mas por meio de comportamentos livres, racionalmente planejados e executados. As reformas de base acarretariam transformações paralelas no plano da educação e da cultura, pois a industrialização requeria formar técnicos capazes de projetá-la e dirigi-la. Com isso, reclamava mudança no aparelho pedagógico, com a criação de escolas com novos programas e métodos de ensino adequados às novas exigências. Reclamava também técnicos e engenheiros lado a lado com os políticos e homens dotados de visão global e panorâmica dos problemas nacionais (Corbisier, 1968).

Embora também Vieira Pinto, às vésperas da década de 1960, na introdução ao primeiro volume de *Consciência e realidade nacional*, ressaltasse a preocupação com o conjunto e a tarefa esclarecedora do filósofo da nação em desenvolvimento, surgiam alguns sinais de que, no Iseb, uma tendência a valorizar melhor os especialistas já vinha forçando caminho.

Proposta de educação oficial

Vimos como Corbisier chegou a depreciar como limitados os técnicos e especialistas. Reputava que todos, na linha do liberalismo, desconsideraram o ideal comum, a visão mais ampla do homem. Corbisier não admitiu reduzir a educação à família e à escola apenas; ele a estendia à rádio, à imprensa, ao cinema, à conferência, ao sermão. Sobrelevou em especial a filosofia: "Cabe ao filósofo preparar essa recuperação, preservando a forma, a efígie humana, condição primeira e objetivo último da pedagogia" (Corbisier, 1952a, p.235). Para ele, a filosofia implicava uma pedagogia latente, o dever-ser de uma imagem do homem.

Vieira Pinto reprovou a visão socrática, segundo a qual os males de uma sociedade proviriam de defeitos de instrução nos indivíduos. Essa posição de muitos costumava justificar que, de direito, era ao virtuoso que cabia governar, preparado por obra de sábios. Pedagogia simplória de quem imaginava que a virtude se ensina. O autor também negou que um país só pudesse contar com um índice de desenvolvimento cingido à etapa em que o seu processo de transformação se encontrasse. Era vicioso pedagogismo acreditar que melhor educação seria aquela que acelerasse o desenvolvimento nacional. Na verdade, explicava ele, era a realidade que suscitava o conteúdo da educação conveniente. À pedagogia, como ciência, só lhe cabia estabelecer os meios e procedimentos adequados a possibilitar a transmissão daquele conteúdo (Pinto, 1960a).

Para Vieira Pinto, a educação não precedia o processo de desenvolvimento, mas o acompanhava numa tensão dialética. No seu dinamismo, cada etapa conteria as tarefas a realizar, como propostas e desafios à ação humana. Ora, a educação seria justamente a consciência dessas tarefas e a mobilização dos meios e recursos próprios para executá-las. Portanto, reagindo sobre o processo em curso, ela podia retardá-lo ou acelerá-lo. Dois sistemas pedagógicos coexistiam: o oficial, de caráter formal, vindo dos administradores e dirigentes, e o real, imposto pelos fatos, ministrado pelo processo mesmo do desenvolvimento. Conforme o autor, o segundo era a matéria da verdadeira pedagogia.

A pedagogia oficial seria ou não benéfica, conforme a compreensão que tivesse do processo nacional em andamento e sobre o qual se assentava. A despesa em educação, que uma sociedade fizesse, reverteria em benefício da própria sociedade e não do indivíduo isoladamente. Por isso, deveria ficar claro que a educação adequada era a que se subordinasse a duas considerações: de uma parte, seria delineada por quem possuísse a consciência crítica do processo da realidade, de outra só seria crítica e oportuna se suscitasse o aparecimento de outra consciência crítica. Educação teria de definir-se, pois, como auto-reprodução da reflexão crítica; e apenas seria crítica e eficaz aquela que visasse ao desenvolvimento. Não deveriam interessar somente conteúdos particulares de conhecimento, nem assuntos de natureza técnica; a educação deveria despertar no educando um modo novo de pensar e de sentir a existência. A sociedade perceberia, a certo momento, a responsabilidade por ela e por uma possível reforma do sistema, independentemente de conclamações. A reforma do ensino nacional, comandada pela visão da realidade como um todo, seria matéria de decisão política, e por isso, aos pedagogos de ofício, caberia apenas organizar os meios de transmissão dos conteúdos do saber, cumprindo uma orientação com origem fora de seu domínio.

Era necessário e positivo para a democracia avançar na luta pela escola pública, leiga, universal e gratuita, mesmo que prevalecesse na nova lei (LDB) o voto ruim. Contaria como um equívoco certas questões serem discutidas predominantemente por técnicos e espe-

138 ANTÔNIO MARQUES DO VALE

cialistas, sem os leigos, sem respeitar o sentir do povo. À ignorância popular não se devia sobrepor a intelecção esclarecida. Os especialistas e técnicos, verdadeira aristocracia, prestavam e deviam prestar inapreciável serviço, mas não convinha tomarem a direção do processo. A esse pretexto, Vieira Pinto sobrelevou o papel dos políticos mais que o dos economistas, dos filósofos, mais que o dos educadores, dando à filosofia, enfim, o comando do processo coletivo.

Fundamentalmente popular tinha de ser a educação, escreveu ele no seu *Consciência crítica*. Refutando o elitismo de colegas isebianos, descaracterizava a educação como privilégio das elites. Afirmou que o desenvolvimento implica o progresso da consciência, e este se acelera pela educação, mas, para que tal progresso aconteça, tem de a educação visar à totalidade das massas trabalhadoras. Na verdade, Vieira Pinto pretendia não excluir a organização escolar, que defendia ao pregar que a revolução tinha de ser feita na escola. Era legítimo na perspectiva do Iseb, considerar o educador como intelectual, sobretudo se admitisse crescer na própria consciência. Para ele, ninguém estaria isento da educação, pois todos, crianças e adultos, se preparavam para atividades de participação e trabalho. Significativa, nesse sentido, a definição de educação que desvelava o trabalho e o social como fim dela: educação é o permanente aproveitamento das capacidades de cada indivíduo pelo todo social em benefício de um e outro. Assim, concluía, ela respondia aos estímulos sociais de criar hábito de convívio social e de ministrar trabalho útil (Pinto, 1982).

Vieira Pinto não só valorizava o trabalho, mas também a educação crítica informal para o adulto, pois este homem se encontrava na fase mais rica da sua existência, mais plena de possibilidades. Era o trabalhador "trabalhado" e que se produziria nas condições oferecidas pela sociedade onde se encontrasse. Pois que a direção da sociedade cabendo aos adultos, o seu trabalho se tornaria também ação política no sentido sociológico. A participação cada vez mais ativa do trabalhador expandiria a sua consciência e lhe ensinaria por que e como se lhe deveria atribuir participação na vontade geral. Mesmo que analfabeto, pois o fato de o ser não representaria obstáculo à consciência de seu papel social; com efeito, viera recebendo outra educação ao participar na realidade social, ou, porventura, até como líder nos movimentos sociais.

Em outras *Lições,* ainda dizia que o trabalhador deseja que sua prole aprenda a ler e escrever e que freqüente a escola. A educação do adulto não poderia separar-se da educação da criança: de fato, o adulto, ao se alfabetizar, pretenderia saber ao menos tanto quanto seus filhos. Na verdade, o educando é um ser pensante, portador e produtor de idéias, freqüentemente com alta capacidade intelectual, segundo o atestaram a literatura oral e a crítica dos fatos por ele mesmo exercidas. O educador com verdadeira consciência crítica teria de identificar-se com o educando adulto, utilizar método adequado e manter respeito por esse adulto, o qual seria, antes de tudo, atuante na sociedade e desejoso de capacitação para influir socialmente. Vieira Pinto reprovava as elites que pensavam em elevar alguns para que estes depois elevassem outros. O mundo todo se eleva quando consigo eleva o homem. Reprovava os governos que alimentavam tais elites culturais, bem como os que se desinteressavam por construir escolas para todos.

Roland Corbisier alertava que há dez anos o Iseb se defrontava com o problema global do desenvolvimento. O Plano de Metas agravara as contradições e merecera críticas; não fora um plano integrado e global, não obstante o saldo positivo. O tema das reformas de base ou de estrutura despontou justamente em correspondência com necessidades objetivas do processo. Seria inútil erudição querer demonstrar a tese de que as classes dominantes suscitavam, por intermédio dos seus intelectuais, as ideologias dominantes que viessem sancionar e justificar os próprios interesses e privilégios. Por outro lado – e ficou por fazer um trabalho pedagógico de elucidação, definição, esclarecimento e persuasão do público –, teria sido preciso superar a demagogia e a agitação, a onda emocional em favor das reformas.

Depois da ambivalência do reformismo, Corbisier tratou das próprias reformas de base, entre elas a universitária. No período colonial, a classe média não precisara saber muita coisa. Os advogados floresceram muito – uma superprodução – e houve grandes juristas,

140 ANTÔNIO MARQUES DO VALE

embora com formação importada. Com uns poucos livros, mais as qualidades pessoais, eles não dependiam de máquinas nem de laboratórios para defender as propriedades e os interesses das classes dominantes. O povo jazia no analfabetismo e na ignorância, totalmente excluído da educação e da cultura e incapaz de influir no processo de desenvolvimento, de ajudar na economia que se modernizava. Corbisier aceitava que, sem o conhecimento científico da realidade que se quer transformar ou dos problemas que se quer resolver, não se elaboraria plano algum, não se tomaria posição ideológica em relação ao modelo de desenvolvimento. As linhas de uma planejada educação para o desenvolvimento consistiam em esclarecimento ideológico, formação científica e tecnológica, cultura popular e alfabetização das massas. Dentro do tema da reforma universitária, ressaltava ainda a importância de difundir a cultura junto ao povo e de a direção das escolas contar com a participação dos estudantes.

Retomou-se, no livro, a questão do planejamento. Não se planejaria sem o prévio conhecimento. O autor apreçou positivamente, então, as equipes de cientistas ou de especialistas, os bons conhecedores de uma região, por exemplo. Também tomou como pressuposto de notável importância o aparelho administrativo: onde quase tudo estivesse por fazer, o protagonista primeiro seria o poder público, o Estado, com os quadros de gerentes, administradores e funcionários. Se, porém, os desejava desvinculados de um regime elitista anterior, donde recrutá-los? Não se esquivava à pergunta sobre as estruturas políticas, as dominações de classe e a educação, com proposta de luta constante contra a alienação, mesmo na legalidade vigente (Pinto, 1982).

Planejamento da universidade

Também revelador das vistas ideológicas que marcaram o grupo por tempo relativamente longo foi o interessante artigo que Hélio Jaguaribe escreveu em 1954. Era um comentário sobre a conferência da Unesco em Utrecht, de 1948. Os países membros reconheceram que a missão das universidades consistia em formar profissionais liberais, pesquisar e desenvolver criativamente a ciência, dar aos estudantes noções de cultura geral. Jaguaribe pretendeu criticar o conceito de cultura geral, ponto que, na conferência, com geral cumplicidade, permanecera o mais obscuro. Não era verdade, dizia, que a universidade ensinava cultura geral, porque, para ela, todos os problemas se resumiam no econômico. A menos que estivessem errados os filósofos e sociólogos, as universidades se viam na maior crise de sua história. Posta assim a questão, era preciso determinar previamente o que era a universidade e qual o fim a que ela se destinava (Jaguaribe, 1954a).

A universidade é um processo histórico e uma função social. Se, por um lado, todas as sociedades possuem um processo de transmissão de sua cultura, uma educação das novas gerações, por outro lado, quando o processo assume a forma de ensinar, ele se diversifica de acordo com a complexidade da estrutura social. O Ocidente ministrou um ensino superior desde o século XII, que passou sempre por transformações, principalmente nos últimos cem anos, isto é, após 1850, quando mudou muito a conjuntura.

Jaguaribe elucidou três fatores que caracterizavam a universidade até o século XIX. Um deles, a dependência da função com respeito à situação social. Outro, a característica essencial de prevalência da inteligência geral sobre a especializada. E, enfim, as relações entre a cultura e seu elemento. Após meados do século XIX, com a inversão da dinâmica social, a função passou a determinar a situação social e a inteligência especializada prevaleceu. Com a Revolução Industrial, necessitava-se de quem dominasse o saber técnico-industrial: tempo da revolução dos gerentes (Burnham), isto é, dos que controlavam os segredos da técnica industrial e da técnica de administração de unidades complexas. A função dominava sobre o *status*. Nos meios especulativos e teóricos, também houve mudanças: o positivismo e o neopositivismo consideraram os processos operativos como objeto da filosofia, tornada filosofia científica no lugar da literatura metafísica. Estabeleceram-se três planos autônomos, então: da filosofia científica, do físico-matemático e do técnico; e muito pouco do que houvera antes. A universidade era a complexidade. Ia tentar o impossível:

142 ANTÔNIO MARQUES DO VALE

formar um corpo de especialistas, para usar a expressão de Ortega. A maior parte das disciplinas seria de ensino técnico-profissional.

O grande problema da universidade, nos séculos XIX e XX, era o intervalo entre o que ela representava e o que deveria representar. Perguntava-se Jaguaribe: "Continuava ela exercendo sua missão de educação superior? Na hipótese da negativa, podia e devia voltar a exercê-la?" (Jaguaribe, 1954a, p.30). Questões que extravasavam para as condições econômicas, sociais e culturais do Ocidente e para a problemática do homem. A universidade cultural viu-se em dificuldades, e nisso se dava uma história irreversível, mas as condições para ela existir poderiam ocorrer em outra conjuntura histórico-social, dizia Jaguaribe. Ele procurou retomar a anterior definição de cultura: compreensão unitária e total da realidade. No entanto, a manter assim, se desvalorizava a cultura como visão científica da realidade, na qual apareciam, tripartidos, os planos autônomos da metodologia, da ciência natural e da tecnologia. Logo reconsiderou, contudo: tal tripartição não deveria ter suprimido os pressupostos, que, portanto, deveriam ser restabelecidos.

Jaguaribe concluiu, finalmente, dizendo como a economia e as ciências, em geral, se tornariam impossíveis se o homem culto desaparecesse e se a cultura perdesse suas características. O homem culto exercera o comando da sociedade até princípios do século XIX, e fora um educador para a cultura, destinado a dirigir a comunidade, resultando disso um ensino de orientação inteligente e superior para os acontecimentos histórico-sociais. Oferecera-se um modelo humano, segundo o qual cada um se pudesse realizar. Ora, se não houvesse mais homens cultos, se perderiam a cultura e o próprio homem: a primeira, porque é o objeto do qual o homem culto é o sujeito; o segundo, porque, "não sendo o homem uma realidade acabada e permanente, deixa de existir quando desaparece o esforço de humanização, isto é, o esforço de conquistar a plena autoconsciência" (Jaguaribe, 1954a, p.32).

Quando se perde o homem, surge o especialista, ou seja, o funcionário, como que um instrumento afeto a uma função e alienado ao coletivo. Nesse caso, se perderia a própria ciência, porque a verdadeira atividade científica repousa sobre postulados que a antecedem e a transcendem; sem estes postulados, o mundo surgiria sob a forma caótica de fenômenos.

Universidades como as anglo-saxônicas se mostraram insensíveis a tais requisitos e tendências de unitariedade e não acataram o renascimento humanístico. A dependência com respeito ao especialista reduzia a universidade à formação de profissionais liberais e técnicos, ficando a cultura a cargo de institutos e órgãos livres. Logo, um problema fundamental: a compreensão culta do mundo já devia ter sido objeto de reformas, de maneira que se pudesse pôr em unidade com a interferência do homem. O problema se agravava, porque a tendência contemporânea era fazer com que os profissionais e técnicos exercessem cada vez mais a função de classe dirigente; até hostis à cultura podiam forçar um rebaixamento do nível espiritual da época. "Essa tendência se agravará conforme se intensifique a participação das massas trabalhadoras no governo, participação desejável e necessária, por muitas razões, mas perigosa se não for precedida de uma habilitação cultural dos líderes proletários" (Jaguaribe, 1954a, p.34).

Outro artigo de Jaguaribe (1954b), "Que é filosofia?", também informa sobre o pensamento de fundo do autor e sobre a universidade. O *saber a que se ater* seria a base de todo saber. O saber prático, mais diretamente apoiado nos instintos, apareceria dentro de condições dadas; o saber teórico nos forneceria um sistema de constantes válidas para circunstâncias e momentos diversos, isto é, conteria o esquema de todas as circunstâncias em que seria aplicável. Jaguaribe enfatizou que as exigências pragmáticas eram também experimentadas pelos animais, ao passo que apenas a visão de mundo constituiria a fonte de toda cultura e sua máxima finalidade. Também aqui se manifestou, da parte do nosso isebiano, uma subestimação pelo técnico, pelo homem não universitário, pelo especialista, pelo homem de ação menos afeito às lides da razão; ou o descaso pelo trabalhador, a quem a razão nunca teria socorrido.

Álvaro Vieira Pinto, ao publicar obra sobre a universidade, lembrou as contradições que envolviam as classes, e também como os grupos se alternavam sem mudança no comando, adiando, com isso, a resolução das contradições. A fase vivida após Juscelino Kubitschek, porém, foi marcada pela rápida exacerbação do combate entre forças contrárias. A consciência popular desenvolveu-se, sobretudo ao compreender as razões das agruras do povo. Vieira Pinto chamou esse período de pré-revolucionário, porque as camadas populares começaram a se convencer de que só pela sua decidida ascensão obteriam meios de realizar as reformas consideradas urgentes. Era a etapa da consciência (Pinto, 1962a).

Com a consciência das massas apoderando-se de idéias indispensáveis, se levantava o problema da reforma da universidade. Sem o fundamento de tais idéias, os planos para melhorar o ensino superior, as leis de reforma, ou os debates inofensivos – coisas de que se encarregavam cavalheiros pitorescos do MEC – se tornariam puro pedantismo. Um comício de camponeses no Nordeste decidia mais sobre a futura universidade do que as reuniões dos conselhos de educação. O comando da luta social pela reforma foi assumido pelos estudantes e não pelos professores. Os estudantes eram pela *práxis*. Na origem das idéias que deviam servir para formular a reforma, eles identificavam-se, como coletividade, às forças sociais ascendentes, e, por suas qualificações intelectuais, ingressavam como vanguarda de tais forças. Eles, e não os docentes, se inquietavam em promover o movimento que desembocaria na reforma universitária.

E por que a universidade se incluiria entre instituições a reformar? Porque ainda se constituía como peça essencial da estrutura arcaica. Entendê-la era o desafio. Modernamente, contudo, o jovem a procurava a fim de se preparar para trabalho, não para virar doutor; a transformação dela, pois, devia ocorrer nas estruturas e não na superfície; não mais um centro distribuidor de alienação, mas instrumento de criação de nova consciência. Humana e livre, seu elemento pedagógico superaria o puro cerimonial didático e os grupos professorais seriam mais que técnicos. Nas averiguações expostas, Vieira Pinto chegou a desprestigiar o pedagógico em favor do sociológico: Que relações a universidade, se instrumento da classe dominante,

O ISEB, OS INTELECTUAIS E A DIFERENÇA   **145**

mantinha com o resto da comunidade? Qual parte da população estaria ingressando nela e qual parte sofrendo expulsão?

Descoberta a essência da universidade, tornou-se fácil descrever as suas relações com o dispositivo geral de domínio. A classe dominante lhe atribuía funções determinadas; feita instrumento capital da estrutura política vigente, era utilizada para forjar argumentos que assegurassem o comando ideológico. Sociólogos e juristas formados na universidade defenderiam a classe dominante, num travamento interno de idéias e de especialidades de ordem teórica ou tecnológica. Vieira Pinto, então, se manifestou em viva oposição ao delito de corromper a essência da cultura contra os interesses da nação e de apresentá-la como instrumento de escravização. Sonegadas as idéias que a cultura lhe podia dar, viu-se o povo privado das armas ideológicas que lhe teriam servido para humanizar a própria existência. O serviço real era prestado aos grupos poderosos por uma universidade que se alçava como repressora da cultura; afinal, a universidade era reservada a um seleto círculo de espíritos luminosos. Os trabalhadores continuavam a sofrer.

O autor retomou a questão: "Em que medida a cultura se origina na universidade, nela tem guarida, e aí encontra terreno propício a se desenvolver?". Examinada a condição submissa da universidade, achou a resposta: "Só pode ser gerada no âmbito universitário, ser protegida e defendida por ele, a cultura que corresponda aos interesses de tal classe". A cultura expandida pela universidade era, na sua maior parte, indiferente ou hostil aos interesses das grandes massas trabalhadoras e à outra cultura que estas produziam (Pinto, 1962a, pp.57-58). Em correspondência, ele assinalou um fato de observação geral: o horror da universidade a toda referência ao seu papel social; escudando-se na autonomia, disse, ela tudo fez para passar despercebida da vigilância social, como se nada tivesse com os conflitos ideológicos e políticos no âmbito da comunidade.

Em 1956, no primeiro curso regular do Iseb, Vieira Pinto já insistia na oportunidade de criar um novo conceito de educação e projetava o sonho de uma educação das massas, no esquema de um humanismo do nosso tempo; humanismo que prezaria, fundamentalmente, "o conhecimento das ciências da cultura e da natureza, a posse das técnicas de exploração fecunda da realidade material e as artes que exprimam o sentido original do homem brasileiro" (Pinto, 1960c, p.44). Era, desde então, uma atitude interessante de abertura à realidade moderna, de diálogo com os debatedores da LDB de tão longa gestação. Sem traições à massa proletária.[9]

---

9 Ainda ficou sem resposta nossa pergunta sobre a real posição de Guerreiro Ramos, naquele ano de 1956. Que teria ele pensado de um sonho de transformações profundas e em proveito das maiorias, quando assim escreveu: "O lumpenproletariat, a mão-de-obra marginal, o rebotalho das ruas, é uma matéria amorfa de que dispõem as correntes que, de modo ocasional, lhe asseguram uma vantagem imediata"?

4
CRÍTICA SOBRE OS "HISTÓRICOS" DO ISEB

Até aqui atestamos o pensamento dos "históricos" do Iseb quanto a uma ideologia do desenvolvimento para o Brasil. Não trataram explicitamente da educação escolarizada, embora ligados ao Ministério da Educação e Cultura. Interessaram-nos, então, os pressupostos filosóficos dessa omissão. Neste último capítulo, realizamos uma crítica abrangente sobre a atitude intelectual e a ação dos nossos isebianos; como roteiro, recolhemos deles próprios importante pressuposto e chave de leitura: a unidade-homogeneidade.

A unidade como chave para a crítica

Filosofia e unidade/totalidade nos "históricos" do Iseb

Unidade foi uma idéia diretora para nossos "históricos", já pela correção por eles projetada para a hemiplegia do MEC, com a complementação de órgãos correspondentes à cultura, já pela trajetória do grupo de interesse que, no Iseb, em julho de 1955, consolidou o projeto de formular a ideologia do desenvolvimento. E não somente os "históricos". Também Anísio Teixeira e Abgar Renault abordavam a realidade educacional e tecnológica sob o prisma do discurso da unidade nacional territorial dos anos 1940. Mas a grande unidade nacional para o desenvolvimento, que "requeria núcleos de coordenação e de esclarecimento sociais", era o programa de vida do Iseb (Jaguaribe, 1958b).

Unidade como ideologia

Como matéria de uma teoria sistemática do pensar e do agir humanos, a ideologia passara a constituir tema central de reputada disciplina universitária, a sociologia do conhecimento. A despeito das divergências, Guerreiro Ramos (1960) declarava que nenhum sociólogo contestava o condicionamento dos grupos pelas respectivas posições na estrutura social. No Iseb, segundo Octávio Ianni, houve mais homogeneidade ideológica na primeira fase, em especial sob a liderança de Jaguaribe; de modo geral, a segunda fase foi mais contraditória. O grupo queria fazer-se ouvir e criar discípulos e, para o desenvolvimento modernizante e industrial, todos buscavam influenciar no aparelho do Estado (Ianni, 1984). A Escola Superior de Guerra (ESG) também era interessada em formar "indivíduos de educação heterogênea, inculcando-lhes o sentimento de comunidade e do interesse coletivo, garantindo unidade, pois, dentro da fidelidade ao Estado, o instrumento de mobilização da ação coletiva" (Coelho, *apud* Ianni, 1984, p.69).

Outro ponto de vista a considerar é o de Claude Lefort, citado por Marilena Chauí (1983, pp.60-61):

> A sociedade histórica é comandada por divisões internas. Esta, no instante em que se produz como sociedade, produz as divisões que a fazem ser e, pressupondo divisões e repondo a divisão das classes, tenta oferecer-se como idêntica, identificando-se a uma das classes – a dominante –, mas só pode fazê-lo imaginariamente (pela ideologia) e recorrendo à força ou à persuasão.

Chauí ainda contesta:

> Estamos numa sociedade que recusa refletir sobre a divisão interna que a constitui (...) a sociedade tenta exorcizar as contradições que a constituem e o trabalho dessas contradições (...) exclui todos os feitos e fatos que ponham em risco ou em dúvida sua unidade e unicidade contínuas.

E a insistência dos nossos isebianos sobre a unidade, de onde se originava? Muito deles nos remeteu à pregação e teoria de Plínio Salgado, o fundador e chefe do integralismo na década de 1920.

A filosofia na base das grandes questões

Na história prévia do Iseb, o grupo trabalhou pressupostos comuns. Suas raízes já não podiam ser apenas tomistas. Depois da matriz da educação católica, passaram pelo hegelianismo, via historicismo, pela fenomenologia ou existencialismo, e, na última fase, beberam muito do marxismo-leninismo, já bem divulgado no Brasil.

A universalidade da filosofia manifestava recendências do elitismo de Plínio Salgado, para quem o filósofo (o cristão) devia esclarecer, trazer para a luz, quem se achasse na obscuridade. Em matéria de filosofia, o Brasil se encontrava na fase inicial, noturna, sem a visão de conjunto. Para Vieira Pinto (1960c), só a compreensão filosófica, como instrumental indispensável, poderia ter proporcionado as categorias prévias para que a comunidade nacional pudesse interpretar a própria realidade. Mas acrescentava o trabalho do sociólogo para a progressiva formação da autoconsciência a partir de uma proto-consciência. Em sua programática primeira aula de 1956 no Iseb, fez uso de conceitos iluministas: esclarecer, clareza, claro, aclarar, também presentes no integralismo de Plínio Salgado. Em nossos "históricos", contudo, apareceram influências de Hegel quanto à boa parcela dos seus pontos de vista, à visão de conjunto e à crítica, lúcidos elementos que socorreriam as massas, anteriormente mudas perante o drama social, mas por último capazes dos primeiros protestos.

ANTÔNIO MARQUES DO VALE

Texto tardio de Corbisier trouxe a tônica do seu pensamento:

> O intelectual, e, a rigor, o intelectual é o filósofo, é o único que pode transcender o condicionamento de classe (...) socrático e hegeliano, o filósofo adotará, como método único da filosofia, o diálogo e a dialética, o que o levará a tentar esclarecer, isto é, educar seus interlocutores (...), em princípio incluir todos os membros ou habitantes da cidade (Corbisier, 1975, pp.27, 34).

O filósofo-político ou o político-filósofo seria a consciência da sociedade considerada em conjunto. Na mesma obra, retificando, Corbisier ressalva que "na filosofia de Hegel, apesar de seu idealismo, encontram-se os germes do historicismo..." (p.189).

Marilena Chauí é de ajuda para compreender tal universalidade, marca do filósofo em Hegel, num sentido oposto ao de Kant. Kant separava entendimento e razão, fenômeno e realidade em si, e a interpretação posterior viu aí separação entre sujeito e mundo, seres humanos e natureza, espírito e natureza. Filósofos e artistas românticos alemães, não aceitando tal separação, buscavam reconciliar humanos e Natureza, por meio do sentimento estético, da imaginação ou da sensibilidade. Hegel, contudo, compreendeu que só existe o Espírito, a Razão, que a Natureza é uma manifestação do Espírito, que a Cultura também é uma exteriorização do Espírito, num movimento que não é seqüência temporal de acontecimentos, de causas e efeitos, mas a vida do Espírito (igual a lógica).[1] Assim Hegel recusou, obviamente, solução romântica. Como, então, unir, verdadeiramente, Natureza e Cultura, Espírito e Realidade? O Espírito começa como um sujeito que se exterioriza no predicado Natureza, isto é, manifestando-se como *coisa*, mas coisa já para ser consumida (terra, água, animais). No consumir, aparece um outro predicado do Espírito, a Consciência: esta se conserva, não pelo consumo das coisas naturais, mas pela negação da mera naturalidade delas. A Cons-

---

1 Para entender o que é a lógica, e, depois, a ciência da lógica, remetemos a CHAUÍ, M. *Convite à filosofia*, pp.202-204; estuda a dialética segundo Hegel.

O ISEB, OS INTELECTUAIS E A DIFERENÇA **151**

ciência afirma que a coisa existe não *em si*, mas *para mim* – isto é, ela possui um sentido em minha experiência. Serve bem o exemplo da montanha: quando esta aparece num dos seus significados, especificamente é negada pelo Espírito como Natureza e se afirma como Cultura: torna-se *ser-para-si*, nega-se como *ser-em-si*. O próprio Espírito põe um sentido novo. Ora, quando o Espírito se reconhece como sujeito que se produz a si mesmo, se reconcilia consigo, e então é, simultaneamente, *em-si* e *para-si*.[2]

A filosofia deseja apreender o sentido de totalidade e de universalidade, nunca somente a coisa *em-si*. Esclarecemos com uma explicação de Corbisier: "Que significa a água de Tales de Mileto, que, segundo o consenso unânime, inaugura a filosofia no Ocidente? A água de Tales não é propriamente aquela em que nos banhamos ou que bebemos, mas a substância primeira, ou primordial, da qual todas as coisas são feitas e à qual as coisas devem todas retornar. É o que há de comum entre todas as coisas, a unidade na multiplicidade, o universal, portanto. A partir de Tales (...), a filosofia se caracterizará pelo projeto de apreensão do universal, da totalidade". Finalmente, diz Corbisier (1983, pp.211-212), "a razão é uma capacidade e exigência de ligação, de relacionamento, de unificação".

Conforme Chauí, foi prevalecendo aquele segundo sentido de cultura: se o homem é dotado de liberdade e cultura, age por escolha, de acordo com valores e fins (reino de finalidade livre), e a Cultura, sinônimo de História, passou a significar a relação dos humanos com o tempo e no tempo. Essa foi a ênfase de Hegel, como foi a de Marx mais tarde. Para Hegel, cada período de uma cultura (num país, por exemplo) seria fase da vida do Espírito ou Razão, a ser ultrapassada pelas seguintes, num progresso contínuo.

Marx viu um erro básico em Hegel, o de confundir História-Cultura como manifestação do Espírito (Razão). Para Marx, a História-Cultura narra as lutas reais dos seres humanos reais, que pro-

---

2 Cf. CHAUÍ, M. *Convite à Filosofia*, pp.203-204, para a primeira compreensão de como, de preferência, deve ser vista a cultura nos "históricos" do Iseb na década de 1950.

duzem e reproduzem *relações sociais* – e nisto se distinguem eles da Natureza e se diferenciam uns dos outros em classes sociais antagônicas. E esclarece que a classe que domina e a que é dominada possuem concepções diferentes e contrárias sobre as causas dos acontecimentos, e as explicações sobre tais diferenças não são idênticas em cada uma delas. Em Marx, portanto, a sociedade histórica era um problema e não uma solução. As diferentes classes sociais produzem culturas diferentes e antagônicas. Uma sociedade, portanto, conhece um fenômeno inexistente nas comunidades – onde há cultura única –, o fenômeno chamado ideologia. A ideologia, explica Chauí, resulta da imposição da cultura dos dominantes à sociedade inteira, como se todas as classes e todos os grupos sociais pudessem e devessem ter a mesma cultura, embora vivendo em condições sociais diferentes. Por meio da ideologia, pois, as sociedades históricas procuram mostrar uma imagem única e ocultar a divisão social interna (Chauí, 1983).

Totalidade *versus* cisão

A visão de conjunto da filosofia dos nossos "históricos" surgiu como uma cultura ou uma ideologia. Beberam-na no integralismo, inclusive. Mas examinando suas obras de idade madura, encontramos o conceito de totalidade tirado de Hegel. Uma vez abandonados os pontos de vista anteriores como o do integralismo, e buscando sobreviver no meio de novos ventos democráticos e mais dialogantes do pós-guerra, passaram a procurar novas justificativas e fundamentos para a sua concepção de unidade. Hegel foi o caminho áureo.

Não por acaso, a seleção de textos de Hegel, que Corbisier preparou, põe à disposição muitos elementos sobre o estatuto da filosofia e do homem universal. Hegel, aliás, ocupa "um lugar especial, sendo arremate e desfecho de toda a filosofia ou de toda a racionalidade ocidental..." (Corbisier, 1981, p.12). Em *A fenomenologia do Espírito*, Prefácio, o próprio Hegel escreveu: a verdade é o todo ou a totalidade. E por isso Corbisier insistiu em apresentar a filosofia

O ISEB, OS INTELECTUAIS E A DIFERENÇA   **153**

hegeliana como sistema: "... a verdade filosófica só se poderá exprimir no sistema da verdade, quer dizer, a filosofia enquanto sistema". Disso convencido, ele afirmou que a História é racional, e, inversamente, a razão é histórica, e concluiu que, em qualquer momento da História, "a totalidade deve estar implícita, como razão de ser e sentido" (p.19). O Espírito Absoluto é a síntese do espírito subjetivo e do espírito objetivo: é o fundamento comum de ambos. Esse Espírito Absoluto "encontra a sua manifestação suprema na filosofia, que o conhece conceitualmente" (p.30).

Outra vez, Hegel exaltou essa ciência da totalidade. Mencionou-a em sua relação com a cultura, à maneira de Corbisier:

> A *cisão* é a origem da necessidade de filosofia e, enquanto cultura da época, essa origem é o aspecto não livre, dado, da forma. Na cultura, o que é a aparência do absoluto *se isolou* do absoluto, fixando-se como coisa independente. Mas, ao mesmo tempo, a aparência não pode renegar sua origem, deve esforçar-se por constituir em um todo a multiplicidade de suas limitações [grifo nosso] (Hegel, *apud* Corbisier, 1981, pp.33-34).

Hegel tratou, então, da distinção entre Razão e Entendimento. O Entendimento, poder de limitação, está perdido nas partes e se esforça por alcançar o Absoluto, mas só reproduz a si mesmo sem fim. A Razão se opõe à fixação absoluta da cisão pelo Entendimento, tanto mais quanto os termos opostos absolutamente procedem eles próprios da Razão.

> Quando a força unificadora (a capacidade de unificação) desaparece da vida dos homens, e as oposições perdem sua relação viva e sua ação recíproca, tornando-se independentes, então nasce a necessidade da filosofia (Hegel, *apud* Corbisier, 1981, pp.34-35).

Essa necessidade é um pressuposto da luta entre o Entendimento e a Razão. Sem a filosofia, aliás, não avança a inquietude da vida por desprender-se na liberdade. Para cultivá-la é preciso que um povo tenha atingido certo grau de formação intelectual; que esteja garantido contra a necessidade, pois a filosofia é uma maneira livre de agir;

que não sinta mais o interesse pelo particular, do qual deriva o egoísmo. Não existindo mais harmonia interior entre o que o Espírito deseja e aquilo que o deve satisfazer, então se produz a filosofia. É nesse sentido que Hegel fala do pássaro de Minerva: só levanta vôo ao cair da tarde. Quando a consciência está mais desperta, pode-se elevar acima do estado de unidade imediata com a natureza e restabelecer a unidade pela vida do Espírito (Hegel, *apud* Corbisier, 1981).

A partir daí, também entendeu Hegel que fosse possível passar de uma filosofia a outra, e que nenhuma delas ultrapassou seu tempo: todas apreenderam o espírito de sua época.[3]

Esses dados sobre o homem do universal, mas que de algum modo está inserido na sua época, nos permitiram compreender melhor o que escreveu Corbisier: "... se a solidão do filósofo anacoreta é antifilosófica, porque anti-socrática, a solidão entre os eleitos, no pequeno grupo privilegiado, é antifilosófica porque é anti-hegeliana" (Corbisier, 1975, p.34). O filósofo adotará como método único o diálogo e a dialética para tentar educar todos os habitantes da cidade. Será pedagogo e será político, para criar as condições de exercer a pedagogia filosófica. Continuamos roçando bem de perto o problema da unidade nacional e do universal, o problema da nação.

A Razão deve resolver as contradições postas pelo Entendimento. As contradições marcam presença em Corbisier: se a filosofia pressupõe o filósofo, este, por sua vez, pressupõe o lugar e o tempo, a cultura, a época e a fase, o momento histórico em que viveu e em que pensou (Corbisier, 1983). Por isso, Corbisier pôde passar do existencialismo à fenomenologia, ao historicismo e até a uma leitura marxista. Também Jaguaribe sempre pendeu para a historicidade, na esteira de Dilthey. A essência da filosofia constituía "um todo articulado, só compreensível em seu conjunto" (Jaguaribe, 1954b, p.165); contudo, era algo essencial para a sua historicidade: a História intervém na própria fixação do objeto da filosofia. Jaguaribe também caminhou com Ortega y Gasset e, com ele, reafirmou a vida como "realidade

---

3   Isso leva a leituras historicistas e culturalistas que os "históricos" do Iseb assumiram.

radical, porque nela radicam todas as demais realidades. Tanto o sujeito como os objetos são componentes da vida" (p.168). Os homens estão sempre imersos em um certo contexto cultural e histórico. Mas uma cultura ambiente se interpõe entre cada um e as coisas, e é ela que proporciona uma visão do mundo. A visão do mundo consiste "na redução, a um sistema unificado, da multiplicidade de representações e querências surgidas em nossa relação com o mundo graças à apropriação, por parte do sujeito, da cultura vigente em sua comunidade" (p.169); apropriação que não exclui uma constante reelaboração. Em Jaguaribe, apareceu um especial relativismo, manifesto com as "brechas na visão do mundo que nos parecia anteriormente satisfatória", ou com a assunção da expressão de Ortega y Gasset: "... cada sujeito é uma perspectiva aberta para a realidade" (p.170). Havia no país a necessidade de formar cultura e organizar um sistema, mas se notava que "a filosofia é o esforço por compreender o mundo tal qual ele se pousa para o sujeito pensante, dentro de sua circunstância" (p.179). Jaguaribe, com esse ponto de vista, legitimava o que chamou de concreticidade da filosofia, que, afinal, era sempre surpreendida num permanente começo. Aqui se oferecia a possibilidade de pensar o universal e o particular, a teoria e o prático-técnico, sem a projeção de dualismos (Jaguaribe, 1954b).

Nacionalismo

Também nacionalismo lembrava unidade. Jaguaribe (1958a, pp.28-29) escreveu:

> Basicamente, (...) o projeto nacionalista é algo que, fundado na necessidade de assegurar, mediante um adequado ordenamento político-jurídico, as comuns necessidades econômicas e de defesa, unifica, em dado território, comunidades vinculadas pelos mesmos laços histórico-culturais.

Nacionalismo, como aspiração fundadora e preservadora da nacionalidade, implicava não só em solidariedade entre os membros, mas também num projeto de vida nacional.

Havia para Jaguaribe, porém, dois nacionalismos: o primeiro, o integrador, era o das comunidades que se constituíam em nações, e aí se inscreviam os latino-americanos; o segundo, o imperialista. Só o primeiro nos interessa aqui. Não eram simples particularismos de um povo e sua região que suscitavam movimentos nacionalistas; pelo contrário, estes procuraram superar os particularismos. O autor não defendia um romântico *Volksgeist*, pois que as características nacionais até seriam produtos históricos mutáveis. O que ele defendia era a força de um projeto de integração nacional. Projeto que brotava de uma unidade preexistente à relação membro-grupo, unidade econômica, geográfica e cultural; e, enfim, porque havia um elemento contratual, à maneira de decisão política. Desse modo, as relações sociais eram de cooptação, não de vizinhança. Considerando esses três elementos, mas sobretudo o econômico, Jaguaribe (1958a) declarou que, na modernidade, o intercâmbio de bens entre cidade e campo estreitou os vínculos que uniam povos por meio de características comuns ou da contigüidade territorial. Pensando o nacionalismo em termos de unidade, ele fugiu a uma abordagem dialética da cultura unificadora.

Já Cândido Mendes, ao considerar o nacionalismo atitude nacional de afirmação contra o colonialismo, defendeu o imperativo da radicalidade como primeiro princípio. Radicalidade que fazia supor uma opção das classes que as impedisse de se enredarem no *status quo* em função de um *modus vivendi* parasitário e um desempenho de enfrentamento decidido contra o regime colonial. A proposta de Mendes denunciava o perigo ideológico ínsito no conceito de conciliação e admoestava contra a ideologia do imobilismo dentro do esquema que clamava por união nacional e por governos apartidários. Denunciava o situacionismo, com posições realistas (Mendes, 1963).

Enquanto Claude Lefort alertava a respeito de ideologias que encobrem as contradições e as divisões, Chauí escreveu que a sociedade histórica era chamada a refletir. Ela analisou os próprios *Cadernos do Povo Brasileiro*, em seminário, e percebeu que eles operavam com quatro idéias que, na maioria, funcionavam como axiomas,

O ISEB, OS INTELECTUAIS E A DIFERENÇA   157

quase como dogmas. Feria os princípios democráticos que as contradições não se pudessem explicitar. Aqueles autores não eram democráticos, não operavam demonstrativamente e deixavam já previamente determinada a conclusão, enunciou Chauí. E corrigia dizendo que o povo incluía diferentes camadas e grupos com contradições internas e "admiti-lo como formando uma unidade é pura ilusão" (Chauí, 1983, p.75).

Na seqüência, rememorando o período de Oliveira Vianna e dos integralistas, mostrou como se cruzavam duas vertentes nacionalistas. Uma originada em Hegel, outra em Herder. Hegel afirmou a racionalidade e a universalidade do Estado nacional como culminância de um processo histórico e político que recolhia frutos do romantismo e do liberalismo. Queria exprimir o espírito de um povo, num momento determinado do desenvolvimento histórico e a superação-conservação da unidade imediata ou substancial da família como comunidade natural. Superava Herder, cuja concepção política romântica começava e findava na família. O conceito de Hegel sobre nacionalidade também invertia as concepções da Escola do Direito Histórico de Friedrich Karl von Savigny, para o qual o Estado nacional era produto de forças históricas inconscientes e ocultas, originando-se a lei, por seu lado, de uma consciência nacional. Hegel significava também "a superação-conservação da unidade imediata ou formal das vontades como sociedade civil, ponto onde começava e findava a concepção liberal clássica" (Chauí, 1983, p.30). Em resumo, a síntese de Hegel avançava e via o Estado como o ponto mais alto da vontade plenamente consciente de si e para si; não partia da nação, mas da sociedade civil, entendidos a sociedade civil e o espírito de um povo como o final e o resultado de um processo histórico. O Estado era o ápice da racionalidade. A natural selvageria era alienação e animalidade insconsciente.

Esses ideários opostos se cruzaram no Brasil. De uma parte, o Estado era visto como realização deliberada de uma vontade política racional, encarregada de superar as divisões nacionais, regionais e locais; de outra, ele era encarregado de exprimir o caráter nacional. Entretanto, ficando o espírito do povo mal definido e sujeito às influências dos trópicos, podia facilmente levar à invocação de um Estado autoritário como solução em favor da ordem.

Outra vertente, enfim, brotava das análises marxistas sobre o Estado nacional-popular: os grupos que dominam o Estado envidam todos os esforços para que não apareça a unidade entre a relação social de exploração e a relação impessoal de dominação, ou seja, no Estado capitalista, como é marcante a separação entre sociedade civil e Estado, a sua própria forma de ser lhe permite *aparecer* como dominação de ninguém. Explicando melhor: a sociedade capitalista é fundada numa divisão interna e efetua a própria identidade pela contradição de classes, mas assenta uma imagem unificadora sobre três pólos abstratos: povo, nação e Estado. São esses três pólos que, como representações, produzem "um imaginário social de identificações e o ocultamento da divisão social como luta de classes" (Chauí, 1983, p.36).

Com as bases expostas, podemos captar outros momentos onde se projetam unidade em desfavor da diversidade, o todo em prejuízo das partes, o nacional em desprestígio do regional. Problema com ressonâncias na educação. Foi-nos dado também compreender como o Iseb via o intelectual: alguém que tinha a visão do conjunto e, de maneira elitista, podia subestimar a ação dos demais, diminuir os que não foram agraciados com a luz de privilegiada filosofia ou de um chefe luminoso.

"Visão de conjunto" ou heterogeneidade e diferença?

Passaremos a análises práticas, retomando como suporte o que já nos tópicos anteriores foi colocado.

Idealista, Plínio Salgado desabafou: "O Império legou à República um país unido, homogêneo (...), e a República, com mais vinte ou trinta anos, terá completado a sua obra de dissolução" (Trindade, 1973, p.35). E invocava soluções para os problemas nacionais. Alexandre de Barros, em artigo de 1977, aludia com estes termos aos inícios do período republicano: "... o ponto importante é de que este grupo (os oficiais brasileiros da época) era suficientemente homo-

O ISEB, OS INTELECTUAIS E A DIFERENÇA **159**

gêneo, o que, dentre outros fatores, tornou-o capaz de promover a implantação da República no Brasil" (Barros, 1977, p.111); após o Estado Novo, contudo, apresentavam-se dois instrumentos de heterogeneização das elites político-administrativas: destruição da meritocracia e expansão do ensino superior, mais acelerada esta entre 1946 e 1964 e exponencialmente após 1964. Barros estudou a organização do sistema de treinamento vigente nesse período, chegando a mencionar uma "excessiva heterogeneização das elites civis, tanto políticas quanto administrativas" (pp.112-113). Segundo Plínio Salgado, se difundira, com o período revolucionário, o sentimento de que se estava mais que nunca no escuro, e Cândido Motta Filho chamou de geração sacrificada essa geração que teve ilusões de claridade com o artificialismo de nossas instituições (Trindade, 1973, p.32).[4]

Os que perseguiam a homogeneidade eram, quase sempre, os mesmos que se avantajavam na exaltação da unidade e em não reconhecer a presença das contradições.

A unidade, sobretudo regida pelas elites iluminadas, fora tema do Manifesto Integralista de 1932. As elites teriam, em tudo, a primazia: na construção da nação, do Estado, e da unidade enfim. Mas Vieira Pinto, embora platônico nas raízes filosóficas, conseguiu assumir aberta posição em favor das massas e dos operários e evoluir para uma visão dialética e antielitista da realidade, especialmente na última fase do Iseb. Em *Ciência e existência*, Vieira Pinto declarava que as classes trabalhadoras tinham pensamento próprio, embora em sentido reivindicatório e contra as classes dominantes, que, cerceando produções e reprimindo idéias, se recusavam a tomar a sério os incultos. Quanto ao pesquisador, dizia Vieira Pinto, a dialética o estimulava ao papel criador, o livrava da passividade em que geralmente fora educado e o poupava de só receber dos teóricos. A dialética dignificava o trabalhador científico e revelava a unitariedade entre métodos e pensamento. E repelindo já a dicotomia entre o particular

---

4 "Uma geração sacrificada" é o título do primeiro capítulo da obra de 1931, *Alberto Torres e o tema de nossa geração*, devido ao jovem Cândido Motta Filho.

e o universal, o autor insurgia-se contra a extrema especialização em matéria de ciência: "Não é habitual ouvir-se esta lição!" (Pinto, 1969, pp.392-396). Numa revisão de valores, propugnava a síntese do universal e do particular, expressa na filosofia dialética da realidade.

Guerreiro Ramos, como os demais, confiou que a burguesia industrial tinha de liderar a arrancada para o desenvolvimento. Essa ideologia burguesa, centro de uma unidade para os isebianos, limitava o exercício da dialética. Ramos, sem perceber que não bastaria a eventual ruína da oligarquia tradicional, foi como que tomado de euforia pelo que chamou desintegração do complexo rural. Em escrito de 1955, dizia que tal abertura permitia a migração de mão-de-obra e capitais do campo para a cidade e era sinal de dinamismo da economia brasileira (Ramos, 1957c). Faltou a ele clara visão dialética da sociedade brasileira. O que se evidenciava, no Brasil como na América Latina, era a homogeneização ascendente de um centro, com a hegemonia das grandes empresas; segundo Furtado, continuavam a acentuar-se as disparidades num sistema de acumulação capitalista (Furtado, 1998).

Josué de Castro, pertencente ao Iseb, embora um pouco a distância, captou bem cedo o que sucedia no Brasil e traçou o mapa contraditório de nossa *Geografia da fome (o dilema brasileiro: pão ou aço)*, de 1969. Denunciou o dilema no qual se havia caído com o progresso: *pão ou aço*. Seu vasto conhecimento do país, e como delegado do Brasil à Organização das Nações Unidas para a Agricultura e Alimentação, (FAO), o autorizava a criticar a carência de recursos alimentares: "Nos últimos anos vem o Brasil sofrendo uma profunda transformação em sua economia, embora nem sempre traduza um autêntico progresso social, capaz de melhorar as condições de vida do seu povo" (Castro, 1969, p.27). Insistindo em que o maior problema residia na prioridade dos investimentos e nos desequilíbrios graves que depressa se constituíam como fatores de estrangulamento de toda a economia, apontava a urgência de alterar substancialmente os métodos de produção agrícola e de realizar a reforma agrária. As posições brasileiras se mostravam obscurantistas, pois até a indústria sofria dificuldades para escoar a própria produção. Denunciava

O ISEB, OS INTELECTUAIS E A DIFERENÇA **161**

a dualidade nas diferenças entre Nordeste e Sul, entre centro e periferias – esplendor de vida urbana *versus* atoleiro social –, e contrapunha o êxito da construção de Brasília ou da expansão da indústria automobilística à fome do país: "Somos uma das grandes áreas da geografia universal da fome" (p.272). Segundo ele, seguíamos ainda os ditames de uma economia colonial, politicamente desinteressados pela sorte da maioria.

Enquanto Josué de Castro se condoía da fome do povo, Jaguaribe golpeava o socialismo do Estado stalinista e vibrava com as possibilidades do nosso crescimento. O país chegava à socialização verdadeira. Primeiro, uma burocracia gerencial, capaz de substituir os ditos controles espontâneos e automáticos por controles do mercado planejado; e, segundo, a socialização da estatização: "... a socialização da economia suprime as relações de dependência econômica, fazendo desaparecer o poder econômico privado" (Jaguaribe, *apud* Schwartzman, pp.160, 170).[5]

Miguel Reale, no integralismo, escreveu sobre o geral/particular em estudo de 1936: "Não é possível explicar um fato particular senão à luz de uma lei geral"; a seguir, com Boutroux, recordava que "a narração dos fatos, notas isoladas, não adquirem sentido e unidade senão graças à suposição de um certo número de idéias gerais" (Reale, 1983, p.31). Em conexão com essa totalidade, abordou a complexidade: "Façamos a história dos homens na complexidade dos seus fatores múltiplos, refletindo idéias e sentimentos, tendências e vontades, considerando a atuação conjugada de todos os motivos, religiosos, éticos, estéticos, econômicos" (p.31). Aos 50 anos do Manifesto Integralista (1932), rememorava idéias que já lhe haviam agitado o espírito em 1936: diferentes tendências atuavam nos quase seis

---

5 Comentando essas passagens dos Cadernos do Ibesp, que Jaguaribe dirigiu, alguém desejou atribuir a este um período curto de adesão ao socialismo; equivocadamente, decerto. Tivemos a viva impressão de um momento de fraqueza em que o inteligente isebiano ou fez ironia ou se perdeu na propaganda ideológica em favor dos próprios projetos ibespianos, que seriam assumidos em âmbito oficial, depois, no Iseb.

anos de atividade da Ação Integralista Brasileira e era de reconhecer-se a amplitude e a complexidade dos temas que interessaram àquela geração jovem.

A partir da experiência do integralismo, Reale pôde inclinar-se para "soluções realistas, fundadas numa visão pluralista e ao mesmo tempo convergente" (p.17). De modo historicista – um referencial para o qual ia caminhando –, já insistia nas circunstancialidades, mas era mais forte a chamada para a convergência e a unidade.

Testemunho posterior de um professor atuante do Iseb sublinhou a heterogeneidade. Tratava-se de Werneck Sodré, moderado do Partido Comunista Brasileiro (PCB), que deixou claras as dificuldades, desde o começo, para a orientação unitária. Em 1958, o fato básico do livro de Jaguaribe permitira aflorarem sentimentos vários e até ressentimentos. Como imaginar fácil homogeneidade e a formulação de uma ideologia para todo o Brasil, se os membros fundadores não buscaram homogeneização mínima nem para o planejamento e preparo das próprias conferências? Ele próprio jamais discutiu com Mendes os conteúdos das aulas a eles atribuídas. Também foi muito rude o trauma da ruptura entre Ramos e Jaguaribe. Mais do que mostrar a crise, Sodré defendia, nos seus relatos, que a falha mais visível fora não terem tomado em consideração o particular, a diferença, as divisões, a contradição. Faltara realismo para afrontar a heterogeneidade em discussão aberta, e ele também se ressentiu do próprio fracasso em dialogar com a UNE, em vista de melhor tratamento à pessoa de Jaguaribe.

Sinal vivo de resistência à admissão de divisões ainda foi dado por ocasião da conferência "Ideologias e segurança nacional" de Guerreiro Ramos a militares, no Iseb, em agosto de 1957. Assim se expressara o conferencista:

> Refletindo a situação geral do país, as Forças Armadas, hoje, no Brasil, estão divididas, o que, nas presentes condições, longe de constituir um sintoma nefasto, é antes salutar indício de que não estão isoladas ou marginalizadas no meio brasileiro e a demonstração de que participam das mesmas vicissitudes que caracterizam a realidade nacional (Ramos, 1960, p.51).

A partir de então, cresceu a tensão entre o Iseb e as Forças Armadas e mudou a relação dentro dos cursos. De um lado, iam-se comprometendo com as posições mudancistas no Iseb, e, do outro, a Escola Superior de Guerra (ESG) exercia pressões rijas em nome da ideologia da unidade e da segurança nacional.

A tensão homogeneidade/heterogeneidade nos alerta que qualquer projeto de unidade só resulta benéfico quando as contradições e divisões se possam explicitar livremente.

Comentários críticos aos capítulos 2 e 3

Concepções fundamentais

Resistências na semicolônia

Colônia e, em conexão, semicolônia são conceitos básicos no Iseb. Na semicolônia, já se desfrutava de algum progresso para a sobrevida das comunidades, e se achavam todos sob a hegemonia latifundiário-patriarcal. Hegemonia que os nossos isebianos projetavam destruir. A teoria do desenvolvimento, que tencionavam elaborar, contava com a mudança e a participação numa nova fase, a da industrialização. Nessa fase, a unidade teria como centro o empresário, coordenador do novo desenvolvimento, e, como grande planejador, o Estado, fosse empresarial e não mais cartorial. A grande reivindicadora era a burguesia industrial. As massas seriam co-optadas. Em linhas gerais, temos aí demarcado o campo de toda a ação isebiana.

Contra o projeto da industrialização e da urbanização, se manifestava Plínio Salgado, ou melhor, no seu nacionalismo, ele resistia às matrizes internacionais das transformações envolvidas no progresso do século XX e, desse modo, propunha uma reação arcaizante do campo contra as cidades. Tinha tudo a ver com o indianismo incapaz de responder aos fenômenos mais recentes (Chacon, 1985). Salgado apoiava a burguesia rural nas suas bases e, assim, a ordem e a

164 ANTÔNIO MARQUES DO VALE

tradição, outrora representadas pelo monarca que só a Deus teria de prestar contas dos próprios atos (Salgado, 1978). O pensamento da unidade era garantido a partir da intocável lei de Deus: "Os verdadeiros princípios da Democracia tinham de ser fundamentalmente cristãos. Entre a lei dos instintos e a lei de Deus, os democratas sinceros adotarão esta" (p.78), porque nas raízes do homem se devia buscar o princípio vital do sistema político a que ele aspira.

A perspectiva do alto e da autoridade, e não a das massas, caracterizava o integralismo. Além do nacionalismo, rigoroso e exaltado, "preconizava ele um regime político unitário, fortemente hierarquizado, sob a direção do chefe nacional, a quem se subordinariam os chefes provinciais" (Melo, 1975). O integralismo teve forte ascendência sobre a juventude (tudo era jovem), e dele alguns dos nossos isebianos beberam elementos ideológicos que ajudam a entender diversas categorias. A raiz do movimento e do seu pensar deixaram sinais profundos.[6] Na recusa a apoiar a revolução tenentista, porque feria a autoridade do Estado, e na recusa à industrialização, a ideologia integralista se apresentava como a própria luz, clareza que se opunha à obscuridade.

Para os nossos isebianos, entretanto, era a burguesia industrial quem devia coordenar o desenvolvimento do Brasil na fase nova de emancipação sob Juscelino Kubitschek. Opção pela burguesia, contra o cartorialismo do Império e da Velha República e contra as corporações profissionais. A classe já era tema que atraía os isebianos, mas, de modo simplista, tinham as massas trabalhadoras e as classes médias como destinadas a cooperar com a burguesia modernizante. A ideologia nacionalista do desenvolvimento posava como ideologia dos industriais. Mendes, o mais jovem do grupo, pareceu assimilar bem melhor uma análise classista: o que se passara na sociedade dos anos 1950, escreveu, fora uma luta pela dominância em

---

6 Atente-se, a fim de melhor confirmar-nos, para a sincera paixão com que Miguel Reale (1983), integralista da primeira hora, escreveu sobre a própria experiência. Ver os três volumes.

favor de privilegiados. Em seguida a Josué de Castro, entendeu que o sistema se prestava a desenvolver os já desenvolvidos. No privilegiamento da burguesia, os isebianos insistiam na revolução brasileira como sendo aquela revolução burguesa pela qual teríamos de passar como passou a Europa – e apelavam ao princípio das etapas (e fases!), ao qual recorreram W. W. Rostow e os que explicaram o subdesenvolvimentismo. Para a mudança e superação do semicolonialismo no Brasil, Mendes sugeriu mais tarde que, conjugando cultura, desenvolvimento e consciência, a educação fosse científica e ética, e, portanto, respeitasse as massas trabalhadoras, o que, verificou, não se deu com as opções tecnocráticas de 1964.

Se difícil se revelava o processo de conscientização como forma de superar a alienação, sem dúvida também se tornaria difícil, a qualquer mente mais lúcida, aceitar que as massas, operárias, rurais ou desvalidas, tivessem abraçado uma aliança com a classe que, segundo nossos "históricos", iria dirigir o processo de emancipação e modernização. Era pouco evidente que todos fossem ganhar na ida para a cidade, como propalavam Jaguaribe e Guerreiro Ramos. Não escutavam as admoestações contra o dualismo econômico e contra o aprofundamento das desigualdades entre mundo urbano e mundo rural, num país que nem contava com o mercado interno para absorver a produção originada dos abundantes investimentos na indústria.[7]

Mudanças na cultura e projeto revolucionário

A passagem para nova fase filosófica levou os isebianos ao existencialismo. Postulavam nova e unitária imagem do homem, tendendo a reconhecer que as massas tinham direito a participar nas decisões. A nação entrava numa fase de vontade política. Na verdade, se redefinia o poder dos industriais. A cidade era idealizada. Já detectavam ali a presença de classes sociais, o que não impediu fos-

---

7   Tardiamente, Jaguaribe confessou que Juscelino Kubitschek estabelecera acordo com a burguesia latifundiária, em troca de apoio, prometendo não tocar na questão agrária e fundiária durante o próprio mandato.

se mantido o acirramento – doutrina da ordem em Juscelino Kubsti-chek – contra as doutrinas comunistas.[8] Mendes observou que os trabalhadores ergueram outra estrutura, grupos de pressão mais refratários à homogeneidade. Vieira Pinto, contudo, mesmo com seu avanço notável no terreno sociopolítico, ainda discursava sobre cultura solidificadora.

A insistência de Ramos e de Jaguaribe sobre a história e sobre a nação como resposta histórica visava a um povo consciente e criador de aparelhagem jurídica e institucional, um povo sabedor de que nacionalismo somente opera unido a desenvolvimento.

Confiavam no Estado, por suporem que ele detinha o controle dos recursos necessários à promoção do desenvolvimento. Pediam adesão, até incondicional, a ele, como em outros tempos, antes da teorização de Hegel. O Estado era considerado normatividade primeira para Ramos, ou área do consenso e visão de conjunto para Jaguaribe. De maneira geral, os nossos "históricos" não projetaram nem Estado como aparelho ideológico (Althusser), nem Estado refém nas mãos das classes dominantes. Só posteriormente (1977), considerada a crise real que se abateu sobre o país, Jaguaribe reconheceu que as concessões ao capital externo tinham ido longe demais, e Mendes pôde chamar a atenção para a união de reflexão e prática, dado o fato inegável de que, no Iseb, se inflou o momento da idéia e faltaram consciência orgânica e planejamento.

Efetivamente, o espontaneísmo da consciência nos impressiona a qualquer momento que se examine o Iseb. Mas qual ação realizar para despertar a consciência nas massas, se até mesmo a burguesia não chegara a conscientizar-se da própria tarefa? Como realizar a luta que Corbisier preconizava? De outra parte, a escolha de uma classe de apoio, como era a burguesia industrial, sinalizava – ironia! – que se estava realizando a concepção de Plínio Salgado de organização da unidade consensual e ética desinteressada: agir sem-

---

8 Miguel Reale (1983), como ele mesmo narrou em seus escritos integralistas, deu testemunho dessa profunda aversão ao comunismo.

O ISEB, OS INTELECTUAIS E A DIFERENÇA   **167**

pre em boa consciência, levados pelo amor de Deus e da humanidade. Entretanto, um pouco mais aberto à realidade das lutas de classe, baseado num padrão trófico e no consenso originado do debate, Cândido Mendes tentava restringir, mas sem concessões ao dirigismo da burguesia. O Iseb, afinal, conseguiu avanços na linha da organização da sociedade a partir de classes. Apresentar, contudo, três classes engajadas num pacto social que ninguém largamente discutira, foi arbitrário. E o número de três classes podia ser, no mínimo, simplificador. Havia muito, numa página interessante, Caio Prado Júnior (1997) enunciara a complexidade de condições e de interesses de grupos sociais diversos já no início do século XIX, ainda período colonial.[9]

O povo como tal não detinha nas mãos o próprio passado, era um povo sem memória, arquivo dos crimes praticados contra o homem, segundo marcante expressão de Miguel Reale. A fim de que no seu meio acontecessem mudanças, os isebianos julgaram necessária a ação de elites, às quais cabia esclarecer, definir, decifrar e resolver os problemas. Para Vieira Pinto, os intelectuais deviam sugerir soluções aos especialistas, e Ramos também colocava dois intelectuais, os Webers, como educadores da nacionalidade: uniam-se, segundo ele, o intelectual e o técnico, o primeiro, com a missão de educar o segundo, transmitindo-lhe princípios de ética e sentido do coletivo. E Vieira Pinto punha filósofo e sociólogo a iluminarem os economistas. De novo a dualidade socrática e platônica de quem sabia e de quem não sabia, de luz e trevas, como no mito da caverna de um Platão integralista. Ainda bem que, por diversas vezes, ele acentuava o fazer mais que o iluminar, um fazer segundo a *circunstância*, sem subserviência às classes dominantes.

---

9   De fato, Caio Prado Júnior passa de formas inorgânicas da sociedade colonial a aspectos organizados, falando de unidade singular de nossa estrutura social. E ainda diz: "Constitui-se no grande domínio um conjunto de relações diferentes das de simples propriedade escravista e exploração econômica. Na medida da importância da aglomeração, a população cresce. As funções se tornam mais diferenciadas e exclusivas..." (p.299).

168 ANTÔNIO MARQUES DO VALE

A nova realidade de após Juscelino Kubitschek sinalizava para reivindicações dos trabalhadores. Cândido Mendes, atribuindo ao intelectual o exercício da função crítica, repeliu a autonomização da necessária reflexão e vinculou a ideologia à compatibilização dos dissensos, até revalorizando os tecnocratas num momento de paralisia da economia. Nesse sentido comunitário-ético, Corbisier insistiu no ser crítico em meio à circunstância. Ficou-nos uma pergunta: Deixaria de ser intelectual aquele que se isolasse do coletivo? Não deixaria, deduzimos, pois que todo grupo social – mesmo então na instituição desumanizadora – conta com seus intelectuais tradicionais.

Corbisier, próximo a Jaguaribe havia tempo, insistia sobre a historicidade, como quem tentava levar a sério as contradições. No meio da crise, orientava que era preciso apoiar a pesquisa científica e não se satisfazer só com juízos de valor. Queria superar a pura iluminação que não planeja e executa.

Projeto e revolução. Forças Armadas e ciências sociais militantes

Na década de 1950, o capitalismo sofreu um processo de estagnação. E a questão que se impunha era saber qual a causa desta paralisia. Na pesquisa pelas soluções, Jaguaribe anotou que sobre as crenças adjetivas se podia agir de imediato e propôs algo como uma nova pauta de valores e um projeto eficaz. Era preciso buscar a idéia de Brasil (Jaguaribe e Corbisier), a idéia-projeto de humanidade (Vieira Pinto), para daí garantir o avanço histórico. Nossos filósofos nem sempre tomaram consciência da real dificuldade de avançar sem ter estratégias. Já Miguel Reale, em 1935, acusava a sedução e o obstáculo da rádio e dos partidos. No seu idealismo, nossos isebianos pareciam esquecer que muitas forças entre si opostas se acirravam em campo.

Diante de convulsão do Terceiro Mundo, que clamava por igualdade, justiça e autonomia, diante da efervescência política da África e da Ásia, era candente o tema da revolução, mas no Brasil se julgava correto afirmar que o interesse maior recaía sobre os dados brutos

O ISEB, OS INTELECTUAIS E A DIFERENÇA   **169**

da população, e que a revolução nacional não tinha a ver com a Guerra Fria. Na opção pelo coletivo nacional e pelo *circunstancial*, nossos autores retornavam sempre ao tema: a revolução era a democrática burguesa. Até por essa razão, o próprio Corbisier passou a aceitar o voto e a respeitar a escolha das massas com seus resultados, que, ao menos, valiam como diagnóstico.

Vieira Pinto, por vezes, ressaltava uma consciência crítica nas massas e fazia preceder a prática, embora no esforço de pôr os dois momentos em concomitância. Não explicava de onde havia de brotar a prática, não explicava quem ela educaria. Seria aprendida espontaneamente, a partir do instante em que a massa se tivesse posicionado distante da burguesia, como Jaguaribe supôs? No máximo, caberia aqui falar da força da realidade, da sua exigência, à maneira de Zubiri e Julián Marías. Há, porém, o risco de a consciência, omitida a realização, se limitar aos desejos. Marilena Chauí verificou que a realidade brasileira revelara que o poder, o centro de decisões, ficara intocado; democracia tinha de definir-se, então, como luta por participar do poder. Por outro lado, era coerente afirmar que a consciência evoluía nas massas só por estarem distantes da burguesia? Ora, a burguesia está sempre muito próxima, de fato, pelos seus meios de comunicação e outros aparelhos ideológicos; ela disputa o controle sobre as massas, chamadas a produzir desde cedo e a colaborar sem contestação.

Para o Corbisier da última etapa do Iseb, o ideólogo, se era o homem capaz de pensamento e de visão global da História, tinha de levar vida em equipe com diferentes especialistas. Um crescimento na linha da compreensão do intelectual, pois já não havia menoscabo pelos técnicos. Se outra tarefa do intelectual era a de ajudar a burguesia industrial a tomar consciência de si mesma, caberia perguntar se não se pedia demais da intelectualidade. Outras forças entravam em campo: o peso do prestígio e das pressões do capitalismo internacional, o capital associado interno, as organizações profissionais interessadas e o Instituto de Pesquisas e Estudos Sociais (Ipes), que se ia fortalecendo Brasil afora. Decerto, surgia de novo o problema de que as contradições passavam ao largo, como se tudo fosse harmonia. Passavam ao largo, ao imaginarem eles que todos tivessem aderido ao nacionalismo no período de Juscelino Kubitschek ou que a Fiesp absorveria com facilidade o discurso de Corbisier; ou, ainda, ao esperarem demais da *intelligentsia* para criar as condições históricas para a revolução socialista.

Do Brasil de 1940 e até o final do século XX, esteve forte a organização latifundiário-patriarcal. E a população, por certo, se recorda da truculência com que os ruralistas buscaram dirigir o processo de elaboração da Constituição de 1988. Com as oligarquias rurais esteve sempre solidário o poder militar, embora de 1922 a 1930 se tivesse inclinado para o lado da burguesia mercantil e industrial. A classe média, da qual eram extraídos os escalões militares mais elevados, foi que levou Getúlio Vargas ao poder em 1930. Isso já não se deu em 1950; ela sentiu-se abandonada pelo ditador populista, mais interessado pelas massas desde os finais do Estado Novo. Jaguaribe apontou na classe média da época um moralismo que quase viabilizou uma falsa revolução, baseada na acusação de corrupção dos governos, revolução que o cacife ético de Teixeira Lott obstruiu, favorecendo a legalidade, a tomada de posse de Juscelino e sua continuidade no mandato.

Em 1955, antes das eleições, Cândido Motta Filho esteve dando conferência na ESG e, por essa ocasião, Corbisier destacou a crescente influência das classes armadas. Interessante que, entre as diferentes Forças, se ressaltou o cuidado por ostentar a unidade: os militares não admitem que se denunciem suas contradições vindas de fora. Ramos desagradara, na conferência de 1957, ao opinar que as Forças Armadas se dividiam quanto aos problemas nacionais e da população. A tomada do poder pelos militares, em 1964, deixou claro que essa classe média tende mesmo à aliança com quem a prestigia.

Também a militância do intelectual tinha a ver com a organização de núcleos de coordenação e de esclarecimento social, para além da sociologia oficial, o que indicava que a ciência social militante só podia ser histórica, como enfatizou Ramos, na linha de Dilthey. Corbisier, por seu lado, valorizou o momento da teoria, importante para que a prática estivesse correta.

O ISEB, OS INTELECTUAIS E A DIFERENÇA   **171**

Como a teoria não brota espontaneamente da luta de classes, o intelectual, para Vieira Pinto, devia se unir às massas, no mister de esclarecer e de interpretar a realidade do seu tempo: dessa junção é que derivava o apelo à ação e à militância. Em suma, nossos autores acabavam tendendo menos para os militares e mais para a militância. Sinal dos tempos. O Iseb mantinha distância da ESG, e cedo a ESG o compreendera.

O papel do intelectual e o planejamento da educação

O intelectual/ideólogo

O empírico e o histórico

A fidelidade à análise nos obriga a dizer que os nossos isebianos cresciam na valorização do histórico-empírico. A ênfase na totalidade e na globalidade chegou a produzir um ofuscamento desse aspecto, porém.

Só após a pressão por mudanças é que se pode falar de tomada de consciência. Na ausência desta, ninguém assume novos esforços deliberados e nem as vontades se associam para escolher meios de realizar metas. Ideologia se une a planos, pois, em recíproca implicação. Na concepção de Ramos, teorização não escapa ao condicionamento histórico. Portanto, como a defesa da ideologia global nacional podia cingir-se à pura obsessão, não ficaram eles alheios ao tema do planejamento, por mais que recusassem concessões aos técnicos. Nesse sentido, o homem ideal de Corbisier tendeu a completar a historicidade de Vieira Pinto e vice-versa. Esses isebianos, aliás, tentavam completar-se, mesmo discutindo pouco entre si; em parte, foram corrigindo o duro elitismo de raízes antigas. A racional abertura de Mendes em reconhecer o crescimento dos tecnocratas no panorama nacional tinha a ver com o favorável destaque que Corbisier chegou a dar à relação entre um intelectual, um líder e os participantes ativos num mesmo grupo.

172 ANTÔNIO MARQUES DO VALE

Se por volta de 1920 pouco se falava de mudanças, foram-se introduzindo, no entanto, novos dinamismos e uma crítica da intelectualidade. Após 1950, o assunto já era a eficácia, juntamente com a mudança e a tomada de consciência. Em 1953, Ramos discorria sobre os sociólogos contrários a tendências até então dominantes e detentores de tarefa educadora e pedagógica. Uma pergunta que, em outra década, tinha intitulado um dos *Cadernos do Povo Brasileiro*, reapareceu: *Por que a direita não pensa?* Se não pensa, devemos então educá-la, raciocinavam os isebianos desde o início. Já nutriam uma opção de fundo: apoiar a burguesia dirigente. E esta pensava, mas segundo os próprios interesses de classe; e pensando, e possuindo seus intelectuais tradicionais ou orgânicos, conseguia entendimentos com a burguesia rural.

Se o problema brasileiro de fundo era a descolonização, sobravam razões a Ramos para que a sociologia, popularizando-se, se abrisse ao acesso das massas. Não a sociologia moralista ou intelectualista comtiana, não a enlatada ou consular, mas a sociologia nacional e aberta a outros domínios, em diálogo com o que era a circunstância, o momento histórico e a tomada de consciência. Vieira Pinto foi sensível aos interesses das massas trabalhadoras, e enfatizando o intelectual/educador como servidor social, homem do diálogo educacional, divulgou uma visão dialética da nossa realidade desde os primeiros momentos do Iseb. Jaguaribe, contudo, na polêmica obra de 1958, no ensejo de propugnar por um Estado funcional e de sugerir unidade e diálogo numa coordenada solidariedade entre os latino-americanos, advertiu sobre as dificuldades em acolher grupos de pressão e seus coordenadores. Alimentar qualquer idealismo de intelectuais seria submetê-los, desde o começo, à frustração.

Opção nacionalista e relação com o Estado

Após a Segunda Guerra, cresceu a batalha por mais produção, pesquisa e conhecimento científico. Tentava-se resistir ao imperialismo. Como se supunha um mínimo de consciência da contradição

O ISEB, OS INTELECTUAIS E A DIFERENÇA   173

nas maiorias e se propalava uma aliança das classes, a *intelligentsia* em geral inclinou-se à elaboração de uma ideologia de libertação nacional. Quase não tratou, porém, da contradição entre interesses, os da burguesia, da classe média, dos operários. Ganhariam todos com a industrialização? Ao capital associado e ao estrangeiro interessava o apoio de intelectuais como os isebianos, para os quais os empresários haviam de ser a elite privilegiada e dominante naquela década. O nacionalismo isebiano acabou por significar, contraditoriamente, opção por uma classe contra a maioria obreira. É certo que Vieira Pinto se manifestou em favor da maioria de certa maneira; e, posteriormente, Cândido Mendes assim o fez. Também Ramos quis integrar a vida comunitária sem os enlatados. Com alguns contrastes, tinha-se um Jaguaribe não xenófobo em matéria de capitais, mas ainda confiante de que a nação saberia preservar-se com uma unificação político-jurídica. De modo geral, se queria a independência econômica e cultural, mas, definitivamente, sob a liderança do capitalismo nacional.

Ao modo historicista, Jaguaribe lembrou que um projeto e uma ideologia vinham, normalmente, derrubar os anteriores e que uma problematização precede um novo ingresso. Renovadas e auto-renovantes, as elites funcionais dão respostas criativas às pressões das massas. Jaguaribe, ousando dizer que as classes obreiras prefeririam soluções demagógico-assistencialistas (*sic*), fechava-se à possibilidade de que as massas, resistentes às soluções vindas do alto, tivessem maneira própria de trabalhar as ideologias. Havia tempo, Corbisier detectara nas massas a revolta contra a injustiça, e culpava as elites por tal revolta, sobretudo as elites técnicas; a estas, não lhes bastava serem melhores, precisavam contar com uma ideologia prévia a todo planejamento. Vieira Pinto mantinha posições diferentes quanto às massas: nelas, teoria e ação vinham juntas e pouco tempo dedicavam à estrita reflexão. Portanto, uma história de idealismo nos melhores e de resistência nas massas. A solução para tal dialética lia-se em Ramos: o Estado era um primeiro condicionamento histórico para resolver os problemas e o primeiro protagonista para mudanças sociais profundas.

Para Jaguaribe, o Estado devia exercer a função de corretivo à força centrífuga; e nele se tornava mais exeqüível a ação de planejamento, apta a superar os vícios do Estado cartorial. Também Vieira Pinto acabava por defender a centralização ao atribuir aos grupos sociais dirigentes a tarefa de conceber planos. Como suporte, a presença de um presidente democrata – homem predisposto a escutar as elites intelectuais – no meio de uma massa que só esperava ser governada, se atendermos ao pensamento do Corbisier ainda do período Dutra. Por conseguinte, consideravam o Estado, passivamente, o lugar do domínio das elites.[10]

O pedagógico na educação oficial e na universidade

A presença do Iseb no MEC visava a que o hemiplégico Ministério prestasse mais atenção às questões de cultura. Pretendia-se uma visão unitária, em favor do coletivo e contra uma educação limitada a certas especializações que levasse à fragmentação de crenças, valores, obras e ideais. Era filosófico e ético o problema da pedagogia: Que é o homem que nós objetivamos educar, para que existe, qual o seu destino? Portanto, discutir cultura era discutir fundamentos, segundo nossa realidade e evitando o formalismo. Tratava-se de um conceito amplo de educação.

Segundo Jaguaribe, Portugal nunca revisara os fundamentos, e assim o Brasil, na condição de ex-colônia, deixou a cultura para o consumo das classes mais abastadas, isto é, para a classe latifundiária mercantil. Motivo por que se faziam urgentes tanto uma reforma de Estado para estímulo de grupos mais dinâmicos como uma ideologia do desenvolvimento para controlar a tecnocracia a partir

---

10 Boa contribuição, nesse sentido, foi a de Miceli, em *Intelectuais e classe dirigente no Brasil* (1920-1945), publicado em 1979 e que mostrou, através de análise detalhada, como existe uma tradição de um Estado árbitro em assuntos culturais e, ao mesmo tempo, como muitos postos de serviço público foram ocupados por intelectuais. Nessa ocupação, tiveram destaque também os integralistas. Ver p.162, por exemplo.

da visão de conjunto. Assim se pronunciando, na revista *Colégio*, Corbisier reagia conservadoramente ao planejamento do governo Dutra; subestimando os técnicos em confronto com os filósofos, deixava insinuarem-se implicações negativas no tocante à articulação entre filosofia e educação escolar. Mais uma vez, a contradição: no Ministério da Educação, o Iseb não abria caminhos para discutir com os quadros profissionais.

Vieira Pinto e Corbisier foram, sobretudo, os que se interessaram pela educação escolar. Corbisier sobrelevou a filosofia e os filósofos. Vieira Pinto rejeitou a visão individualista socrática, segundo a qual os males da sociedade proviriam de defeitos na instrução e os virtuosos é que deveriam governar: uma crítica de tradição platônica (e integralista?) contra o liberalismo individualista. Desde Piratininga – veja-se Plínio Salgado (1978b) – se vivia vida independente; como num igualitarismo democrático, cada um tratava de se afirmar e se defender como pudesse, e a lei era a do mais forte "como acontece sempre que a voz da autoridade é mais fraca do que a da liberdade" (p.98). Tal aspecto deve ser entendido conforme o realismo integral de Miguel Reale (1983, p.246): "... é absurdo procurar a solução dos problemas exclusivamente no domínio da subjetividade".

Revendo os fundamentos filosóficos, Corbisier se dedicou à cultura e quis descobrir a vida dentro da cidade e na comunidade e o próprio homem de gênio criador. Da mesma maneira, para Vieira Pinto, a realidade tinha de prover o conteúdo da matéria da verdadeira pedagogia, o sistema de educação que se chama real, em contraposição ao oficial, que só seria benéfico se tivesse a compreensão do processo nacional em andamento. As próprias despesas com educação reverteriam em benefício da sociedade e não do indivíduo isoladamente.

E os técnicos? Como seria perigosa uma concepção fechada ao número imenso deles, também se tornaria difícil selecionar e escutar os que participariam de um planejamento. Aqui se apelaria para o diálogo entre duas posições, evitando cisões inúteis e dogmatismo. Vieira Pinto soube insistir nessa educação crítica. Contudo, não arriscava o flanco por afirmar que não deveriam interessar os conteúdos particulares ou os conhecimentos de natureza técnica? E não se mostrava simplificadora aquela decisão política da sociedade que acreditava demais num consenso *espontâneo* da população? É bom não aceitar a imposição da gestão dos técnicos; por outro lado, porém, aparece como idealista a assunção das luzes dos filósofos ou a confiança incauta nos leigos. Não obstante, ficou claro que, ao preconizar que a revolução fosse feita *na escola*, e ao defender uma escola pública aberta à massa dos trabalhadores, Vieira Pinto demonstrou sensibilidade ante o que ocorria no universo escolar.

Ao falar do educador, o autor, revisando suas teorias, declarava que pela educação todos tinham de se preparar para o trabalho e era mesmo essa a sua finalidade. De novo, o coletivo e, conseqüentemente, a nação. O trabalhador iria atuar nas condições oferecidas pela sociedade onde se encontrasse; era um retorno à visão historicista, ao circunstancial. Em meio à mudança, na participação ou até na condição de líder no movimento social, acontecia a nova tomada de consciência do trabalhador. Vieira Pinto impressionou ao acentuar a vigilância que o indivíduo crítico devia exercitar em favor de si mesmo e de cada um. Também defendeu a escola para todas as crianças, em nome das pressões dos pais.

Corbisier se posicionou em favor das reformas de base, apesar de considerar demasiada aquela agitação de 1963, semelhante à grita de um período colonial, no qual as pessoas ficavam sem formação e os muitos advogados defendiam os interesses das classes dominantes. O povo jazia excluído, mas os interesses da industrialização urgiam por educação e forçavam a sustentar a importância da educação científica, dos especialistas e das equipes de cientistas. Ao mencionar favoravelmente a participação dos estudantes na direção das escolas, Corbisier dava sinal de que o influxo da UNE se tornara efetivo dentro do Iseb. Como resultado de leitura marxista, ele ia superando a visão elitista radical. E não sem mostrar a necessidade de sua desalienação; à pergunta sobre a política somava-se a pergunta sobre a educação.

Na visão historicista de Jaguaribe, a universidade era processo histórico, se diversificava e passava por transformações. Na era industrial, com a revolução dos gerentes, prevaleceu a inteligência especializada, o saber técnico-industrial. Mas o grande problema da universidade era que devia ensinar cultura geral, ser universidade cultural, e, para exercer a função de ensino superior, ter compreensão unitária e total da realidade (os pressupostos). De fato, ela nunca abandonou a pesquisa pela compreensão total da realidade, por um modelo humano e pelo homem culto, por aquilo que, afinal, antecede e transcende a ciência como postulado. Não descuidou do coletivo, no seu lado humanista. Contudo, Jaguaribe, homem da eficiência – que, por reservas contra o funcionário alienado, acabou criticando a eficiência demasiado técnica das universidades saxônicas –, nunca desvalorizou a visão científica. Conseguiu manter para si uma posição de equilíbrio, de diálogo com a realidade e com as *circunstâncias*, e depois promovê-la.

No artigo "O que é Filosofia?", ele separou o saber prático e o saber teórico, acentuando o apreço pela visão de mundo. Elitista, ainda subestimou o homem não universitário, o homem da ação. Abriu-se, porém, às contradições, especialmente às que se mostraram na fase após Juscelino Kubitschek, as agruras do povo e as exigências de reforma. Entendeu aquele período pré-revolucionário como etapa ou fase da consciência, etapa de idéias indispensáveis, de disputa (e contradição) pela práxis que mais se adaptasse à nova circunstância de luta pelas reformas.

Conforme Vieira Pinto, a universidade devia abandonar as estruturas arcaicas e deixar sua condição de distribuidora da alienação. A revisão de sua relação com a comunidade – e insistia no sociológico mais do que no pedagógico – lhe permitiria superar o estado de sujeição às classes dominantes. Questionou a cultura que se origina na universidade e acabou orientando para a urgência de ela se abrir às grandes massas trabalhadoras, assumir o próprio papel social que, muitas vezes, ela mesma repudiou, como se nada tivesse com os conflitos ideológicos e políticos no âmbito da comunidade. Vieira Pinto não se subtraiu à disputa das classes, mas, na busca do humanismo do nosso tempo, indicou proveitosamente a direção de um diálogo multidisciplinar.

Sobre o papel dos intelectuais

A crítica do intelectual em Gramsci

Gramsci tratou da formação dos intelectuais e de como surgiam. Distinguiu duas categorias: os orgânicos e os tradicionais. Sobre os orgânicos, declarou:

> Cada grupo social, nascendo no terreno originário de uma função essencial no mundo da produção econômica, cria para si, ao mesmo tempo, de um modo orgânico, uma ou mais camadas de intelectuais que lhe dão homogeneidade e consciência da própria função, não apenas no campo econômico, mas também no social e no político (Gramsci, 1982, p.3).

E sobre os tradicionais declarou:

> Cada grupo social, 'essencial', (...) surgindo na história a partir da estrutura econômica anterior e como expressão do desenvolvimento dessa estrutura, encontrou – pelo menos na história que se desenrolou até os nossos dias – categorias intelectuais preexistentes, as quais apareciam, aliás, como representantes de uma continuidade histórica que não fora interrompida nem mesmo pelas mais complicadas e radicais modificações das formas sociais e políticas (p.5).

Os intelectuais tradicionais, dado que sentiam com espírito de grupo sua ininterrupta continuidade histórica e sua qualificação, consideravam a si mesmos como autônomos e independentes do grupo social dominante. Independência, porém, com restrições. Se, de um lado, se punha o empresário com sua ampla formação técnica e capacidade de organizar a sociedade em geral (Macciocchi, 1977, p.4), de outro se erguia o intelectual tradicional que devia, em atitude política – e política não se separa nem da filosofia nem da pedagogia –, conquistar sempre a confiança dos demais membros do grupo. Um critério unitário ou de distinção para caracterizar as diversas e variadas atividades intelectuais devia ser buscado "no conjunto

O ISEB, OS INTELECTUAIS E A DIFERENÇA **179**

do sistema de relações no qual estas atividades (e, portanto, os grupos que as personificam) se encontram, no conjunto geral das *relações sociais* [grifo nosso]" (p.7).[11] E Gramsci (1986, pp.11,18,35) escreveu: "... se se pode falar de intelectuais, é impossível falar de não-intelectuais, porque não existem não-intelectuais (...). Não existe atividade humana da qual se possa excluir toda intervenção intelectual, não se pode separar o *Homo faber* do *Homo sapiens*". E assim se pôde resumir: "Todo homem (...) é um filósofo".

Os chamados intelectuais orgânicos representavam, o mais das vezes, especializações. De fato, a própria relação entre o esforço de elaboração intelectual-cerebral e o esforço muscular-nervoso não era sempre igual; por isso, existiam graus diversos de atividade específica intelectual. Avançando para o mundo da industrialização, que bem conheceu em Turim, disse Gramsci (1986): "No mundo moderno, a educação técnica, estreitamente ligada ao trabalho industrial, mesmo ao mais primitivo e desqualificado, deve *constituir a base* do novo tipo de intelectual" [grifo nosso] (p.8). Estava afirmando que todo operário da indústria era um intelectual, e com esse conceito já trabalhara o semanário *"Ordine Nuovo"*. Daí que o novo intelectual não seria detentor de eloqüência, mas alguém que se imiscuiria ativamente na vida prática, como construtor, organizador, persuasor permanente.

Dois temas se tornaram aqui patentes: Que é o intelectual? Qual a relação intelectual/técnico? Uma posição como a de Gramsci saberia fugir ao risco – ver o enfático "todos são intelectuais" – de elitismo, ao qual se expôs o Iseb com a tradição brasileira anterior. O problema do elitismo ressurge sempre diante da conduta psicológica das massas, as quais reagem, muitas vezes, pelo silêncio.

O problema existe. Veja-se o comentário de Michel Debrun (1983), no final do período militar-autoritário, sobre a presença dos intelectuais/professores de níveis vários num mesmo partido: "A preeminência de bases em si mesmas intelectuais no seio do con-

---

11 Note-se a base histórica e não abstrata para qualquer critério.

junto do Partido do Movimento Democrático Brasileiro (PMDB), tende também a ofuscar a possibilidade do surgimento de intelectuais orgânicos oriundos de outros setores" (p.98). Se eram todos intelectuais, tinham todos de se encorajar e apresentar os resultados da própria reflexão sobre a prática. O elitismo, entretanto, fundamentalmente conservador, ocasionava o "centralismo burocrático" em oposição à organicidade e ao movimento. (Macciocchi, 1977, p.173). A proposta de Gramsci podia ser de ajuda para evitar a desconsideração com os muitos do mundo da indústria que receberam educação técnica ou com os simples trabalhadores; além do mais, recusando a idéia de independência do intelectual, rejeitava qualquer tentativa de colocá-lo fora das classes. O intelectual orgânico se colocava realmente no meio do grupo que o elegeu ou aceitou.

A organização escolar, da Idade Média em diante, necessária para a formação do intelecto, servia para ampliar a intelectualidade de cada indivíduo e até para facilitar uma especialização, e podia oferecer alta cultura em todos os campos da ciência e da técnica. Depois, ficou mais complexa por incluir maior número de graus verticais, como ficou mais complexo ou civilizado o país capacitado a construir mais laboratórios e aparelhá-los (Gramsci, 1986, p.9). Gramsci, atento a expor os problemas em torno da mais refinada especialização técnico-cultural, projetou a escola unitária, que ia integrar cultura e necessidades novas, contando internamente com os técnicos. À maneira deles, ele abordou todo o funcionamento da escola unitária e imaginou inclusive os tipos de prédios para ela convenientes. Querendo formar os técnicos, Gramsci os valorizava sem dualismos ou elitismos.

Sempre rejeitando dualidades, Gramsci abordou a relação cidade/campo. Os intelectuais de tipo urbano cresceram junto com a indústria e presos às suas vicissitudes. Os intelectuais de tipo rural eram, na maior parte, tradicionais, ligados à massa social camponesa ou à pequena burguesia das cidades ainda não movimentadas pelo sistema capitalista. Gramsci (1986) foi, nisso, reflexivo e aberto a novas investigações, uma "distinção da qual decorre toda uma série de problemas e de possíveis pesquisas históricas" (pp.13-14). Ele

O ISEB, OS INTELECTUAIS E A DIFERENÇA   **181**

evitou atitude simplificadora. Passando à discussão sobre o desenvolvimento, colocou a questão do *Mezzogiorno*, o Sul da Itália, como correlata à questão da aliança entre trabalhadores urbanos e rurais. Não separou o Norte e o Sul. Aspirava a uma unidade também, como toda a esquerda, era certo, mas não dissimulava e ocultava as contradições. Muito menos favorecia a uma classe dominante ou a uma revolução que significasse prejuízo para as massas trabalhadoras.[12]

O partido político, positivamente, podia ser um lugar de encontro para Gramsci: proporcionava a fusão entre os intelectuais orgânicos de um dado grupo e os intelectuais tradicionais. Era um mecanismo que representava, na sociedade civil, aquela mesma função que, de modo mais vasto e sintético, o Estado desempenhava na sociedade política. O partido acabava transformando os próprios componentes em intelectuais políticos qualificados e em dirigentes. Um intelectual que passasse a compor o partido político de determinado grupo social se confundiria com os intelectuais orgânicos desse grupo e a eles se ligaria estreitamente. Isso não ocorria na participação da vida estatal. O que ocorria era muitos intelectuais pensarem ser o Estado, crença que acarretava desagradáveis complicações para o grupo fundamental econômico que era *realmente* o Estado (Gramsci, 1982).

Na revolução da mentalidade e no primado da subjetividade de Gramsci, os homens eram assumidos como sujeitos da História e em relação orgânica intersubjetiva. Ele visava a revelar o inconsciente, para deste fazer a afirmação de uma liberdade antiburguesa; pedia ao sujeito que tivesse coragem moral para, consciente, libertar-se das amarras da velha ideologia e do fardo que todas as inibições, regras e leis, impostas pela sociedade burguesa, representavam (Macchiocchi, 1977).

Na abordagem da participação de todos como sujeitos, de todos os trabalhadores como filósofos (são já cultos), não caberia mais o paternalismo nas relações entre intelectuais e operários (Mana-

---

12 Ver, na mesma obra de Gramsci, no capítulo "Notas esparsas" (pp.25-114), vários tópicos que recordam a unidade segundo as visões de um Gramsci nacionalista, mas não com o sacrifício dos mais desvalidos apenas.

corda, 1990, pp.35-37). A ampliação do conceito de intelectual, para Gramsci, possibilitava tanto a aproximação concreta da realidade como também um modo de colocar a questão que entrasse em choque com preconceitos de casta. Permaneceu uma evidência: No mundo moderno, os intelectuais surgiram para justificação das necessidades sociais de produção e dos interesses políticos do grupo fundamental dominante, enquanto a formação em massa estandartizava os indivíduos. Por isso, finalmente, Gramsci reagiu em favor da participação dos camponeses. É o que aqui desejamos considerar melhor.

Noutros tempos, a experiência dos conselhos de fábrica salientara a força dos operários da indústria de Turim, Itália, contra o bloco histórico de industriais-latifundiários. Naquele período do *Ordine Nuovo* (1919-1926), o teórico insistira com vigor no papel dirigente do proletariado urbano no campo, rejeitando Salvemini, cujas propostas meridionalistas se encerravam com a reforma agrária e a pequena propriedade (Macciocchi, 1977, p.127). Depois, tendo conseguido analisar a realidade e chegado a uma consciência crítica muito mais profunda, graças à revisão da derrota do proletariado de Turim pela ofensiva fascista, escreveu as *Teses de Lyon* (1925) e, com idéias a partir daí desenvolvidas, *A questão Meridional* (1926). Ficou muito claro que o caminho era reforçar o bloco operários-camponeses-intelectuais, pois o bloco dominante impusera ao *Mezzogiorno* uma exploração de tipo colonialista, agravada pelo fascismo. E desta o país só poderia libertar-se pela insurreição dos camponeses, aliados ao proletariado urbano. Era a afirmação, em suma, das 44 *Teses*. Os intelectuais foram colocados como o elemento de ligação entre a infra-estrutura e a superestrutura, com seu trabalho ideológico – conquista da sociedade civil – prévio à luta em fase política ou militar. Apesar dos resultados, Macciocchi considerou a *Questão Meridional*, com as *Teses de Lyon*, como o ponto culminante do pensamento gramscista.

A teoria gramsciana do intelectual decorria da análise das influências iluministas – batalha ideológica contra a aristocracia antes das hostilidades no plano político e armado. Segundo Macciocchi (1977, p.130), três eram as conseqüências imperativas para o partido revolucionário: luta ideológica contra a superestrutura do bloco dominante; indispensável adesão "à classe operária de um aliado, os intelectuais, para a criação de um *consenso*, ou novo 'senso comum' das massas"; ampliação da esfera de consenso, após a conquista do poder, pois que *ditadura* e *consenso* [grifo nosso], para Gramsci, são indissociáveis. Esses três elementos suscitavam a pergunta: De que maneira a classe operária poderia exercer a função dirigente-dominante sobre as outras camadas e, mais especificamente, sobre os intelectuais? Para responder, valiam as reflexões de 1920 sobre a Revolução Russa: capacidade de desagregar a velha ideologia e difundir uma nova ideologia, plena de consenso, ideologia que transformasse radicalmente a maneira de pensar das massas, coincidindo com os interesses e as aspirações não apenas de uma vanguarda mas também do povo. Essa classe operária se mostraria capaz de construir um Estado, na medida em que conseguisse convencer a maior parte da população; sobre tal convicção – com disciplina e espírito de hierarquia – iria repousar a adesão nacional às iniciativas do poder operário.

O problema dos intelectuais foi estudado em sua realidade efetiva. Cultura era o cerne de uma luta incessante entre o antigo e o novo, entre o conservadorismo e a revolução, e os intelectuais, como parte de um bloco histórico, representavam um fator de unidade entre infra e superestrutura (pp.131-132).

Voltemos aos nossos "históricos" e mesmo às esquerdas. Os nossos isebianos não alimentaram pelos partidos muito apreço, com ressalvas para Jaguaribe, que os estudou. O caminho era hegeliano: o da unificação e de um Estado centralizado e centralizador. Na década de 1950, centraram a autoridade numa pessoa que representava o Estado e investiram em Juscelino Kubitschek. Além do mais, esperavam contornar as complicadas vicissitudes dos partidos: de um lado, elitistas, não acreditavam na participação da massa que ingressava na luta partidária; de outro, repudiavam os intelectuais da classe média que haviam cartorializado os partidos. Abraçaram luta partidária somente depois de JK, já convencidos do aprofundamento da crise econômica e da exclusão do proletariado à hora da partilha dos resultados do progresso industrial. Num só pleito, três se apresentaram como candidatos: Corbisier, Mendes e Ramos. Persistiam na solução elitista para reforçar o Estado, como os *"policy-makers"* que Ianni refugava. O que devíamos fazer é "colocar-nos a serviço do povo brasileiro" e não lutar por ele, escreveu Ianni. Para ele, as tarefas intelectuais possuíam outro calibre: devemos "colocar-nos a serviço do povo brasileiro, para que ele adquira, com a maior rapidez e profundidade possíveis, a consciência de si próprio e possa desencadear, por sua conta, a revolução nacional que instaure no Brasil uma ordem social democrática e um Estado fundado na maioria". Espelhando o pensamento de Florestan Fernandes, insistia Ianni na maioria, com o acumpliciamento de ciência e realidade, razão e história (Ianni, 1989, p.119).

Difícil absorver que os isebianos imaginassem projetar a revolução industrial e democrática brasileira com a dominação da burguesia, depois das experiências do período pós-Revolução Francesa, com derrota das maiorias, do colonialismo econômico e cultural. Difícil aceitar a dualidade ou a boa consciência do capitalismo monopolista. E, mais próximo de nós, como calar as diferenças regionais ou alhear-se ao empobrecimento do novo proletário urbano e à expulsão das grandes massas do campo? Como eleger a burguesia industrial para, qual corporação avulsa, definir sozinha a economia? Por que imaginá-la desvinculada da oligarquia rural, se da terra derivava ainda o capital?

A crítica de outros autores

Em Norberto Bobbio (1997, p.119) leu-se:

> Toda sociedade, em qualquer época, teve seus intelectuais, ou mais precisamente um grupo mais ou menos extenso de indivíduos que exerce o poder espiritual ou ideológico contraposto ao poder temporal ou político, isto é, um grupo de indivíduos que corresponde, pela função que desempenha, àqueles que hoje chamamos de intelectuais.

Bobbio quis dizer que o problema dos intelectuais era o da rela-

O ISEB, OS INTELECTUAIS E A DIFERENÇA **185**

ção entre eles e o poder público. Tal posicionamento interessou ao nosso estudo do Iseb. Bobbio deixara claro que, não sendo a categoria homogênea do ponto de vista descritivo, e menos ainda do prescritivo, caíra em descrédito o intelectual utopista que gostaria de mudar o mundo à sua imagem e semelhança. Ganhara mais crédito o que tinha os pés no chão, o que aconselhava o político a dar um passo de cada vez e a ser realista. Assim se confirmava o compromisso político, tradicional aliás.

Bobbio apresentou o intelectual como aquele que, numa situação antitética entre cultura e política, tinha de evitar o extremismo, já que não se queria afirmar unilateralmente nem como traidor (da cultura) nem como inutilizador (da política). Com isso, Bobbio apresentou a tarefa do intelectual como ambígua, um poder que não se confundia com as muitas *cracias* que todos conheciam. O poder dele se exercia pela persuasão – palavra, signos e símbolos – e não pela coação; sua violéncia era, em caso extremo, psicológica. A tradição russa – que Guerreiro Ramos mencionou – definia os intelectuais como antagonistas do poder, em distância crítica de toda forma de domínio exercido exclusivamente com meios coercitivos. Em Kautsky, salientou-se uma função pedagógica dos intelectuais, advindo a consciência socialista de profundos conhecimentos científicos e não, nem direta nem espontaneamente, da luta de classes. Assim Kautsky, para além de atribuir ao intelectual a tarefa de iluminar o governante, como foi desde o Humanismo, também valorizou o partido, o moderno Príncipe de Gramsci (Bobbio, 1997, pp.122-123).

Os intelectuais foram aclamados como os tradutores da idéia no caos da vida, portadores de um dom quase divino, operários do pensamento, presentes no começo do drama interminável da história dos homens (Barbusse, *apud* Bodin, 1964). Pierre-Henri Simon os exaltou como profetas que punham as exigências do espírito, as razões mais profundas, a avaliação dos fins e não o cálculo dos meios (Simon, *apud* Bodin, 1964). No mesmo sentido entusiasta, afirmou Dionys Mascolo: "o pensamento não é uma especialidade, menos ainda uma função, mas é uma força no mundo..." (Mascolo, *apud* Bodin, 1964, p.69).

Conforme Bodin (1964), antes da industrialização, no Ocidente e no Oriente, se repartiam as profissões segundo a preeminência ou da filosofia ou do direito ou da religião (que une as duas anteriores). Só depois é que vieram as profissões técnicas. Dentro de uma tradição humanista, com marca na Escolástica e sobretudo na Renascença, Jacques Le Goff citou o livro dos feitos do Marechal de Boucicaut: "Duas coisas foram instituídas por Deus, como dois pilares para sustentar a ordem das leis divinas e humanas. Esses dois pilares são a cavalaria e a ciência, que se combinam muito bem" (Le Goff, 1995, p.100). Daí que Froissart distinguiu os cavaleiros em armas e os *cavaleiros em leis*, motivando, mais tarde, Francisco I (1533) a conceder o grau de cavaleiro aos doutores da universidade. Foi um acréscimo de dignidade para os intelectuais, personagens que, contudo – outra visão crítica –, recusavam ser confundidos com trabalhadores, num desprezo pelo trabalho manual que se agravou no tempo do Humanismo, quando os intelectuais abandonaram uma das suas tarefas capitais, o contato com a massa e, com isso, o laço entre a ciência e o ensino em favor de um trabalho orgulhoso e solitário.

Interpretação que se pode dar do projeto do Iseb é que tentou recuperar o Humanismo nesse sentido pior: os intelectuais são uma aristocracia. Eles compõem nas fileiras do estamento, consoante expressão de Florestan Fernandes ou Sérgio Miceli. Sua vocação é a de conselheiros do príncipe, segundo a reprovação sarcástica de Erasmo de Roterdã.

Como cultura e política não se separam, existe uma tendência de o Estado açambarcar a ação do intelectual. É o político-filósofo, vivamente exemplificado no próprio Platão. Sérgio Miceli publicou interessante estudo, no qual documentou uma cooptação dos intelectuais pelo Estado Novo de Getúio Vargas e ainda no período subseqüente: "... os intelectuais recrutados pelo regime de Vargas assumiram diversas tarefas políticas e ideológicas determinadas pela crescente intervenção do Estado nos diferentes domínios de atividade" (Miceli, 1979, p.131). Durante o período populista (1945-1964), verificou-se uma ampliação das carreiras reservadas aos inte-

O ISEB, OS INTELECTUAIS E A DIFERENÇA **187**

lectuais, ao mesmo tempo que se intensificou o recrutamento de novas categorias de especialistas (economistas, sociólogos, técnicos em planejamento e administração.) Miceli, porém, ao revelar tal cooptação, ressalvou que os intelectuais do regime Vargas se vinculavam muito mais a figurões da elite burocrática do que aos dirigentes partidários ou às facções políticas de seus respectivos Estados. Se pensarmos, então, nos integralistas que angariaram postos junto do poder central ao mesmo tempo que recusavam os partidos,[13] por que não pensaríamos na adesão ao Estado, por meio da figura central de Kubitschek, pelos nossos isebianos "históricos"?

A divisão entre o mundo dos sábios e o mundo dos técnicos, entre a teoria e a prática, consistia em verdadeiro divórcio, comum entre os gregos, já previsto na Escolástica e fortemente acentuado no Humanismo (Le Goff, p.1995). Questão mal resolvida entre nossos "históricos" do Iseb. Edgar Morin, ao detectar a contradição, curiosamente aplicou ao novo intelectual o conceito de incultura especializada e lobrigou a permanência do problema: "Os intelectuais não têm mais acesso ao saber disperso nas múltiplas especializações, e os técnicos não têm mais acesso à consciência global". Suavizando a dureza dos isebianos e estimando o técnico, Morin se perguntava, porém, da possibilidade de um humanismo-técnico. Mas tudo isso nos reporta à questão da definição sobre a identidade do intelectual (Bodin, 1964). Vimos como Gramsci, nos novos tempos da indústria, soube assumir o técnico como intelectual. Sua posição de diálogo com o mundo moderno valorizou os técnicos e impôs o desafio de superar todo elitismo e discriminação.

Louis Bodin examinou a evolução posterior, registrada em obras da década de 1950. Foi paradigmática a ideologia das elites intelectuais e estudantis dos antigos territórios ultramarinos. Lutavam por desintoxicação cultural. A cura proveio dos bancos das faculdades, especialmente da Sorbonne, como escreveu o malgache Jacques Rabemananjara em 1956. E André Gorz, em obra de 1959, citada por Bodin, verificou que o caminho era o da crítica, mas poucos intelec-

---

13 Cf. p.68: seus "ganhos posicionais".

tuais tinham conseguido forjar os instrumentos da transformação, a nova tarefa imposta por Marx na XI das *Teses contra Feuerbach*. Além disso, somou-se o que Bobbio chegou a experimentar quanto à deserção do intelectual: o homem de cultura deveria evitar perguntas sob a forma "ou – ou", porque, para além do dever de entrar na luta, haveria "o direito de não aceitar os termos da luta tais como são postos, de discuti-los, de submetê-los à crítica da razão". Paradigmática, tinha sido a experiência de Elio Vittorini, em 1945, quando se viu pressionado – serviço ao governo ou evasão? – e sujeito à censura pelo Partido Comunista, respondeu "negando que o papel do intelectual revolucionário fosse o de tocar o pífano da revolução e reivindicando para si o direito de pôr, com sua obra, certas exigências revolucionárias diversas das que são postas pela política". Vittorini afirmava, afinal, que também os intelectuais fazem política, política diferente, porém, daquela dos políticos puros (Bobbio, 1997, pp.135-136).

Bodin (1964, p.117), concluindo, sugeriu que a ambigüidade subsistia, que os intelectuais não constituíam uma categoria apodítica, e que as considerações sociológicas se desvaneciam na impossível determinação do lugar, ou do papel, de indivíduos que só pareciam ter em comum a sua diversidade. O que mais se revelava era oposição de culturas e de consciência social. No caso do intelectual, qualquer etiqueta podia atrair a censura de estar criando uma fantasmagoria.

Os nossos "históricos" isebianos sobrelevaram o filósofo como formador de uma ideologia global; entretanto, não terem trabalhado melhor a diversidade foi, de certo, neles, notável limitação.

Planejar a educação

Descolonizar-se e descolonizar

O problema pedagógico se colocou sempre que se tratou de emancipação. Vieira Pinto, divisando na educação um instrumento de dominação, concebeu também a ação das lideranças metropolitanas ou dos seus associados como ação pedagógica. Os pedagogos dominantes situavam as colônias em etapas infantis no processo da consciência. Mistificação real para justificar cruzadas filantrópicas de educação em nações atrasadas, segundo ele. Logo, enquanto os dominadores adotavam caminhos que a eles próprios convinham, imaginavam que bastava às metrópoles transferirem as próprias ideologias para a colônia, enviando um salvador – para educar o povo, dizem –, um iluminado inútil, chamado de pedagogo oficial. Vieira Pinto, que sempre levou adiante uma luta ideológica, criticava o simplismo dos pedagogos oficiais e dos burocratas pedagógicos (Pinto, 1960b).

Com uma certa semelhança de termos filosóficos, Paulo Freire ponderou sobre a permanência da ideologia de dominação no meio das sociedades objetos (seres, para outro). O ser que é ontologicamente *para si* se transforma em *para outro* quando, perdendo o direito de decidir, segue as prescrições de outro ser e não pode optar: adquire consciência servil, em termos hegelianos. As ciências humanas eram chamadas a analisar essas relações dentro do quadro geral da dependência. Entrado num outro momento histórico, o trabalhador social, solidário com as pessoas, devia conscientizar-se das reais dificuldades da sua sociedade, ampliar cada vez mais os próprios conhecimentos e refletir sobre os métodos de ação e os limites objetivos com os quais se defrontava. Nesses termos, Paulo Freire tratou da mudança cultural e suas várias correlações: desenvolvimento, reforma agrária, educação (Freire, 1989). Freire, em sintonia com a democratização fundamental de Karl Mannheim, enfatizou uma crescente participação do povo, antes imerso num processo no qual se limitava a ser espectador, mas, em seguida, capaz de emergir, descruzar os braços e decidir. Finalmente, Freire sentiu o apelo da educação para a "vocação ontológica" e o "ser-sujeito", alicerce para a tomada de consciência e os cuidados das condições peculiares da sociedade de transição (Freire, 1989, pp.55-56).

Até aqui foi colocado o problema da descolonização e da visão global e crítica da educação. A ideologia ainda foi contemplada nesta advertência: já não podia ser doação de certos intelectuais ao resto da sociedade e muito menos aos mais humildes. Michel Debrun acusou no próprio Vieira Pinto a pretensão de que a ideologia fosse a fagulha que operasse conversão quase mística das consciências e mobilização; com as dificuldades nos obstáculos exteriores, Debrun via, sobretudo, as da arrancada ideológica e do despertar dos grupos e indivíduos (Freire, 1989).

Florestan Fernandes (*apud* Romanelli, 1991, p.183) explicitou que, nas recentes circunstâncias de luta pelo desenvolvimento econômico, "os países subdesenvolvidos são os que mais dependem da educação como fator social construtivo"; precisavam da educação para mobilizar o elemento humano, para inseri-lo no sistema de produção nacional, no horizonte cultural, no progresso social e na formação de novos tipos de personalidade. E ainda mais, reivindicação da educação pública, gratuita, obrigatória e leiga, conquista do Estado burguês em ascensão com a Revolução Francesa, ligaram-se, no Brasil, à nova ordem social e econômica que começava a definir-se após 1930 e que foram divulgadas no *Manifesto dos Pioneiros* de 1932. O *Manifesto* reclamava por unificação do sistema educacional, organização da educação profissional de níveis médio e superior e formação universitária para os professores de todos os níveis. Na verdade, o problema da manutenção ou não do atraso da escola em relação à ordem econômica e à ordem social era decorrente da forma como se organizava o poder, ou como o poder servia aos interesses dos grupos nele mais notavelmente representados (Romanelli, 1991, p.183).

A industrialização e a urbanização elevaram a burguesia industrial a uma franca evolução. O próprio Anísio Teixeira, signatário do *Manifesto* com Fernando de Azevedo e outros, sublinhou, desde o início, um projeto educacional regulador e retificador, propondo uma divisão do trabalho democrática e um sistema capitalista coerente e harmônico com paz social. A educação teria, pois, um papel estabilizador (Teixeira, 1985).

Como situar-nos perante a educação que devia divulgar a ideologia nacional do desenvolvimento e preparar a mão-de-obra? Afirmou-se o populismo político, especialmente após a Segunda Guerra. Getúlio Vargas, em sua campanha eleitoral de 1949, criticou Dutra por ter aberto demais o país ao capital estrangeiro, adotou posições nacionalistas a fim de garantir apoio das massas populares e cuidou de segurar essas massas dentro dos limites das estruturas vigentes. Com Juscelino Kubitschek (1956-1961), o populismo se permitiu erros que Leôncio Basbaum arrolou: inverter a proposição "um povo rico faz uma nação rica"; confundir a expansão industrial com industrialização e desenvolvimento nacional; abandonar a região nordestina; aceitar a estrutura agrária; manter a *Instrução 113* da Sumoc, com entrada de capital estrangeiro em condições privilegiadas. Erros que geraram exigência de novo modelo e intensa crise para os governos de Jânio e de Jango. De fato, houve mais verbas para a educação (formação científica e técnica), mas diminuíram os gastos com a agricultura, e grandes massas rurais migraram para as periferias das cidades, onde permaneceram analfabetas e marginalizadas (Ribeiro, 1998).

Educação geral e integral. Ensino técnico

O Iseb pregava uma ideologia global. Outros grupos pregavam a expansão do ensino profissionalizante para formar técnicos e mão-de-obra em vista da revolução industrial em processo.

Lauro de Oliveira Lima, em 1960, detectou uma angústia nacional em torno do problema da educação e um estalar de estruturas: "os tímidos – temerosos do *vir-a-ser* – ficam alarmados na antevisão de uma calamidade, de um esfacelamento da chamada unidade nacional (Lima, 1960). De certo modo, escreveu até para acalmar ânimos exaltados, inclusive pastores e intelectuais católicos, irritados com a campanha – em favor de escola pública para todos, gratuita e laica de Anísio Teixeira, conhecido também por antiga posição anti-religiosa.

Segundo Mendonça, Anísio Teixeira, ao longo dos anos 1930, já viera propondo um novo tipo de intelectual, com a marca de uma mentalidade científica, no duplo significado de espírito experimentalista e espírito democrático (Mendonça, 1996). Num projeto geral – até isebiano – de reconstrução, a educação devia ocupar lugar absolutamente central, e a formação das elites deveria ser rediscutida. Para Teixeira, "a necessidade de soluções científicas para os problemas contemporâneos (não só os de caráter estritamente ma-

192   ANTÔNIO MARQUES DO VALE

terial ou econômico, mas também os de ordem social ou humana em geral)" exigiria um novo tipo de intelectual capaz de construir uma cultura adequada à civilização técnica. Intelectual para dar direção, nos conceitos elitistas de Dewey. Para isso, se supunha mentalidade comum e certa identidade de interesses e compreensão que só seria possível conseguir por meio da educação (Mendonça, 1996).

Contra o autodidatismo e por um novo espírito universitário, Teixeira, em 1962, reclamava um quadro relativamente coeso, que exercesse a coordenação da vida espiritual do país (Mendonça, 1996), com vistas ao espírito unitário, à ênfase na base experimental e à atribuição ao cientista do título de intelectual por excelência e de missão essencialmente educativa; missão expressa em preocupações com a socialização do saber científico, a relação ensino/pesquisa, a extensão universitária e a divulgação científica.

Anísio Teixeira deixara o Iseb em 1960. Obviamente não partilhava das críticas dos "históricos" isebianos ao técnico em educação. Sua preocupação com a ciência o avizinhava ao modernizante espírito da Unesco, a Carlos Chagas Filho, batalhador incansável pela ciência no Brasil, e aos críticos da formação humanista tradicional. Não fomos investigar sua relação com nossos autores após 1960, mas consta que desde antes tivera presença limitada no Iseb. Gildásio Amado lembrou que Teixeira já tentara, na década de 1930, unir ensino geral e ensino profissional, e superestimara a receptividade a essa união em ambiente brasileiro: "... seu idealismo minimizara os reflexos em setores apegados a um tradicionalismo, tanto mais radical quanto menos cristalizado em expressões autênticas de nossa cultura, apoiado que era essencialmente no modelo europeu" (Amado, 1973).

A especialização técnica, de certo modo, chegou a ter espaço em Corbisier, tão renitente a respeito dos técnicos e pedagogos oficiais. É interessante ler seu prefácio ao livro de Pierre Fougeyrollas (1972), que traduziu. Redirecionando-se, Corbisier admitia os dois momentos do filosofar, o da crítica e o do colapso do filosofar. A crítica é a vocação da filosofia, é seu momento primeiro. Construído, porém, um sistema, tende este a transformar-se em dogma, mito e ideologia. Nesse segundo momento, carregado de historicidade, a filoso-

O ISEB, OS INTELECTUAIS E A DIFERENÇA   **193**

fia é substituída pelos saberes científicos e pelos poderes técnicos, ela que é impulso original, transcendência e liberdade. Na verdade, Corbisier parecia refletir sobre o mistério da liberdade após as primeiras e duras experiências com a ditadura militar – o prefácio é de dezembro de 1966. Na esteira de Fougeyrollas, pôde refletir sobre a realidade científica de outros intelectuais práticos e sobre o poder que já exerciam até hegemonicamente. A reflexão do autor situava-se ainda em relação estreita com o historicismo, característico de seu pensamento com bases em Hegel e em Dilthey.

Em Fernando de Azevedo, nos anos 1930, a apologia da ciência na escola – de cunho positivista – indicara entusiasmo pela indústria (Azevedo, 1946). Já desde 1932, segundo Amado, o sistema médio exibia notável distinção entre o ensino secundário e os ramos do ensino técnico. Estes preparavam para a imediata participação profissional; aquele se destinava a formar uma sólida cultura geral, acentuar e elevar a consciência patriótica e a consciência humanística (Amado, 1973). De certo, se cogitava na unidade nacional territorial – Capanema e o elitismo das individualidades condutoras –, ideologia que vingara até os inícios da década de 1950 e que os ibespianos procuraram substituir pela ideologia nacional do desenvolvimento. O ensino técnico ainda ficou destacado do humanista, sobretudo, *a contrario*, nos institutos de formação técnica e profissional criados em 1942 – Sena e outros. Os isebianos enfatizavam a separação, acentuando a filosofia.

A Constituição de 1946 mantinha o lugar da cultura, bem como reconhecia o direito de todos à educação a ser dada no lar e na escola (artigo 166). Prescreveu a elaboração de uma Lei de Diretrizes e Bases da Educação Nacional (LDB) e o primeiro projeto foi apresentado em 1948, mas as discussões, algumas vezes acirradas, se estenderam até 1961, ano em que a LDB foi finalmente sancionada.

No início, o projeto para o secundário, embora base para a formação das elites intelectuais, excluía a tecnologia, não obstante a viva discussão em torno a elementos utilitários nos programas, por atenção a adolescentes de classes menos afortunadas e maior atração de candidatos para secundário. O ponto nevrálgico da projetada reforma fora o Ensino Médio, contudo. Disputou-se em torno a projetos vários: o projeto da subcomissão de Ensino Médio, o projeto Carlos Lacerda, o projeto do ministro Clóvis Salgado, o projeto Marianni e outros. Amado apontou que uma vantagem nas conclusões foi poderem as escolas "desvencilhar-se do tremendo cipoal de imposições regulamentares do regime anterior". Lamentou, contudo, a dualidade de programas (elites/trabalhadores): "... tudo isso teria tido maior importância se coincidisse com o desmonte também da carcomida estrutura dupla nesse nível de ensino" (Amado, 1973).

Por que abordamos a problemática da discussão sobre o Ensino Médio? Porque sempre nos pareceu surpreendente que, entre os isebianos estudados, ressalva feita a Vieira Pinto, se tivesse tomado com descaso o técnico escolar e prestado pouca atenção a todo o debate – esse inclusive ideológico – acontecido em diferentes âmbitos, em vista da LDB. Inseridos no MEC, pareciam distantes da educação formal. Quanto à Lei, Otaísa Romanelli lastimou que, após os compromissos adotados, tivesse prevalecido a velha situação, agravada inclusive, porque se alargou a distância entre as necessidades escolares e as do desenvolvimento (Romanelli, 1991).

A questão da escola pública e da escola particular

Também cabe, nesta área, tratar dos isebianos "históricos", em especial porque a questão implica um tipo de relacionamento entre pessoas do grupo ou pelo menos próximas. Exceção feita a Mendes, em afinidade estrita com a Igreja Católica, especialmente nos anos 1960, os "históricos" assumiram reservas quanto à religião e contudo – exceção feita a Vieira Pinto – pouco se manifestaram sobre a questão da luta pela escola pública e laica.[14] O liberal Valnir Chagas (1978) lembrou que, nos anos 1950, a velha e rígida separação entre escola pública e privada tumultuou os debates da LDB, mas concluiu, con-

---

14 Ver *Petit Robert* – Dictionnaire de la Langue Française, edição de 1972, p.966;

O ISEB, OS INTELECTUAIS E A DIFERENÇA **195**

ciliador, que se tornou rapidamente uma curiosidade do passado. Para ele, os cuidados com o homem, representados sobretudo pela educação e pela saúde, não podiam ser deixados aos azares do espontaneísmo ou da especulação comercial. Toda escola era pública por natureza e destinação; pública, no sentido amplo, que não significava apenas estatal, mas envolvia o conjunto das forças sociais. Em atitude compreensiva, afirmou que o debate sobre a escola pública e privada, superado na generalidade em que se encontrava, alcançava seu *punctum dolens* quando se circunscrevia ao aspecto dos lucros.[15]

Romanelli (1991), tratando do *Manifesto dos pioneiros* de 1932, comentou também que o documento propunha adequar o sistema educacional a uma nova ordem industrial e burguesa, sem a questionar. O *Manifesto* representava uma luta contra a escola tradicional e não contra o Estado burguês. A mesma coisa escreveu ela a respeito do *Manifesto ao Povo e ao Governo*, de 1959, sobre os aspectos sociais da educação: educação para todos era dever do Estado. Quanto à questão da luta em favor da escola pública, e ao abordar interesses da Igreja pela educação privada, a autora opinou que o "essencial em tudo isso era o fato de a Igreja ter estado sempre comprometida, pelo menos até havia bem pouco, com uma ordem social fundada numa organização dual de características aristocráticas" (pp.150-151).

---

se lê que "leigo" é "o que não recebeu as ordens de clericatura, tratando-se de batizados". Laico (forma erudita de mesma raiz grega, com significado de povo) guarda o sentido negativo de independente de toda confissão religiosa. O dicionário ainda explica sobre laicidade: "Princípio de separação da sociedade civil e da sociedade religiosa, não exercendo o Estado nenhum poder religioso e as Igrejas nenhum poder político". A França conheceu controvérsias mais intensas dessa ordem no fim do século XIX.

15 O problema infirmado pelo que se chamou a ilusão liberal. Pela inspiração básica de teor liberal da campanha em defesa da escola pública, diz Saviani, o problema foi colocado em termos a-históricos e a-políticos. Imaginava-se "um Estado neutro que pairava acima das diferenças de classe, configurando-se no guardião dos interesses da sociedade em seu conjunto". Cf. SAVIANI, D. *Ensino público e algumas falas sobre a universidade*, pp.11-12.

Romanelli não atendeu ao outro aspecto, o da luta pela laicidade da escola. A respeito de certo tipo de laicismo, não obstante se pudesse mostrar válida a acusação de amarras ao poder tradicional, ganhavam razão as acusações católicas. Já constatamos, na pesquisa de Miceli, como o vínculo dos próprios intelectuais brasileiros com o Estado foi demais estreito, em especial desde a cooptação do Estado Novo, e a crítica liberal devia defrontar-se com isso igualmente. Doutro lado, uma experiência de repressão predominou na antiga URSS e países do Leste Europeu, no que se referia à cultura religiosa; e a lembrança do totalitarismo (fascista, nazista, franquista, salazarista, getulista) estava bem viva, em muitos, quanto a direitos fundamentais. Nesse sentido, pareceu-nos mesmo incoerente que a autora tivesse omitido o anticomunismo (ou antipositivismo) da Igreja dentre os motivos de rejeição à laicidade da nova escola.

Em numerosos ambientes, em especial católicos, o caso Anísio Teixeira se tornou histórico. Um dos artigos a ler sobre a questão, de cuidadosa elaboração, mais consistente até pela argumentação do que pelo zelo religioso, seria o de frei Paulo Evaristo Arns (1958), bem posteriormente Arcebispo de São Paulo.[16] O aceso debate não podia ser colocado entre parênteses; não fora inócuo, e 1964 o acabou comprovando de modo lamentável. Algo semelhante se foi dando com o Iseb: luta explícita, mas sem tomar conhecimento ou das próprias forças ou da força do outro, do adversário. Não careceram de análises no Iseb e não desconsideraram a presença de contradições, acabando por isso mais divididos? O próprio Corbisier, por exemplo, e outros à maneira dele, reconheceu que as esquerdas radicalizaram mais do que consentiria a conjuntura sócio-histórico-política, instigando a reação golpista militar. Não teriam percebido os nossos "históricos" que atribuíam demasiadas prerrogativas ao Estado ou às classes burguesas que, no poder, sabiam acomodar-se entre alianças e alternâncias? Faltou escutar grupos de pensamento e ação diferentes.

---

16 Somos convictos de que melhor respeito à vida e à cultura religiosa e à fé, no socialismo real, teria levado a melhor aceitação do socialismo no mundo.

Valor da ciência e ensino profissional

Ainda aqui nos defrontamos com as questões da tecnologia, do ensino técnico e da valorização do intelectual técnico. Estaremos atentos aos esclarecimentos do próprio Anísio Teixeira, que participou do Iseb e, de certa maneira, foi um técnico do ensino no Inep e na Capes. Apoiava-se a certa visão de conjunto, mas não esquecia que era preciso dinamizar a introdução da mentalidade científica nos meios educacionais.

Ele falou de uma educação que não mais nos convinha. A que se tinha em casa, a do rádio e a do cinema. Seu artigo trazia um título positivo: *A educação que nos convém* (Teixeira, 1954b).[17] O planejamento, para Teixeira, tinha de estar por trás de qualquer projeto de sociedade em vista do mundo do trabalho e da participação de todos. Diante da revolução industrial e tecnológica que avançava pelo século XIX, foi-se impondo a necessidade de abordar o mundo de modo científico. No Brasil de 1950, só a educação humanista não bastava. O autor reivindicava a educação secundária para habilitar "a posse de um instrumental de trabalho" (Teixeira, 1954a, pp.4-5). A civilização tecnológica avançava aceleradamente e requeria, de todos os indivíduos, não um mínimo de educação escolar, mas educação que nos permitisse viver e compreender as novas complexidades da vida.

Teixeira defendia também a cultura geral como aquela que era dada aos filhos de uma elite, sem propósito prático ou econômico. Exemplificou com as reivindicações populares em educação em países mais adiantados: os de menos recursos exigiram o ingresso possível a todos os tipos de escolas existentes, e não por necessidade espiritual ou de luzes, mas como condição para a vida econômica e o trabalho. No século XIX, disse Teixeira que "a educação podia ser ineficiente e podia se fazer de qualquer modo, como de qualquer modo se podia fazer a educação religiosa..." (pp.18-19), isto é, edu-

---

17 Não interessa que o empresariado do Ipes tenha feito uso de tal frase para nomear o seu Fórum bem mais tarde, em 1968, em versão elitista e tecnocrática. Cf. "Ipes – A educação que nos convém", fórum realizado em outubro/novembro de 1968.

cação como bem indefinido e indefinível ou numa concepção mística; atualmente, no entanto, o ensino deveria atender às novas condições de trabalho. O rádio e o cinema tinham sua utilidade educativa e criavam oportunidade, até para o analfabeto, de participar da vida da nação. A educação escolar, com mais fortes razões, precisava ser eficiente, adequada e bem distribuída, ensinando bem para poder cobrir as necessidades do trabalho diversificado e vário da vida moderna. Teixeira enfatizava que a escola não podia dar uma educação qualquer. Suas posições decorriam, em geral, do liberalismo e do pragmatismo, mas bem podiam lançar raiz nas posições de Vieira Pinto em *Ciência e existência,* obra segundo a qual caberia a todos partilhar da ciência e não só trabalhar.

Teixeira enfrentou problemas próprios de técnicos; e era como técnico da educação que, afinal, estava no Iseb. Sugeriu determinado tipo de escola secundária com eficácia empírica e aventou propostas para a administração: sistema descentralizado, responsabilidade das comunidades, pequenos conselhos escolares locais, fundo escolar municipal com receita prefixada, pluralidade que encontraria o seu centro de controle e unificação num Conselho estadual (Teixeira, p.28). O caso de Anísio Teixeira demontra que Corbisier se excedia ao atribuir caráter intelectual secundário a todos os técnicos e pedagogos oficiais.

Finalmente, a ciência. A revolução, no conceito proposto pelo Iseb, atestava que as ciências sociais evoluíam com as múltiplas experiências do segundo pós-guerra. Uma ciência só cresce ao abandonar o isolamento. E o Iseb também teria crescido abrindo-se à realidade, mas se limitou a batalhas por ideologia global.

Corbisier levantou, no final da década de 1940, a insensatez de criarem a tecnocracia como poder opressor. Como serviço técnico, entretanto, é necessária a tecnologia. A idealista imposição isebiana da filosofia, em míope visão de conjunto, também caía na insensatez, pois a sistematização sufocava a crítica, levando a verdadeira filosofia à queda ou colapso (Corbisier, *apud* Fougeyrollas, 1972).

A ciência passou por um desenvolvimento histórico; se não luzes somente, tampouco era toda sombras. Evidentemente era preciso desarticular os mecanismos de poder que conseguiam escravizá-la.

José Roberto Moreira (1954) reprovou o pragmatismo como teoria geral do conhecimento – unilateral, capitalista –, mas reconheceu a estima pela ciência, resultante da tomada de consciência de uma evolução histórica. Questão, pois, de critério de escolha. Convém recordar, criticamente, que se difundiu uma teoria ativa da modernização após a Segunda Guerra, aquela que servia à transferência de capitais dos Estados Unidos aos países devastados da Europa e aos outros continentes, inclusive a países recém-libertados das metrópoles européias. Por outro lado, desde o anteprojeto da LDB relatado por Almeida Júnior, se registrou aquela real finalidade do sistema educacional de produzir a formação social do capitalismo pela reprodução das forças produtivas e das relações de produção (Horta, *apud* Mendes, T., 1994). Uma negação da dimensão política era o resultado da cônscia perversão da relação entre fins e meios na tecnocracia. Da parte do Estado, devia estabelecer-se uma política da educação e até aí todos concordavam; mas era necessário definir quais concepções residiriam na base de tal política. Surge a pergunta sobre o poder: Quem definia os rumos da sociedade? Para Bosi (*apud* Mendes, T., 1994), o nacionalismo desenvolvimentista só significou arremedo de resistência diante dos males do gigantismo industrial e burocrático.

Daí o interrogar-nos: Se o caráter racional da ação econômica conduziu o Estado a criar grupos de trabalho e pesquisa para dar suporte à sua atuação (Iseb), donde a certeza de que novas propostas seriam bem aceitas pelo poder central do Estado? Ou ingressariam os grupos para legitimar ações dos políticos?, (Marinho, 1986).

A levar em consideração Lourenço Filho, as regras tinham de ser discutidas sempre de novo, exigiam um esforço de interpretação, por se situarem como normas gerais num âmbito abstrato. Isso obrigava a ter cuidado com a visão tecnocrática da realidade: era sempre um ponto de vista restrito. Lourenço Filho ao analisar a LDB de 1961 constatou que, para a formulação das leis gerais de ensino, elementos de muitas fontes confluíram: a filosofia e a ideologia política; as doutrinas correntes sobre administração pública; idéias generalizadas sobre aprendizagem e ensino; costumes relativos à vida das escolas. As leis vieram impor ordem jurídica, embora também tenham contribuído – nos Estados de Direito, países organizados – para salvaguardar direitos subjetivos perante o poder público. Ora, os serviços do ensino visariam a realidades específicas, situações concretas. Pelo lado do administrador, Lourenço Filho exemplificou com "a educação é direito de todos"; era definição, era um abstrato e supunha homogeneidade. Em termos práticos, porém, havia de tomar em conta "grupos diferenciados segundo idade, sexo, capacidades diversas e maior ou menor participação na vida do país" (Lourenço Filho, 1963).

Voltamo-nos a Lourenço Filho, não para justificar falhas dos governos e dos seus técnicos, nem para desculpar ideólogos, mas para indicar a complexidade de cada situação, a qual passava a exigir suma vigilância em vista de acertar. Fosse para o filósofo da visão geral, fosse para o técnico, a abertura a novas dimensões e aspectos do objeto poria uma exigência de, buscando uma práxis correta, tomar a sério tanto a teoria como a prática.

Os "históricos" do Iseb e o dualismo

Os "históricos" do Iseb falharam por alguns dualismos fundamentais. Em nome da visão de mundo unitária, cobriram de prerrogativas o filósofo, o homem culto, o homem da visão de conjunto, dirigente ou, no mínimo, conselheiro dos técnicos. Evolução se viu quando o Iseb, abrindo-se aos estudantes e às realidades da luta pelas reformas de base, pensava em novos termos a revolução brasileira: foi o momento em que Vieira Pinto colocou em primeiro plano o trabalhador, e Corbisier veio a refletir sobre temas caros à esquerda, como as reformas de base, a igualdade, a justiça, a derrota da corrupção.

O dualismo empresário/trabalhador foi uma constante insuperada, pois que perdurava a aliança com a burguesia industrial, a que devia liderar a revolução. Aparente suavização desse dualismo se descobriria com a voz de Jaguaribe, quando disse que todos eram empresários na medida em que aumentavam o próprio consumo. Na verdade, minimizando a luta de classes permanente, os isebianos negavam a se envolver com os problemas das classes trabalhadoras, sem chegar efetivamente à conversão ao Brasil que moveu Corbisier.

Uma dualidade, que era marca registrada da tradição educacional brasileira, foi a criação da escola para as elites (secundária e superior) e da escola para as classes populares (primária e a profissional). A primeira para os espíritos luminosos, a segunda para os que deviam sofrer, na expressão empregada por Vieira Pinto ao tratar da universidade. Educação das elites para os já emancipados, e educação popular para os que produziam, a fim de aumentarem a produtividade. Não houve unidade entre os nossos isebianos sobre como podia acontecer ascensão de classe; acordavam entre si que a participação no consumo nas cidades revelava aumento de salário e conseqüentemente participação na renda (Jaguaribe). Em especial sob Juscelino Kubitschek, não discutiam o desemprego nas muitas cidades de crescimento acelerado.

Dois outros dualismos socioeconômicos, já analisados, foram campo/cidade e regiões atrasadas/regiões desenvolvidas. As explicações de Jaguaribe sobre a socialização por meio dos salários na cidade não nos convenceram, porque não tocava no poder decisório. As explicações de Guerreiro Ramos quanto ao serviço que o Sul, comprador e consumidor dos produtos do Nordeste, estaria prestando a este, não podiam ser aceitas, porque de fato reproduziam, para o interior do país, a dualidade que, desde sempre, fora a raiz de toda crítica: colonialismo nas relações metrópole (Sul desenvolvido)/colônia (região atrasada).

Nossos isebianos eufóricos por favorecerem a indústria, incentivavam os trabalhadores a se transferirem para a cidade e pouco mencionaram o problema da terra. Jaguaribe, bem tardiamente, acabou por revelar que Juscelino, para garantir o apoio das classes latifundiárias, prometera não tocar nos problemas fundiários ou da agricultura. A verdade é que, neste Brasil e na América Latina, então e a seguir, se deu o maior êxodo populacional rural da história da humanidade.

Por que, no seu otimismo, se omitiram nossos isebianos ante os problemas concretos e a realidade crua das maiorias, ante o dualismo da discriminação, para deter-se nos problemas ideológico-filosóficos? A tese sobre a ação política do Iseb, de Alzira de Abreu, não esclareceu tudo, mas concluiu com algo fundamental: a ideologia nacional-desenvolvimentista foi

> meio de legitimação do Estado de compromisso, na medida em que forneceu ao populismo um instrumento de mobilização popular que, pela manipulação de símbolos nacionais, e a eles recorrendo, conseguiu preencher a função de tornar compatível o máximo de capitalização com o mínimo de tensão social (Abreu, 1975).

Proposta de debate e de discutibilidade

Poder e posições (ações) em conflito

Octávio Ianni protestou que, no Brasil, por tradição, só tiveram valor as elites esclarecidas e deliberantes. "Trabalhador não tem vez, *não discute*" (Ianni, 1984, p.58). Era velha a acusação, entre intelectuais, de que a desigualdade operava exclusões, e Djacir Menezes preconizara que, para alargar o círculo, necessário se tornava "interessar o povo na discussão dos assuntos coletivos. Educação, discussão livre, liberdade de opinião são condições vitais de vitalidade democrática" (Menzes, 1956, p.591). É pensamento antigo, retomado em 1956. Juscelino Kubitschek, em nosso período populista, alardeava: "Não tenho outra vocação que a da vida democrática. Aprecio o debate livre; gosto de críticas, de levá-las em consideração e de examinar, servindo-me das observações mesmo vindas de adversários, sobre se estou certo, se tenho pensado e agido corretamente de acordo com os mais altos interesses da nação brasileira." Limoeiro Cardoso, entretanto, comentou que, em Kubitschek (*apud* Cardoso, 1978, pp.245-246) "mesmo fatos de relevância não

O ISEB, OS INTELECTUAIS E A DIFERENÇA **203**

são discutidos, nem aprofundados nas razões que os motivaram. Seu tratamento é sempre e sistematicamente empírico...". Na realidade, JK procedia de outra maneira. Quando questionado pelas oposições, respondia com as realizações do seu governo, mesmo se o assunto fossem as reivindicações dos trabalhadores. "Devemos, em lugar de discutir infindavelmente, pôr-nos a trabalhar, a agir, a lutar" (Kubitschek, *apud* Cardoso, 1978, p.253).

Na expressão de Sodré referida por Abreu, também o Iseb, como instituição, pretendia ser "um centro de debates, onde todas as posições eram discutidas e criticadas" (Abreu, *apud* Cardoso, 1978, pp.220-221). Porém, segundo obtivemos pelas publicações, a grande dificuldade foi superar ciúmes e divisões, especialmente porque se interpunha o problema das posições e do poder. Por exemplo, Ramos, que mal saíra do Iseb, rotulou Mendes como o "trêfego conde papal (...), viva síntese de contradições, pois, ao que parece, consegue ser homem de confiança da Light, da Cúria, da Shell, do Iseb e do PCB" (Ramos, 1961, pp.141-142); e Vieira Pinto como o ingênuo que imaginava pudesse uma ideologia ser formulada.[18] Nossa pesquisa revelou que, sob as demonstrações de entendimento, cordialidade e vontade de servir ao conhecimento e à transformação, mal pôde ocultar-se a carência de abertura e diálogo entre eles, desde os primeiros tempos. Já relatamos que Werneck Sodré lastimou pouco se te-

---

18 Cf. RAMOS, A. G. *Mito e verdade da revolução brasileira*, pp.208-209. Aí escreveu, analisando *Consciência e realidade nacional* de Vieira Pinto: "Chega a ser cômica a sua ingenuidade [...]. Imaginamo-lo recém-admitido na intimidade do círculo que fundou o Iseb em 1955, e que vinha do antigo Ibesp. Aí, provavelmente, o Sr. AVP ouviu, diversas vezes, alusão à necessidade de formular-se a ideologia do nacionalismo brasileiro. Convenhamos que esse projeto, para os mais inteligentes e experimentados, nunca foi entendido senão como termo de conversa, incitamento à compreensão global do fenômeno brasileiro. Por definição, só se compreende cabalmente uma ideologia depois que ela encerra a sua eficácia histórica. Nunca houve, na história da inteligência, quem quer que seja minimamente categorizado para o trato das coisas do saber, que concebesse a idéia de formular uma ideologia. Só as ideologias mortas podem ser narradas". Observe-se que, como consta, Ramos passara a uma posição como a de Daniel Bell, *The End of Ideology*, obra de 1960. Lê-se à p.211: "Chegamos hoje, no domínio do saber, ao fim da

204 ANTÔNIO MARQUES DO VALE

rem encontrado para discutir programas. A propósito, mais tarde, em 1968, Mendes chegou a encarecer, de modo novo, a importância da reflexão com debate. Comentou que, com o regime tecnocrático-militar, houve "tendência à regressão, em conjunto com a do processo de reflexão, do sistema social, imediato, condicionador da produção ideológica"; denunciou que a produção ideológica foi substituída pelo estrito operacionalismo, e foram eliminados o processo de reflexão e o desempenho da função social da *intelligentsia*. Era o confinamento das oposições na busca da estratégia de subversão e não mais ao debate de alternativas. Mais que nunca dificultado o debate das massas ou com as massas, chegara-se também ao fim do período populista (Mendes, 1968).

É próprio do tecnocrata eliminar qualquer problemática relacionada com os fins e negar a dimensão política. O processo decisório fica submetido aos critérios da racionalidade técnica (Horta, *apud* Mendes, T., 1994). Contudo, também a esquerda abraçou posições impositivas, com freqüência cerceando o debate. Se grupos de direita radicalizaram na repressão ao crescimento populista das massas e no avanço das reivindicações por reformas, também as esquerdas radicalizaram em agressividade, propugnando pela política econômica nacionalista, por maior controle sobre os lucros das empresas estrangeiras e distribuição da renda, pela extensão dos benefícios do desenvolvimento a todas as regiões do país, pela transformação da estrutura agrária (Abreu, 1975). Já ninguém recuava, e o resultado foi a tomada do poder pelos militares em 1964, segundo as idéias prevalecentes na Escola Superior de Guerra.

Caberia, aqui, refletir, com Raymond Aron, sobre a radicalização diante do impasse criado, quando não se podem aceitar as desigual-

---

ideologia. [...] Depois de tantas frustrações, de tantas promessas não cumpridas, a ideologia chegou ao fim [...]". Contudo, prosseguindo na crítica a Vieira Pinto e à sua obra *Consciência e realidade nacional*, Ramos crê que, ele próprio, é o verdadeiro crítico a assumir o marxismo, não como ideologia, mas como sociologia viva [grifos nosso] (pp.211-212).

O ISEB, OS INTELECTUAIS E A DIFERENÇA   205

dades: "... quem se recusa a derramar o sangue resigna-se com faci-lidade à desigualdade das condições" (Aron, 1980), ou quem optou pelas maiorias se sentiu obrigado a escolher pela ação e ir até o fim. Cremos apresentar-se aqui outro aspecto do profetismo do intelec-tual, mencionado por Pierre Henri Simon (Bodin, 1964). Aron adver-tiu sobre o paradoxo daí originado: "O revolucionário torna-se car-rasco, o conservador desliza para o cinismo". Na busca de solução do impasse, Aron se perguntava: "Pode o intelectual escapar à discipli-na da ação?". Se a resposta fosse não, continuaria o impasse; se fosse sim, o cinismo se consagraria vitorioso. Consciente de que os intelec-tuais, iguais ao comum dos mortais, não se libertam da lógica das paixões e se inquietam tanto com a eficácia como com a eqüidade de suas palavras, Aron achou mais sábio responder em favor da escolha histórica, a que comporta os riscos da condição histórica. Disse su-gestivamente:

O intelectual não recusa a participação e, no dia em que participa da ação, aceita a sua dureza. Mas esforça-se por nunca esquecer nem os argumentos do adversário, nem a incerteza do futuro, nem os agra-vos aos seus amigos, nem a fraternidade secreta dos combatentes (Aron, 1980, pp.243-244).

Dogmatismo e discutibilidade

O dogmatismo

A discussão científica não admite um ponto final, portanto, não admite o dogmatismo. Em termos ideológicos e educacionais, dog-matismo é a adesão do povo aos imperativos da consciência da vanguarda, que só considera verdadeiras as suas posições. As dos demais grupos são falsas. É o que se chama exclusivismo, de con-seqüências terríveis para a organização social e a relação entre as na-ções. Sem considerar os sofrimentos individuais de quem ainda não tem voz nem vez.

Na reação ao antieducador, que é o tecnocrata poderoso, demiurgo fácil que faz e que impõe com facilidade, Trigueiro Mendes distinguiu o educador: este "conhece, antes de mais nada, os ritmos longos, densos e, às vezes, imprevisíveis que a práxis engendra e articula para dentro e para fora de cada homem" (Mendes, T., 1994, p.59). Os ritmos longos se opõem, aqui, a toda imposição e aceleração; pulsam em favor da discussão livre e do debate participativo. Um simples conhecimento aberto, porém, não foi bem o que o Ibesp perseguiu, no seu tempo, liderado por Jaguaribe; andou à busca de um conhecimento da realidade social integrado, sistemático, abrangente, uma ideologia. O Ibesp articulava um projeto político para interpretar a crise nacional, esclarecer ideologicamente as forças progressistas; um projeto revolucionário, embora reformista e sob a liderança de uma *intelligentsia* acima das classes, conforme delineado em Mannheim (Schwartzman, 1981). Abrangência e sistematicidade, ideologia esclarecedora e revolucionária (eficiência imediatista) contrastavam com os ritmos longos e a abertura do conhecimento que o educador tinha de vivenciar quando se deparava com os empecilhos do real. Não se aceitam o sistema e o dogmatismo de leituras doadas. Para a educação, neste caso, e contra as soluções globais e centralizadas, citamos Ladislau Dowbor: "Nossa educação não tem de moldar-se à idéia de um tipo 'ideal' de educação, e sim partir de uma sólida compreensão das necessidades diferenciadas e prioritárias da população, segundo as regiões e grupos sociais". E, a seguir, pressionando por conhecimento aberto, debate e participação permanente: "Ninguém entende melhor das suas necessidades do que a própria população" (Dowbor, 1986, p.64).

Imposição fácil de uma nova verdade é realidade de hoje como foi de ontem. Nosso final de século XX o confirmou. Milton Santos denunciou as formas brutais com que a atual globalização impôs mudanças, e convocou para um debate, sem ambigüidades, de revisão sobre o que fazer com as coisas, as idéias e as palavras. Devia-se tomar o Brasil como situação estrutural, mas, em meio a tal globalização, as estruturas não podiam ser reconhecidas facilmente. Qual o papel do intelectual nessas condições? Seria insuficiente ape-

O ISEB, OS INTELECTUAIS E A DIFERENÇA 207

nas promover o combate às formas de ser da nação ativa. Santos sugeriu, primeiro, mostrar analiticamente a vida sistêmica da nação passiva e as suas manifestações de resistência a uma conquista indiscriminada e totalitária. A seguir, oferecer à reflexão da sociedade em geral a visão renovada da realidade contraditória e de cada fração do território, sem esquecer a sociedade desorganizada. Com o novo interesse social, também esta contaria com ajuda para postular o exercício de uma política diferente no país (Santos, 1999).

Já Anísio Teixeira (1954b) acreditava que também o analfabeto conheceria nova inclusão, tomando parte no debate geral e público de todo o país, auxiliado pelo uso educativo e emancipador da rádio e do cinema. Pensava superar exclusões.

O intelectual sempre teve de travar uma luta contra a barbárie, luta perigosa que, em geral, venceu como o comprovou seu papel determinante nas mudanças socioculturais. Precisou deixar o abstratismo das querelas de definições e unir-se a outros intelectuais, velados ou não, para ativar o interesse de homens e mulheres pelos ganhos possíveis que os desafiavam (Bodin, 1964). O desafio à luta atinge todos. Com suas obras, Aron batalhou por esse resgate da política e pela participação no poder. Política em sentido negativo. Ele não procurava por uma definição ou por dizer *o que é* a política, mas, de preferência, por estudar *o que não é,* o que *não deve ser* a política. Assim, Guilherme Merchior apontou que Aron, visto que fugia a qualquer conceito de totalitarismo, considerava grande erro "atribuir ao comportamento político uma univocidade que ele não tem". "A realidade da política escapa à univocidade da teoria" e, por isso, ela é, sobretudo, uma multiplicidade de objetivos e valores.[19]

Como se trata, neste capítulo, de universalização ou de sua freqüente imposição unilateral, e como a religião (o cristianismo) é espaço demais exposto a tais perigos, trazemos uma palavra da Teologia Católica que orienta e reforça os pontos de vista de nossa crí-

---

19 Ver prefácio de José Guilherme Merchior. Em: ARON, R. *Estudos políticos*, pp.17-20 passim.

tica: "O absoluto corresponde somente a Deus; o que cabe ao homem é a tarefa inacabável de ir assimilando-o, tanto na glória como na humildade do serviço...". E ainda: "... a *situação* é o lugar indispensável de todo verdadeiro diálogo; a única coisa que se pede é ser conscientes dos próprios pressupostos e mantê-los abertos à confrontação" (Queiruga, 1997, pp.22-23).

A discutibilidade

Criticando o falso debate e a antecipada decisão de quem não aguarda por um argumento do interlocutor, e urgindo pela superação de qualquer dogmatismo, escreveu Vieira Pinto (1969): há os pensadores que "representam os interesses dos setores dirigentes, e cultivam tacitamente a crença de que seu modo de pensar corresponde ao da sociedade por inteiro" (p.151). Não é possível debater para manter sua própria verdade; para o autor, o processo crítico e único é o de ensino/aprendizagem. E aprende-se com os técnicos, sem descaso nenhum pela amanualidade, pelas mãos. A consciência, em sua constante indagação sobre o próprio papel social, abria-se assim ao debate coletivo, à crítica recíproca, à permuta de pontos de vista, à troca de opiniões e sugestões sobre os problemas comuns de educadores e educandos (Pinto, 1982).

Qualquer discussão, evidentemente, tem de consentir na manifestação das contradições. A contradição não pode mais ser exorcizada, como o foi desde Aristóteles até Leibniz, em conexão com o princípio de não-contradição. Bem a propósito Corbisier levantou uma pergunta: "Se as contradições, quer dizer, os problemas, são insolúveis, por que ou para que filosofar? (*apud* Fougeyrollas, 1972, p.XXIII).

Já lastimamos que os nossos isebianos falharam em não praticar entre si um debate mais amplo; na discussão, a sociedade do tempo teria aparecido mais heterogênea e o campo ideológico mais complexo. Aliás, advertiu-se validamente que mesmo os intelectuais marxistas descuidaram e não discutiram, por exemplo, para além das questões da propriedade, da alienação e das transformações nas

O ISEB, OS INTELECTUAIS E A DIFERENÇA **209**

relações de produção (Chauí, 1982). Trata-se de exemplos. Na verdade, Chauí foi mais longe quando afirmou que Marx não se devia tornar um dogma; ele mesmo, em sua época, discutira o seu mundo com suas representações, alterando-os e alterando-se. Aos atuais intelectuais, pois, caberia não se poupar dos rigores das análises e dos percalços da prática, fazendo da álgebra da história a única estrela de quem navega sem mapas.

Herbert Marcuse em obra significativamente de 1964 – pensamos no Brasil – declarou que um governo (poder), em país desenvolvido ou em fase de desenvolvimento, só ia garantir-se quando organizasse ou explorasse com êxito a produtividade técnica possibilitada pela sociedade industrial (Marcuse, 1982). Um país atrasado deveria, se quisesse avançar na industrialização, buscar de fora o capital necessário ao acúmulo primordial. Índia e Egito, por exemplo, tinham até de acelerar a industrialização se fosse para obter relativa autonomia na competição com os dois gigantes da época, Estados Unidos e União das Repúblicas Soviéticas. Marcuse imaginava graves limitações à autodeterminação do país que cogitasse, como alternativa para melhorar seus estilos tradicionais de vida, trabalhar simplesmente sobre bases próprias. Mudanças que autorizassem tomar tal rumo não se faziam perceber de modo algum.

Apenas mencionamos a realista intelecção marcusiana sem entrar no mérito da polêmica sobre o nacionalismo em nossos isebianos. Recordamos apenas a complexidade de qualquer situação, sobretudo na atualidade.

Tratando de um universo estabelecido da locução e do comportamento com racionalidade técnica própria, Marcuse descobriu nele o fator mito, porque há elementos mistificadores, irracionais, empregados na publicidade, na propaganda e na política da produção. Como o mito se encontra também na fase moderna industrial, havia nesta uma irracionalidade do todo, muitas vezes bem escondida, e igualmente, contra-atuando, um comportamento racional que recusava continuar com as condições produtoras de insanidade.

Para forjar um homem unidimensional, a sociedade industrializada estabelecida controlava toda comunicação normal, enquanto, aos valores estranhos às suas exigências, a tendência era não deixar nenhum meio de comunicação, a não ser, até para tentar chamar os homens e as coisas por seus nomes, o meio anormal da ficção. O sistema material e a cultura se tinham endurecido contra o surgimento de um novo sujeito, contra uma modificação qualitativa ou "controle vindo de baixo" (Marcuse, 1982, p.179). Seriam muitas as possibilidades da sociedade industrial adiantada, mas os meios e instituições cancelavam seu potencial libertador. Por isso, Marcuse, admitindo que os extremos históricos pudessem (probabilidade) se encontrar – "a mais avançada consciência da humanidade e sua força mais explorada" –, prestava apoio, em nome da lealdade da teoria crítica, aos que, dentre os "sem esperança", "deram e dão a sua vida à Grande Recusa" (Marcuse, 1982, pp.227-231).

Na verdade, além da nova racionalidade hegemônica, Marcuse admitiu uma *outra dimensão*, a que é liqüidade "por sua incorporação total na ordem estabelecida"; nessa incorporação (para solidez da "coesão social"), parecem rolar abaixo "os ideais de humanismo, os desgostos e as alegrias individuais, a realização da personalidade", "valores culturais" que, na "luta entre Oriente e Ocidente, são diariamente administrados e vendidos" (Marcuse, 1982, pp.233-235).

Se, de início, entendemos que Marcuse já considerava positivamente uma bidimensionalidade dialética, racional/irracional, a seguir, pudemos apreender nele as notas da multidimensionalidade da realidade humana. O homem todo: humano-afetivo que se doa e se recusa, social, histórico, político, cultural, religioso, administrador-técnico; sempre intelectual (racional), provocado a participar ou a negar-se, a unir e a dividir, em constante e difícil atitude dialogal. Acreditamos que Marcuse nos ajuda a dizer, com os nossos isebianos, um sim ao filósofo/ideólogo; mas também ao técnico, e a tudo o mais que a Grande Recusa não consente deitar abaixo.

Papel do intelectual e planejamento da educação têm a ver em especial com a ciência. Qualquer debate, nestes tempos de império da razão instrumental, costuma abranger a pergunta sobre os critérios de cientificidade. Ora, segundo Pedro Demo (1989), o

O ISEB, OS INTELECTUAIS E A DIFERENÇA **211**

mais aceitável dos critérios era o da discutibilidade, que, no seu lado político e educacional, não pode ser dogmática; pelo contrário, as ciências devem assomar como diálogo ou comunicação de conteúdos, não se deve separar teoria e prática e o estudo de problemas visa sempre ao novo, a soluções. Discutibilidade, pois, mantinha um realista controle da ideologia. Discutível, a ideologia nunca tornaria a ciência subserviente: o argumento e a competência se imporiam.[20] Também estariam a salvo as condições objetivas e subjetivas do diálogo humano, "fala contrária entre dois atores que se comunicam e se confrontam" (p.29). Esse diálogo mesmo reclamaria que fosse controlada a ideologia com o seu possível ardil, em busca de dominar mais do que de comunicar. Pedro Demo referia, a essa altura, à importância de refletir sobre o poder da especialização, que podia desembocar na tecnocracia; teria esta o seu corretivo na interdisciplinaridade e na complementaridade entre especialista e generalista. E ponderava sobre o pluralismo: nem todas as posturas gozariam de igual valor político, e uma sociedade desigual sempre exigiria o compromisso de abertura em termos de discutibilidade, em busca conjunta. Bem diferente da posição eclética, aquela falta de posição elaborada de quem ficava com qualquer coisa (Demo, 1989).

Defender a discutibilidade não seria defender valores liberais ocidentais? Não eram os liberais que defendiam a liberdade de controvérsia? Não necessariamente. Ela é de todos, é do bom senso. As experiências particulares do Ocidente mostraram que o dogmatismo só infelicitou populações e permitiu avanços pouco satisfatórios. Sem o escutar e sem a troca de experiências, é de surdos o diálogo.

---

20 Já vimos que Pedro Demo buscou o conceito de discutibilidade a J. Habermas, à sua teoria da ação comunicativa.

Diálogo e modéstia intelectual

O uno e o diferente

A que servem os intelectuais? Nossa pergunta fundamental aborda a própria política gramsciana. A tarefa deles é gerar o consenso, diria Gramsci. A política, em Gramsci, é a "expressão cultural que visa a assumir as formas homogêneas da consciência social em um bloco, no qual as classes produtoras e trabalhadoras encontram a proposta intelectual capaz de dirigir a sociedade" (Gonzalez, 1981, p.90). Política e formação da cultura, pois, não se separam, como não se podem separar interesse do indivíduo e interesse da comunidade, ou vice-versa.

O sistema de Paulo Freire e seus métodos da cultura popular foram, positivamente, analisados por Cândido Mendes, em 1966. Mendes chamou a atenção, porém, para o perigo de uma experiência solidária que não necessitava a capa opaca do individualismo. O positivo era a personalização pela comunicação, numa via nova do humanismo que a cultura popular trilhou. O vínculo associativo ia até além da organização de um grupo oprimido ou da estrita disciplina objetiva de uma coletividade reivindicante. A articulação comunitária e os laços do diálogo deviam continuar a projetar, no campo do trabalho, o sentido básico de personalização que marcou a emergência da cultura popular. O método supunha uma "interpenetração cada vez maior deste 'nós', por sua vez subordinado a um enriquecimento e a uma iluminação cada vez mais densos" e o resultado seria uma solidariedade constelada e vivida com os circunstantes (Mendes, 1966a, p.208). A crítica de Mendes demonstrara que as palavras geradoras atuavam no sentido de que o mundo dos participantes se apresentava extremamente homogêneo, ou que o aprendizado posterior (ou abstração subseqüente) não favoreceria a individualização ou insulamento do alfabetizando.

O autor ainda indicou para uma aplicação prática da sua crítica: os temas da reforma agrária e do parcelamento (evitando o minifúndio) estariam correlacionados com a compreensão sobre sindicalização e cooperativismo. Sindicato e cooperativa surgiriam, um

O ISEB, OS INTELECTUAIS E A DIFERENÇA **213**

e outro, como alongamento do diálogo entabulado nos círculos de alfabetização e cultura. Logo, aquela personalização não levava a uma individuação dos que viviam desguarnecidos de uma memória social consistente. Mendes receava a massificação e reclamava pela afirmação da individualidade de um membro participante.

Michel Debrun, negando a conciliação por ser cooptação, admitiu falar de negociação na luta político-ideológica, limitada, porém, como "trégua movediça entre valores incompatíveis" que visassem à recíproca eliminação, num acordo entre cavalheiros, como se os dois lados fossem movidos pelas mesmas orientações sistêmicas. Insistiu na importância de uma política global. Os grupos mais críticos, para realizarem trabalho sério e conseguirem alternância do poder – os que se apoderaram do poder, ainda que queiram dialogar, não desejam compartilhar o seu poder –, deveriam empenhar-se, insistia ainda Debrun (1983, p.35), por "desmistificar as ideologias conservadoras" como aquelas que divulgavam que a sociedade precisava ser educada. E mais, Debrun lembrava que Gramsci prevenia contra qualquer transformismo ou assunção fácil de proposta de outro partido; os intelectuais tradicionais podiam ser como casta auto-recrutada (sem projeto?) a manter uma tradição intelectual dentro de certa instituição, mas já sem guardar referência a um grupo antigo e concreto com o qual se comprometera. De fato, Debrun admitia o diálogo em vista da dinâmica global da sociedade e de certa coesão, um diálogo entre intelectuais orgânicos e tradicionais que podia estimular seu entrosamento progressivo, de modo que um pólo atendesse cada vez melhor à perspectiva e às preocupações do outro pólo. O intelectual tradicional, disponível e desengajado, dotado de certas aptidões – como conhecimentos sociais, capacidade refinada de dedução e síntese, visão do mundo mais abrangente –, poderia ajudar o intelectual orgânico a melhorar a própria auto-consciência e a fazer mais aceitável um projeto de sociedade. Nessa conexão, tratava-se, evidentemente, de colaboração e diferenciação de papéis ao mesmo tempo.

O diálogo era dificultado até pela situação vivida naqueles inícios da década de 1980. Via-se bem claro que Debrun se reservava diante de posições que não a sua. No caso de um projeto de sociedade ser abraçado radicalmente, ficava impedido o encontro de posições. Mas os educadores Paulo Freire e Antonio Faundez, exatamente em nome da transformação, apontaram para a tolerância: "Eu talvez tenha parte da verdade, não a tenho em sua completude, parte dela está com vocês – procuremo-la juntos" (Freire e Faundez, 1985, p.43). Diálogo assim é o que se requer para a transformação sócio-político-econômico-educacional, contudo sem dispensar a personalização na comunidade ou a individualização dos interlocutores.

O intelectual e o debate

Paulo Freire e Antonio Faundez se posicionaram contra o autoritarismo de quem tinha uma verdade e tencionava impô-la a toda força. O educador devia propor, não se podia negar a propor; e nem se recusava à discussão democrática radical, que não desafirma o educando. Contraposto ao autoritarismo e também ao espontaneísmo, o debate vinha salientar, com Gramsci, que todos são filósofos. O chamado não-filósofo, homem do senso comum, um filósofo que se ignora, é quem conhece profundamente a sua própria realidade, e o intelectual que se quer unir às massas deve saber apropriar-se de tais conhecimentos do senso comum. Mas o intelectual se depara sempre com o desafio de enfrentar o saber científico como poder. Caso dissesse "este é o caminho", se poria como autoritário, e se, no pragmatismo, esquecesse a ciência e a teoria, seria um empírico. Nos dois casos, prestaria serviço à direita, isto é, aos dominadores. O papel da subjetividade para a transformação da realidade foi enaltecido por Freire e Faundez em todo o processo educativo; alertavam que a realidade se expressava "fundamentalmente através das massas que vivem cotidianamente de uma forma diversa da que nós pensávamos, do que o conceito nos mostra" (Freire e Faundez, 1985, p.63). A discussão reconduzia a Gramsci: um intelectual antidogmático, no centro da filosofia, da política e da pedagogia; e também nacional, porque comprometido com a situação e com o particular antes do universal.

O ISEB, OS INTELECTUAIS E A DIFERENÇA **215**

Paulo Freire rejeitou o elitismo de quem trabalhava *para* as classes populares e não *com* elas. O intelectual, que tinha um sonho político, devia discutir; que fosse "um sonho possível de ser realizado e sua realização seja nas concretas condições em que se acha" (pp.67-68). Somente iria *ofertar* às classes populares, às classes trabalhadoras, o seu sonho, na condição de o realizar *com* elas. Deparava-se aí com uma passagem a operar, o suicídio de classe (Amílcar Cabral), rumo a uma comunhão em que eles teriam a humildade de ensinar mas também a humildade de aprender. Para Paulo Freire, eram *novos intelectuais* só os que tinham a compreensão das classes populares.[21] Era preciso, pois, criar uma sociedade onde o perguntar fosse um ato comum, diário...; em atitudes novas que iam realizar o sonho, o poder ia sendo reinventado e um novo conceito de poder (popular) se ia desenvolvendo.[22]

Dentro do espírito da economia política, os sonhos dos oprimidos foram recordados por Michael Apple (*apud* Linhares e Garcia, 1996): os sonhos das mulheres, dos negros. A educação se tornara mais importante do que noutros tempos, porque ia capacitar as pessoas a questionarem umas às outras, a conhecer os sonhos das demais, a lutar nas instituições onde trabalhavam e a incorporar todos os múltiplos sonhos em novas instituições. Uma unidade descentrada. À maneira de Gramsci, Apple queria novo planejamento: "... cercar o Estado dominante com formas democráticas e socialistas" (p.113), uma luta fora do Estado, em escolas, nos locais de trabalho. Era uma revolução. Raymond Williams a chamou de "a longa revolução".

---

21 É oportuno lembrar que humildade pode ter conotação histórica muito rica a partir das raízes bíblicas. A raiz latina é *humus*, o chão, a terra. Humilhar-se, como um descer de novo ao mesmo chão no qual todos se encontram em igualdade, significa, sobretudo, serviço; é crítica à arrogância (a hybris grega) elitista, dos melhores. Não significa submissão rastejante. "A humildade bíblica é, em primeiro lugar, a modéstia enquanto oposta à vaidade" (LÉON-DUFOUR, X. *Dictionnary of biblical theology*, p.218).

22 Sobre o poder, os dois autores travam entre si longo diálogo. Ver: FREIRE e FAUNDEZ, 1985, pp.75-85.

216 ANTÔNIO MARQUES DO VALE

Igualmente nesses termos de revisão do socialismo e de resistência, Anne Sasson (*apud* Linhares e Garcia, 1996, p.63) propôs re-
pensar o partido, o qual padecia do perigo de ser uma organização
que tudo sabia e tudo fornecia. Para além do partido, era preciso

> uma regeneração de toda uma gama de organizações, desde sindicatos,
> grupos de mulheres, organizações voluntárias, associações profissio-
> nais, até as instituições educacionais que formam aqueles que formu-
> lam os planos de ação e os intelectos daqueles que analisam a socieda-
> de, ajudando a criar a cultura.[23]

Depois de abordar a necessidade de rediscutir os problemas em
grupos, é oportuno voltar à humildade do intelectual, e, em favor de
um projeto de sociedade, recordar a eles – incluídos aí os educadores – propostas que a muitos têm passado despercebidas. No Iseb,
bem observamos, faltaram a amizade e a cordialidade, o planejamento humilde em equipe, a solidariedade para carregar juntos os
combates diversos. Revisitando a filosofia, a Didática Fundamental valorizou recentemente a multidimensionalidade do processo
ensino-aprendizagem. Destacou-se a percepção da professora Candau, que coordenou seminários da área. Algumas falas, em seminário, lembraram essas dimensões do processo: humana, técnica e política. Candau (1990b) disse: "Competência técnica e competência
política não são aspectos contrapostos".

Noutro seminário, Candau enumerou, sob o nome de estrutu-
rantes do método didático, e articuladas entre si contra dicotomias
e dualismos, estas dimensões: intelectual e afetiva, objetiva e subjetiva, lógica e psicológica, política e técnica (Candau, 1990a). Fi-

---

23 Interessante como N. Chomsky, depois de explicitar como o grande capital espe-
culativo internacional vai ficando cada vez mais afastado da influência popular,
sugere, dialeticamente, que "haverá uma reação popular para adquirir controle
local e criar centros de poder e, em última análise, orientar-se no sentido de dis-
solver o poder central". Cf. CHOMSKY, N. Noam Chomsky, em: LINHARES
e GARCIA, 1996, p.47.

O ISEB, OS INTELECTUAIS E A DIFERENÇA 217

nalmente, o que tinha sido raro no âmbito intelectual e escolar, se chegou a dar ênfase à dimensão afetiva, ou, como chamaram outros pedagogos, humano-afetiva. A esse propósito, ainda cabe mencionar Menga Lüdke, que assim se expressou na ocasião:

> O futuro professor recebe muito pouca ajuda vinda de uma relação direta, pessoal, com outro profissional, em sua prática. (...). O professor é lançado à sua prática isoladamente e assim continua a exercer sua profissão, sem o contato com seus colegas ou com os superiores responsáveis por sua iniciação. (...) O exercício isolado (...) tem, aliás, profundas repercussões (...): dificuldades de desenvolvimento do próprio profissional, através do estabelecimento de um sistema de avaliação pelos pares, falta da comunicação de soluções de ensino encontradas em uma classe, falta de reconhecimento direto do bom trabalho (Ludke, *apud* Candau, 1990a, p.69).

Marli André (*apud* Candau, 1990a, pp.176-177), exatamente reclamando por um redimensionamento da Prática de Ensino, privilegiava a troca afetiva entre professora e alunos, inclusive na chamada: "O aluno parece se gratificar (...), parece vibrar com a atenção da professora..."; e o aluno reage: "... a gente diz o que pensa...". A autora enfatizou, na linha da afetividade: "A professora o está individualizando..." .[24]

Abordamos um projeto de imposição de idéias, de ideologias, de filosofias. Tocamo-nos com a dificuldade de entendimento e abertura dentro do Iseb. Comoveram-nos a sentida divisão entre nossos "históricos" – divisão para sempre, e solidões individuais – bem como o dogmático pouco-caso do filósofo com referência ao técnico e às massas. Inegavelmente, nos foi dado também poder para apreciar mudanças aqui ou acolá ou ver a promoção de projetos, escritos às vezes em garatujas, mas na efervescência das contradições. Totalidade e diferença, ternura na guerra e na paz, com pre-

---

24 Cf. neste capítulo a observação de Cândido Mendes sobre a importância da individualização ao lado da personalização como 'nós' em comunidade.

ferência para a paz, são reclamos permanentes – e contraditórios, sim – que também estremeceram o Iseb. Nada, porém, que sugerisse a paralisia ante a realidade. Sob o peso da hegemonia neo-liberal, e ruminando ditados pós-modernos, podemos, um exemplo entre muitos, mencionar nova organização e novas lutas como as daquela "esfera privada" (Habermas falou assim da mulher, em contraposição ao público), num mundo sem justiça social e subjugado sempre por leis masculinas, como escreveu um Michael Apple (*apud* Linhares e Garcia, 1996). E então é oportuno, em diálogo de diferentes, aceitar a interlocução com a *militante* gramsciana Anne Sassoon:

> Devemos estar em contato com nossos próprios sentimentos e relacionar nossos pensamentos com eles, se quisermos ter alguma chance de estar em contato com outros. Ou seja, um repensar que compartilha preocupações com outros deve vir de dentro assim como de fora. Precisamos escutar nossos corações e refletir sobre nossas experiências cotidianas, para começar a verificar se nossas idéias e nossas políticas são válidas. De que outra maneira poderemos ter empatia por outros, por mais que reconheçamos a distância entre experiências diferentes? (Sassoon, *apud* Linhares e Garcia, pp.51-52).

CONCLUSÃO

Temos de reconhecer que o esforço teórico e prático dos "históricos" do Iseb, nas condições vigentes no seu tempo, alcançou profundidade e vasta repercussão. Em grupo tão jovem quanto resoluto – a ponto de não divisar alguns limites – foram notáveis a construção e acumulação de conhecimento sobre o Brasil. Permanecem várias interrogações sobre o período e sobre as diferentes abordagens. Queremos enunciá-las. Depois, com a menção subsidiária de outros autores que trataram da razão moderna e do papel do intelectual, levantaremos alguns aspectos filosóficos e ideológicos que projetam a relevância de mantermos em aberto nossas análises e de promover, teimosamente, uma discussão mais ampla. É muito provável que do trabalho resultem ações mais amadurecidas em favor de nosso mundo e nossas comunidades, de nossa cultura e nossa educação.

Questões dirigidas aos "históricos" do Iseb

São muitas as perguntas que colocamos aos isebianos. Significam uma intimação a prosseguirmos na reflexão. Não teriam sido obrigados a responder a todas. Muitas delas representam inquietações que persistem no tempo, exatamente porque as mudanças preconizadas não corresponderam às expectativas nem da época nem às atuais. Morderam os problemas; a solução está por vir.

Estas questões ficam em aberto também para outros.

Não havia cultura no Brasil, no início do século? Mas a cultura não é também um fazer, uma ação realizada para a transformação da natureza? O povo brasileiro, homens e mulheres, sempre fez algo, e, fazendo, usou de técnicas. Por que chegaram a radicalizar a intelectualização da cultura a ponto de perder o fazer?

Num país subjugado, e estando eles aptos a criticar o semicolonialismo, por que não viram as pequenas colonizações, o controle de uma região sobre a outra e as diferenças berrantes?

Jaguaribe se mostrou um planejador e muitas vezes indicou soluções, como um tecnocrata. Se nele começavam a unir-se filosofia e técnica, por que não ajudou o grupo a também valorizar a técnica e, internamente, promover um interesse na luta pela formação integral das populações em êxodo?

Se viram Juscelino Kubitschek comprometido com problemas técnicos da economia e da indústria, alheio à visão de conjunto, por que, no período, não realizaram a crítica do seu governo?

Se tiveram notícia das lutas em Cuba, por que tão pouco se manifestaram sobre a questão, e como todos se puderam alhear aos problemas da América Latina colonizada, dado que já haviam encetado uma reflexão sobre ela? Obrigavam a tanto o seu nacionalismo ou a eqüidistância entre as duas grandes potências?

Se havia um Paulo Freire já despontando, por que também não se manifestaram sobre as ações concretas para o despertar das consciências e a superação do espontaneísmo? Como não coube, nas primeiras etapas, referência direta aos meios de comunicação de massa, o rádio em especial?

Havia uma discussão em pauta sobre nova Lei de Diretrizes e Bases da Educação Nacional e em torno a planos de educação para o trabalho. Que é que os levava a ausentar-se desse debate, também coordenado pelo Ministério da Educação e Cultura?

Quais os motivos reais por que os demais membros do Iseb deixaram para seis ou oito líderes os cuidados por um Instituto de tão vastas pretensões?

Estando o Iseb envolvido com o debate sobre o poder com processos de moldagem, como explicar que não se interessaram pelo campo imediato da educação, lugar de dominação, de ideologização, de concorrência?

Como explicar que, nas reflexões dos nossos isebianos, ainda não se desse espaço para a dimensão humano-afetiva?

Muitas outras perguntas poderiam ser enunciadas; certamente todas motivariam futuras pesquisas sobre uma fase nacional de aprendizado e esperanças, de ambigüidades e contradições.

A multidimensionalidade e o diálogo

Se, em nosso quarto e último capítulo, avançamos com propostas, estamos, agora, numa conclusão definitiva. Ainda parece oportuno dizer que o diálogo indicado não pode, ele tampouco, ser entendido como um convite ao idealismo. Diálogo não é solução mágica. Existem muitos diálogos enganadores e numerosos deles abortam. Os de índole pacifista, como pudemos referir, encobrem contradições e conflitos, colam bandagens em cima de machucaduras sem assepsia, produzem tristes conseqüências. Diálogo não pode ser puro conceito ou nova abstração, desatado de problemas reais, nem solução falsa ou ingênua que, como por encomenda, um tecnocrata jogue depressa em cima da mesa de discussão. Simplificássemos nós a proposta, cometeríamos injustiça contra o serviço intelectual prestado ou as dificuldades vividas pelos nossos isebianos "históricos" e arriscaríamos, no fim deste estudo, desperdiçar vantagens acumuladas ou dar um salto no vazio em lugar de avanço e conquista.

Quanto ao período que analisamos, fomos ler as conclusões de Limoeiro Cardoso sobre Juscelino Kubitschek. Elas denunciaram as gritantes desigualdades sociais e, em especial, a ideologia de fundo da administração do presidente. As desigualdades entre desenvolvidos e subdesenvolvidos explicavam-se por mero atraso, corrigíveis com a aceleração do crescimento. As enormes diferenças entre regiões ou entre grupos ricos e pobres mereceram pouca discussão, e a ideologia não anunciava o mais leve sinal de estruturação social, reduzindo todas as explicações a questões de partidos. Em suma, dava-se, no governo de Juscelino, uma racionalização universalizante de dupla função: preservar a ordem e, correlativamente, apresentar os interesses das forças sociais emergentes como se fossem os interesses de toda a coletividade.

Na verdade, um poder se mostrava, nisto, hegemônico, conjugando o tema do fortalecimento da segurança com o do desenvolvimento. Ao mesmo tempo, o álibi para garantir o apoio político era o da prosperidade para todos buscada pelo desenvolvimentismo. De fato, defendia-se a ordem estabelecida, conforme Limoeiro Cardoso, e o período se caracterizou pela ausência quase total de debate político. A politização interessava pouco, a problematização do fato político nunca se deu em público, e tudo, em geral, acontecia nos bastidores. Alimentava-se uma ânsia por crescimento econômico, e o espírito do desenvolvimento mobilizava para a prosperidade. Juscelino Kubitschek esteve mais para administrador do que para estadista. Por sua vez, Jânio Quadros, enfrentando uma situação de heterogeneidade, não obteve hegemonia, exatamente porque pretendeu apenas uma hegemonia particular. Como não a conseguia, agarrava-se a abstrações, sem discutir a viabilidade e realização de seus ideais. Não tendo fortalecido o domínio, perdeu, junto com ele, a direção (Cardoso, 1978).

Complexidade e discutibilidade centraram nossas hipóteses, seja para convencer-nos de uma, seja para assumir destemidamente a outra. No diálogo, na abertura ao debate, no respeito ao interlocutor e opositor – sem ingenuidades e com a crítica consciência de que a vida em sociedade é questão de distribuição de poder – são consagradas as alianças e se forma a hegemonia. Com vigilância e atenção, pois – é do pensamento pedagógico-político de Gramsci – diálogo não vai nunca significar um vácuo de hegemonia.

Nossos isebianos se fecharam, muitas vezes, ou só no cultural/filosófico ou só no elitismo político-econômico-ideológico e religioso.

O ISEB, OS INTELECTUAIS E A DIFERENÇA **223**

Voltemos à "multimensionalidade" da condição humana. O humano-afetivo, o político, o histórico, o econômico, o cultural, o religioso, o ecológico, o técnico são as muitas dimensões que compõem a complexidade do ser-homem e do ser-mulher indistintamente. No meio dessa realidade e desse discurso é que se deve inserir a problematização da unidade. A unidade como resultado denota, freqüentemente, a imposição de um ponto de vista. Melhor tê-la, então, como busca e não como definitiva conquista. Foi o que entendemos a partir de um comentário de Paulo E. Arantes e, sobretudo, o que ele apresentou sobre a obra de Adorno.

Na obra em pauta, Adorno criticou o Iluminismo: "O que o Iluminismo reconhece de antemão como ser e como acontecer é o que pode ser abrangido pela unidade; seu ideal é o sistema, do qual tudo segue". E afirmou "O Iluminismo é totalitário".[1] Os totalitarismos significaram o isolamento de muitos, numa sociedade controlada por meio da técnica e da coação pelo dominante. O dominante, senhor e proprietário, era representado, já nas críticas comunidades homéricas da Odisséia, por Ulisses de Ítaca entre Cila e Caribde. Acorrentado por própria vontade, o grego guardou o poder de só ele ouvir as sereias. Os remadores, ouvidos tapados, atrelados a um mesmo ritmo, eram os trabalhadores modernos. Do lado destes, um ofuscamento com aparência de correta superação. Do outro lado, o esclarecimento (*Aufklärung*) da moderna técnica industrial e da cultura que valeu em benefício de poucos. A leitura de Adorno e dos comentários de Arantes nos reporta à massa preterida no projeto intelectual dos nossos "históricos".

Arantes, no texto mencionado, comentou sobre Carl Grünberg, o fundador do Instituto de Pesquisa Social de Frankfurt, ao qual

---

1   Cf. ADORNO, Th. W. "O conceito de Iluminismo", em: *Theodor W. Adorno – Textos escolhidos*, p.21. Assim explica um texto de história da filosofia: "Iluminar, ilustrar, esclarecer, fornecer as luzes: a Luz, metáfora da razão desde Platão, torna-se no século XVIII – o Século das Luzes – a grande palavra de ordem". Termos que nos fazem recordar o elitismo característico dos intelectuais do integralismo bem como dos nossos isebianos. Ver ABRÃO, B. S. *História da filosofia*, p.249.

224 ANTÔNIO MARQUES DO VALE

Adorno pertencia: "Grünberg estava convencido de que qualquer unidade de pontos de vista entre colaboradores prejudicaria os fins críticos e intelectuais da própria iniciativa".[2] E Arantes completava dizendo que a perspectiva do grupo de Frankfurt era, pois, aberta, participava da dimensão crítica.

Reconsiderando o elitismo no Iseb, ainda uma palavra sobre a já citada teoria filosófica de Pierre Fougeyrollas. O ímpeto filosófico não quer negar de modo absoluto a posição dogmática, o colapso da filosofia; não aniquila o momento do sistema ou da síntese. Na sua dialética, o autor insiste em que a filosofia permanece viva enquanto é crítica; nesta, de fato – expressão dele –, se mostrava a experiência-limite. Por nosso lado, temos por bem lembrar que ninguém consegue viver na permanente vertigem do limite, e não há como evadir-se do cotidiano; o escape significaria cair na abstração que se desejou exorcizar. Fougeyrollas – que Corbisier não leu ociosamente – constou como excelente contribuição a abrir caminhos para esse tipo de diálogo que viemos defendendo; conseqüentemente, nossa ênfase recaiu sobre tal idéia: a inteligência humanizada é *sempre* crítica e inquieta, *sempre* problematizante.

Proposta de ação para um intelectual "diferente"

Se o diálogo tem de se construir em oposição à abstração pura, então podemos dizer que, caracterizado pela discutibilidade, ele é práxis, necessária práxis. E cabe insistir na práxis educacional. Trata-se de formar criticamente a intelectualidade – todo homem e toda mulher – e de servir e humanizar as gerações sucessivas.

O intelectual, sobretudo o profissional que se dedica à reflexão a tempo pleno, deve tender a lutar pela igualdade. Alimenta-se de utopia, embora não cuide em defini-la sempre, ou verbalmente, negue todo pensamento utópico. Aí se situam pensadores hebraico-cristãos

---

2   Ver o artigo "Vida e Obra", de ARANTES, P. E., em: *Teodor W. Adorno – Textos escolhidos*, p.5.

O ISEB, OS INTELECTUAIS E A DIFERENÇA   **225**

e marxistas, em particular. Chegam muitas vezes a entregar-se ao profetismo do combate incompreendido e solitário, a luta pelo desconhecido e por esperanças de realizações infinitamente distantes, a par com os desesperançados. Em tese, não contemporizam com a desigualdade e projetam e implementam mudanças constantemente. Diferentemente, os iluministas, e com eles os liberais, se baseiam mais no cálculo ou na racionalidade técnica; uma elite esclarecida proclama saber dos caminhos por onde trilha ou vai trilhar e presume conduzir outros com o facho de suas luzes. As mudanças atendem mais à questão da liberdade e freqüentemente a liberdade da mesma elite, exceção feita a um grupo liberal autêntico que guarda o espírito revolucionário de pregações e ações anteriores à conquista do poder na Revolução Francesa.

A respeito das duas tendências, aqui traçadas em linhas gerais, é válido voltar a alguns pensamentos expressos no fim do Capítulo 4 como fonte para futuras reflexões. Aron apelou para a fraternidade entre os intelectuais, para o respeito com o que pensa e age diferente e que sofre por uma ação abraçada conscientemente.

Diálogo e tolerância foram também assunto no final do livro de Bobbio, já citado. Ele relata a visita de um grupo italiano – comunistas, não-comunistas e até anticomunistas – à China, em 1955. A experiência foi avaliada, em seus vários aspectos, por diversos autores. Bobbio concluiu com os outros que, em nome da liberdade, mas sobretudo em nome das esperanças de um povo e até do respeito à diferença histórica – a vontade dos chineses de se livrarem da memória de tempos anteriores de opressão –, convinha manter determinadas posições. Calamandrei, um dos membros do grupo da visita, "defendeu a atitude dos que, querendo contribuir para a evolução do comunismo rumo à liberdade, consideravam que o melhor caminho seria o de manter aberto o diálogo com os chineses, em vez de considerá-los párias intocáveis a serem banidos da humanidade". Tratava-se, para Bobbio, de procurar compreender "se o regime chinês representava para aquele povo um real progresso em direção à justiça e mesmo à liberdade, em comparação com os governos anteriormente existentes" (Bobbio, 1997, pp.185-186). O mais interessante é que

Bobbio se defrontou com a comparação entre mentalidades marxista e liberal, no que se referia à verdade, e, como liberal, admitiu que uma sociedade é "saturada de poderosos encargos valorativos" (*sic*). Ele ponderava, então, sobre a dificuldade de escolha diante de um certo dilema, considerando, sobretudo, o desejo próprio de manter o diálogo com comunistas italianos; atrevia-se a escolher diante do difícil dilema, mas avisava que "agora a escolha parece mais fácil". Qual era o dilema, afinal? O dilema que um chinês, quem sabe, se teria colocado logo após 1949: ou projeto perverso de exterminar uma classe, a burguesia; ou fracasso inevitável de um grandioso projeto para transformar o curso da História, no qual acreditaram ou pelo qual esperaram milhões de homens. Em outras palavras: "justa derrota de um crime pavoroso ou a utopia invertida" na China. Bobbio já agora não mencionou uma escolha, que não lhe tocava fazer, mas afirmou, no limite, que, das duas possíveis conclusões, "a mais trágica é, sem sombra de dúvida, a segunda". É a difícil discussão com ciência e com consciência. Citamos a experiência de Bobbio para dizer, mais uma vez, e com ele agora, que diálogo não pode ser idealizado. É inegável o condicionamento da História, nada é simples e não há tempo marcado. Daí que as decisões se tomem a partir de diálogo prolongado, teimoso, leal em todas as dimensões. Por isso reputamos válido, digamos novamente, falar da humildade do intelectual e do preparar-se para a humildade: superação da *hybris*, historização e descida ao chão da História.

O planejamento da educação faz-nos defrontar com realidades autônomas e complexas, com mestres e discípulos, com grupos e pessoas cuja história é própria, única e irrepetível. As diferentes filosofias voltadas à educação ofereceram cada uma o seu contributo, e nisso até se estabeleceu algum diálogo. Toda posição é de risco, como tudo o mais; uma posição não é eclética, quando se tem um projeto e se assume o debate leal e a confrontação com outras posições. A discutibilidade, que permite se imponha a realidade do outro, da circunstância e do mundo, problematiza quanto ao método, quanto a qualquer aplanamento (Marcuse), ideologização e dogmatização. Aqui, Michael Apple se torna, de novo, uma boa sugestão.

Com seu estilo qualitativo e etnográfico – ele gosta de começar com – "vou contar uma história" –, e partindo da experiência de vida, em busca confessada e sincera por uma reconstrução do socialismo adequada às condições norte-americanas, revelou um algo mais sobre uma determinada escola. A direção resolveu montar com os pais o currículo, e na própria escola começaram a conversar entre si, travando tensos debates, mas que tiveram bom êxito. Apple (1996, pp.82-83) comentou: "As pessoas tiveram que realmente engolir o orgulho e escutar com atenção umas às outras".

Uma palavra estimulante para a autovigilância de todos os intelectuais que ensinam e que aprendem, a palavra finalíssima da obra de Raymond Aron – esperando vênia, porque uma passagem aqui afastada do seu contexto e porque não assumimos em tudo a sua específica radicalidade:

> Se a tolerância nasce da dúvida, que se ensine a duvidar dos modelos e das utopias, a recusar os profetas da salvação, os anunciadores de catástrofes. Chamemos com os nossos votos a vinda dos céticos, se forem eles que deverão apagar o fanatismo (Aron, 1980, p.257).

BIBLIOGRAFIA

Roland Corbisier

CORBISIER, R. "Consciência e nação". *Revista Colégio*, 1950.

_____. "Situação e problemas da pedagogia". *Revista Brasileira de Filosofia*, v.II, nº2, pp.219-235, abr./jun. 1952.

_____. "A introdução à filosofia como problema". *Revista Brasileira de Filosofia*, v.2, nº4, pp.668-678, out./dez. 1952.

_____. *Imagens da Suíça*. São Paulo, [s.n.], 1953.

_____. "Significação da idéia de mundo e de crise". *Revista Brasileira de Filosofia*, v.3, nº3, pp.422-436, jul./set. 1953.

_____. "Dialética e crise do capitalismo". *Revista Brasileira de Filosofia*, v.4, nº14, pp.209-231, abr./jun. 1954.

_____. *Responsabilidade das elites*. São Paulo, Livraria Martins Editora, 1956.

_____. "Formação da cultura brasileira". *Revista do Clube Militar*, v.144, pp.31-39, 1957.

_____. *Formação e problema da cultura brasileira*. 2. ed. Rio de Janeiro, MEC/Iseb, 1958.

_____. *Brasília e o desenvolvimento nacional*. Rio de Janeiro, Iseb, 1960.

_____. *Reforma ou revolução?* Rio de Janeiro, Civilização Brasileira, 1968.
_____. *Enciclopédia dos grandes brasileiros.* São Paulo, Três, 1973-1974.
_____. *Enciclopédia filosófica.* Rio de Janeiro, Vozes, 1974.
_____. *Filosofia, política e liberdade.* Rio de Janeiro, Paz e Terra, 1975.
_____. *Filosofia e crítica radical.* São Paulo, Duas Cidades, 1976a.
_____. *JK e a luta pela Presidência: uma campanha civilista.* São Paulo, Duas Cidades, 1976b.
_____. *Autobiografia filosófica: das ideologias à teoria da práxis.* Rio de Janeiro, Civilização Brasileira, 1978.
_____. *Os intelectuais e a revolução.* Rio de Janeiro, Avenir, 1980.
_____. *Hegel: textos escolhidos.* Rio de Janeiro, Civilização Brasileira, 1981.
_____. et al. *Introdução à filosofia.* Rio de Janeiro, Civilização Brasileira, Tomo I, 1983.

Hélio Jaguaribe

JAGUARIBE, H. "Origem e meta da história". *Revista Brasileira de Filosofia*, v.2, nº3, pp.531-558, jul./set. 1952.
_____. "A crise da universidade". *Revista Brasileira de Filosofia*, v.IV, nº1, pp.16-34, jan./mar. 1954.
_____. "Que é filosofia?" *Revista Brasileira de Filosofia*, v.IV, nº1, pp.164-181, jan./mar. 1954.
_____. *O problema do desenvolvimento econômico e a burguesia nacional.* São Paulo, Federação e Centro dos Industriais, v.2, 1956.
_____. *A filosofia no Brasil.* Rio de Janeiro, MEC/Iseb, 1957.
_____. *Situação política brasileira.* Conferência no Clube de Engenharia. Rio de Janeiro, Iseb, 1957.
_____. "Sucinta análise do nacionalismo brasileiro". *Revista do Clube Militar*, 147, pp.11-14, 1957.
_____. *O nacionalismo na atualidade brasileira.* Rio de Janeiro, Iseb, 1958a.

O ISEB, OS INTELECTUAIS E A DIFERENÇA   231

_____. *Condições institucionais do desenvolvimento*. Rio de Janeiro, Iseb, 1958b.

_____. "A renúncia do presidente Quadros e a crise política brasileira". *Revista Brasileira de Ciências Sociais*, v.1, n⁰1, pp.272-311, nov. 1961.

_____. *Desenvolvimento econômico e desenvolvimento político*. Rio de Janeiro, Fundo de Cultura, 1962.

_____. "Ordem mundial, racionalidade e desenvolvimento". *Dados – Revista de Ciências Sociais*, v.1 (2ª semestre), pp.141-159, 1966.

_____. *Problemas do desenvolvimento latino-americano: estudos de política por Hélio Jaguaribe*. Rio de Janeiro, Civilização Brasileira, 1967a.

_____. "Le colonial-fascisme". *In: Les temps modernes*, n⁰257, out. 1967b.

_____. *Sociedad, cambio y sistema político – Desarrollo político: una investigación en teoria social y política y un estudio del caso latinoamericano*. Trad. Floreal Mazia. Buenos Aires, Paidós, 1972.

_____. *Desenvolvimento econômico e desenvolvimento político – Uma abordagem teórica e um estudo do caso brasileiro*. 2. ed. Rio de Janeiro, Paz e Terra, 1972.

_____. *Desarrollo político: sentido y condiciones*. Buenos Aires, [s.n.], 1972.

_____. *Desarrollo económico y político*. Trad. Eduardo L. Suarez. México, Fondo de Cultura Económica, 1973.

_____. *Brasil: crise e alternativas*. Rio de Janeiro, Zahar, 1974.

_____. *Desenvolvimento político*. Trad. Anita Kon. São Paulo, Perspectiva, 1975.

_____. *Sociedade, mudança e política*. Trad. Anita Kon. São Paulo, Perspectiva, 1975.

_____. et al. *A dependência político-econômico da América Latina*. Trad. Andes Mato. São Paulo, Loyola, 1976.

_____. *Crises e alternativas na América Latina*. São Paulo, Perspectiva, 1976.

_____. "Brasil: estabilidade social pelo colonial-fascismo?" *In:* FURTADO, C. *et al.* 2. ed. Rio de Janeiro, Paz e Terra, 1977.

_____. "A condição imperial". *Dados – Revista de Ciências Sociais*, v.15, pp.3-24, 1977.

_____. *Introdução ao desenvolvimento social*. Rio de Janeiro, Paz e Terra, 1978.

_____. "El pensamiento social y político de Marx". *El trimestre económico*, México, v.46, nº4, pp.805-829, 1979a.

_____. "Iseb – Um breve depoimento e uma apreciação crítica". *Cadernos de Opinião*, v.14, out./nov. 1979b.

_____. "Moralismo e a alienação das classes médias". *In:* SCHWARTZMAN, S. (org.). *O pensamento nacionalista e os Cadernos de Nosso Tempo*. Brasília, UnB, pp.31-38, 1981a.

_____. "A crise brasileira". *In:* SCHWARTZMAN, S. (org.). *O pensamento nacionalista e os Cadernos de Nosso Tempo*. Brasília, UnB, pp.132-169, 1981b.

_____. "Para uma política nacional do desenvolvimento". *In:* SCHWARTZMAN, S. (org.). *O pensamento nacionalista e os Cadernos de Nosso Tempo*. Brasília, UnB, pp.171-195, 1981c.

_____. *Oito décadas de República – 1901-1980*. Rio de Janeiro, Instituto Universitário de Pesquisas do Rio de Janeiro, nº15, pp.21-44, 1983.

_____. et al. *Que crise é esta?* São Paulo, Brasiliense/Conselho Nacional de Desenvolvimento Científico e Tecnológico, 1984.

_____. et al. *Brasil, sociedade democrática*. Rio de Janeiro, José Olympio, 1985a.

_____. *Sociedade e política: um breve estudo sobre a atualidade brasileira*. Rio de Janeiro, Zahar, 1985b.

_____. "Raízes do Brasil e a transição para a sociedade de massas". *In:* MASCARENHAS, S. *Raízes e perspectivas do Brasil*. Campinas, Papirus/Editora da Unicamp, pp.17-35, 1985.

_____. et al. *Brasil, 2000 – Para um novo pacto social*. 2. ed. Rio de Janeiro, Paz e Terra, 1986.

_____. (org). *A proposta social democrática: a social democracia na atualidade européia, hispano-americana e brasileira*. Rio de Janeiro, José Olympio, v.28, 1989.

_____. *Alternativas do Brasil*. Rio de Janeiro, José Olympio, 1989.

_____. *Brasil: reforma ou caos*. 4. ed. Rio de Janeiro, Paz e Terra, 1989.

_____. (org). *Sociedade, estado e partidos na atualidade brasileira*. Rio de Janeiro, Paz e Terra, 1992.

_____. *Economia e política da crise brasileira: o pensamento da equipe FHC*. [S.l.: s.n.], 1995.

_____. "Brasil e mundo na virada do século". *Dados – Revista de Ciências Sociais*, v.39, nº3, pp.349-366, 1996.

Cândido Mendes

MENDES, C. "Possibilidade da sociologia política". *In:* DOURADO, P. D. *Revista Brasileira de Filosofia*, v.5, nº18, pp.332-333, abr./jun. 1955.

_____. *Perspectiva atual da América Latina*. 2. ed. Rio de Janeiro, MEC/Iseb, v.I, 1960a.

_____. "Elite de poder, democracia e desenvolvimento". *Dados – Revista de Ciências Sociais*, 6, pp.57-90, 1960b.

_____. "Desenvolvimento e problemática do poder". *Síntese Política, Econômica, Social*, v.14, pp.60-91, abr./jun. 1962a.

_____. "Política externa e nação em progresso". *Revista Tempo Brasileiro*, I, pp.40-46, set. 1962b.

_____. *Nacionalismo e desenvolvimento*. Rio de Janeiro, Instituto Brasileiro de Estudos Afro-Asiáticos, 1963.

_____. "Antecipações do pensamento de João XXIII na 'Pacem in Terris'". *Síntese Política, Econômica, Social*, nº18, pp.34-58, abr./jun. 1963.

_____. *Memento dos vivos: a esquerda católica no Brasil*. Rio de Janeiro, Tempo Brasileiro, 1966a.

_____. "Sistema político e modelos de poder no Brasil". *Dados – Revista de Ciências Sociais*, 1 (2º semestre), pp.7-41, 1966b.

_____. "Prospectiva do comportamento ideológico: o processo da reflexão na crise do desenvolvimento". *Dados – Revista de Ciências Sociais*, 4, pp.95-132, 1968.

_____. "A tríplice expansão: demográfica, tecnológica e democrática". *In:* Instituto de Pesquisas e Estudos Sociais – Ipes. *A educação que nos convém*. Rio de Janeiro, Apec Editora, pp.65-70, 1969.

234 ANTÔNIO MARQUES DO VALE

_____. *A contestação e o desenvolvimento racionalizado na América Latina*. Rio de Janeiro, Iuperj, 1970.

_____. (org). *Crise e mudança social*. Rio de Janeiro, Eldorado, 1974.

_____. *O legislativo e a tecnocracia*. Rio de Janeiro, Imago/Conjunto Universitário Cândido Mendes, 1975.

_____. *Beyond populism/by Candido Mendes*. Translated by L. Gray Cowan. Albany, State University of New York at Albany, 1977a.

_____. *Contribuições para uma análise da situação da Igreja no Brasil no momento atual*. Goiânia, 1977b. Documento mimeografado.

_____. *Justice, faim de l'Église*. Trad. Françoise Bonnal. Paris, Desclée, 1977c.

_____. *Le mythe du développement*. Paris, Éditions du Seuil, 1977d.

_____. *Seminar on urban networks: structures and changes*. Brasília/Conjunto Universitário Cândido Mendes, 1977e.

_____. "Tempo social e urbanização". *Dados – Revista de Ciências Sociais*, nº16, pp.137-163, 1977f.

_____. (org). *Urban networks structure and change organized by Candido Mendes*. Rio de Janeiro, Conjunto Universitário Cândido Mendes, 1977g.

_____. *Os religiosos, a Igreja e seu desempenho político no Brasil*. São Paulo, Itaici, 1978. Documento mimeografado.

_____. *Constestation et développement en Amérique Latine*. Trad. Françoise Bonnal. Paris, Presses Universitaires de France. 1979a.

_____. *Seminar on technocracy and its controls on developing countries*. Rio de Janeiro, Educam/Conjunto Universitário Cândido Mendes, 1979b.

_____. et al. *O outro desenvolvimento*. Rio de Janeiro, Artenova/Conjunto Universitário Cândido Mendes, 1983.

_____. *A inconfidência brasileira: a nova cidadania interpela a Constituinte*. [S.l.], Florense Universitária, 1986.

_____. "In memoriam: Vieira Pinto e a conquista da consciência nacional". *Dados – Revista de Ciências Sociais*, Rio de Janeiro, v.30, nº3, pp.243-251, 1987.

_____. *A democracia desperdiçada: poder e imaginário social*. Rio de Janeiro, Nova Fronteira, 1992.

_____. *O vinco do recado*. Rio de Janeiro, Nova Fronteira, 1996.

_____. *A presidência afortunada: depois do real, antes da social-democracia*. Rio de Janeiro, Record, 1998.

Alberto Guerreiro Ramos

RAMOS, A. G. *Uma introdução ao histórico da organização racional do trabalho: ensaio de sociologia do conhecimento.* Rio de Janeiro, Departamento da Imprensa Nacional, 1950.

_____. *Sociologia do orçamento familiar.* São Paulo, Departamento da Imprensa Nacional, 1950.

_____. "Pauperismo e medicina popular". *Revista Sociologia*, v.XIII, nº3, pp.252-273, ago. 1951.

_____. *A sociologia industrial: formação; tendências atuais.* Rio de Janeiro, Estúdio de Artes Gráficas, 1952.

_____. *O processo da sociologia no Brasil: esquema de uma história de idéias.* Rio de Janeiro, [s.n.], 1953.

_____. *Cartilha brasileira do aprendiz de sociólogo: prefácio a uma sociologia nacional.* Rio de Janeiro, Editorial Andes, 1954.

_____. *Relaciones humanas del trabajo.* México, [s.n.], 1954.

_____. *Sociología de la mortalidad infantil.* México, [s.n.], 1955.

_____. "A dinâmica da sociedade política no Brasil". *Revista Brasileira de Estudos Políticos*, v.1, nº1, pp.23-38, dez. 1956.

_____. *As condições sociais do poder nacional.* Rio de Janeiro, MEC/Iseb, 1957a.

_____. *Ideologia e segurança nacional.* Rio de Janeiro, Iseb, 1957b.

_____. *Introdução crítica à sociologia brasileira.* Rio de Janeiro, Editorial Andes Limitada, 1957c.

_____. "Estrutura atual e perspectiva da sociedade brasileira". *Revista Brasiliense*, 18, pp.49-58, 1958a.

_____. *A Redução sociológica: introdução ao estudo da razão sociológica.* 2. ed. Rio de Janeiro, Iseb, 1958b.

_____. *O problema nacional do Brasil.* Rio de Janeiro, Saga, 1960.

_____. *A crise do poder no Brasil: problema da revolução nacional brasileira.* Rio de Janeiro, Zahar, 1961.

_____. *Mito e verdade da revolução brasileira.* Rio de Janeiro, Zahar, 1963.

_____. "Pequeno tratado brasileiro da revolução". *Revista Tempo Brasileiro*, 3, pp.7-51, mar. 1963.

_____. *Administração e estratégia do desenvolvimento: elementos de uma sociologia especial da administração*. Rio de Janeiro, Fundação Getúlio Vargas, v.18, 1966.

_____. *A nova ciência das organizações: uma reconceituação da riqueza das nações*. 2. ed. Trad. Mary Cardoso. Rio de Janeiro, Fundação Getúlio Vargas, 1981.

Álvaro Vieira Pinto

PINTO, A. V. *Consciência e realidade nacional. A consciência ingênua*. Rio de Janeiro, MEC/Iseb, v.1,1960a.

_____. *Consciência e realidade nacional. A consciência crítica*. Rio de Janeiro, MEC/Iseb, v.2, 1960b.

_____. *Ideologia e desenvolvimento nacional*. 4. ed. Rio de Janeiro, MEC/Iseb, 1960c.

_____. *A questão da universidade*. Rio de Janeiro, Editora Universitária, 1962a.

_____. "Por que os ricos não fazem greve?" *Cadernos do Povo Brasileiro*. Rio de Janeiro, Civilização Brasileira, 1962b.

_____. "Indicações metodológicas para a definição de subdesenvolvimento". *Revista Brasileira de Ciências Sociais*, v.III, nº2, pp.252-279, jul. 1963.

_____. *Ciência e existência: problemas filosóficos da pesquisa científica*. Rio de Janeiro, Paz e Terra, 1969.

_____. *Sete lições sobre educação de adultos*. 6. ed. São Paulo, Cortez, 1982.

Outros autores

ABRÃO, B. S. *História da filosofia*. São Paulo, Nova Cultural, 1999.
ABREU, A. A. de. *Nationalisme et action politique au Brésil: une étude*

sur L'Iseb. Paris, Universidade René Descartes, 1975. Tese de doutorado.

ABREU, J. "Tendências antagônicas do ensino secundário brasileiro". *Revista Brasileira de Estudos Pedagógicos*, v.XXXIII, nº78, pp.3-18, abr./jun. 1960.

ADELMAN, I. *Teorías del desarrollo económico*. 2. ed. Trad. Roberto Ramón Reys, 1964.

ADORNO, TH. W. *Textos escolhidos*. São Paulo, Nova Cultural, 1999.

ALCÂNTARA, B. "Iseb, comunista?" *Revista Católica de Cultura*, 12, pp.936-943, 1953.

AMADO, G. *Educação média e fundamental*. Rio de Janeiro, José Olympio, 1973.

AMMANANN, S. B. *Ideologia do desenvolvimento de comunidade no Brasil*. 4. ed. São Paulo, Cortez, 1984.

ANDRADE, P. N. de. "A atual conjuntura e o processo do desenvolvimento nacional". *Revista do Clube Militar*, 156, pp.5-9, ago./set. 1960.

ANDRÉ, M. E. D. A. "A pesquisa na didática e na prática de ensino". *In:* CANDAU, V. M. (org.). *Rumo a uma nova didática*. 3. ed. Petrópolis, Vozes, 1990.

APPLE, M. "Michael Apple". *In:* LINHARES, C. F., GARCIA, R. L. (orgs.). *Dilemas de um final século: o que pensam os intelectuais*. Trad. Nicholas Davies e Denise Milon del Peloso. São Paulo, Cortez, pp.73-114, 1996.

ARANTES, P. E. "Vida e obra". *In:* ADORNO, T. W. *Textos escolhidos*. São Paulo, Nova Cultural, 1999.

ARCEBONI, L. *A filosofia contemporânea no Brasil*. Trad. João Bosco Feres. São Paulo, Grijalbo, 1969.

ARNS, E. P. "Anísio Teixeira *versus* Igreja". *Vozes – Revista Católica de Cultura*, v.52, nº7, pp.481-493, jul. 1958.

ARON, R. *O ópio dos intelectuais*. Trad. Yvonne Jean. Brasília, Editora UnB, 1980.

"As metas da educação para o desenvolvimento". *Revista Brasileira de Estudos Pedagógicos*, v.XXX, nº72, pp.46-60, out./dez. 1958.

AZEVEDO, F. *A educação e seus problemas.* 2.ed. São Paulo, Cia. Editora Nacional, v.22, 1946.

_____. "O projeto em acusação". *Revista Brasileira de Estudos Pedagógicos*, v.XXXI, nº79, pp.203-209, jul./set. 1960.

BARROS, A. de S. C. "A formação das elites e a continuação da construção do estado nacional brasileiro". *Dados – Revista de Ciências Sociais*, 15, pp.101-122, 1977.

BEISIEGEL, C. de R. *Política e educação popular. A teoria e a prática de Paulo Freire no Brasil.* São Paulo, Ática, 1982.

BENEVIDES, M. V. de M. *O governo Kubitschek. Desenvolvimento econômico e estabilidade política 1956-1961.* 3.ed. Rio de Janeiro, Paz e Terra, 1979.

BOBBIO, N. *Os intelectuais e o poder: dúvidas e opções dos homens de cultura na sociedade contemporânea.* Trad. Marcos Aurélio Nogueira. São Paulo, Unesp, 1997.

BOCHENSKI, I. N. *A filosofia contemporânea ocidental.* Trad. Antônio Pinto de Carvalho. 3. ed. São Paulo, E.P.U./Edusp, 1975.

BODIN, L. *Les intellectuels.* Paris, Presses Universitaires de France, 1964.

BOSI, A. "Cultura brasileira". *In:* MENDES, D. T. (org.). *Filosofia da educação brasileira.* 5. ed. Rio de Janeiro, Civilização Brasileira, pp. 135-194, 1994.

CAMPOS, R. de O. *Planejamento de desenvolvimento econômico de países subdesenvolvidos.* 2. ed. Rio de Janeiro, Fundação Getúlio Vargas, 1962.

CANDAU, V. M. "Tem sentido hoje falar de uma Didática Geral?" *In: Rumo a uma nova didática.* 3. ed. Petrópolis, Vozes, pp.33-39, 1990a.

_____. "A formação de educadores: uma perspectiva multidimensional". *In: Rumo a uma nova didática.* 3. ed. Rio de Janeiro, Vozes, pp.43-48, 1990b.

CARDOSO, M. L. *Ideologia do desenvolvimento – Brasil: JK-JQ.* 2. ed. Rio de Janeiro, Paz e Terra, 1978.

CARNOY. M. *Educação, economia e estado – Base e superestrutura: relações e mediações.* São Paulo, Cortez, 1984.

CARTA PASTORAL do Arcebispado Baiano sobre Educação. *Revista Brasileira de Estudos Pedagógicos*, v.XXXIII, nº77, pp.132-143, jan./mar. 1960.

CASTELLS, M. "A teoria das classes sociais". *Estudos*, 3, jan. 1973.

CASTRO, J. *Geografia da fome – O dilema brasileiro: pão ou aço*. 11. ed. São Paulo, Brasiliense, 1969.

CAVALCANTI, T. "Condições institucionais do desenvolvimento". *Revista do Clube Militar*, 141, pp.13-22, jan./mar. 1956.

CHACON, V. *História dos partidos brasileiros – Discurso e práxis dos seus programas*. Brasília, UnB, 1985.

CHAGAS, C. "A conquista da ciência no Brasil". *Revista Brasileira de Estudos Pedagógicos*, v.XXXVI, nº83, pp.26-37, jul./set. 1961.

CHAGAS, V. *Educação brasileira – O ensino de 1º e 2º graus: antes, · agora e depois?* São Paulo, Saraiva, 1978.

CHAIA, M. W. *Intelectuais e sindicalistas: a experiência do Dieese, 1955-1990*. Ibitinga, Humanidade, 1992.

CHAPONAY, H. Henryane de Chaponay. *In:* LINHARES, C. F.; GARCIA, R. L. (orgs.). *Dilemas de um final de século: o que pensam os intelectuais*. Trad. Nicholas Davies e Denise Milon del Peloso. São Paulo, Cortez, pp.136-158, 1996.

CHASIN, J. *O integralismo de Plínio Salgado – forma de regressividade no capitalismo hiper-tardio*. São Paulo, Livraria Editora Ciências Humanas, 1978.

CHAUÍ, M. *Cultura e democracia: o discurso competente e outras falas*. 3. ed. São Paulo, Moderna, 1982.

_____. *Seminários – O nacionalismo e o popular na cultura brasileira*. São Paulo, Brasiliense, 1983.

CHOMSKY, N. "Noam Chomsky". *In:* LINHARES, C. F.; GARCIA, R. L. (orgs.). *Dilemas de um final de século: o que pensam os intelectuais*. Trad. Nicholas Davies e Denise Milon del Peloso. São Paulo, Cortez, pp.28-47, 1996.

COELHO, E. C. "Em busca da identidade: o Exército e a política na sociedade brasileira". *In:* IANNI, O. *O ciclo da Revolução Burguesa*. Petrópolis, Vozes, 1984.

COELHO, J. T. *O intelectual brasileiro: dogmatismos e outras confusões*. São Paulo, Global, 1978.

COSTA, J. S. da. "Ética e ideologia do desenvolvimento em Álvaro Vieira Pinto". *Revista Brasileira de Estudos Pedagógicos*, v.XXXVI, nº146, pp.125-139, abr./mar./jun. 1987.

CORÇÃO, G. *Dez anos – Crônicas*. 2. ed. Rio de Janeiro, Agir, 1958.

CRIPPA, D. Álvaro Vieira Pinto. "A questão da universidade". *Revista Convivium*, v.6, pp.101-106, nov. 1962.

DAVIDOFF, C. H. "A ideologia da modernização em Gilberto Freyre e Oliveira Vianna". *Revista Perspectiva*, nº5, pp.29-38, 1982.

DEBERT, G. G. *A política do significado no início dos anos 60: o nacionalismo no Instituto Superior de Estudos Brasileiros (Iseb) e na Escola Superior de Guerra (ESG)*. São Paulo, Departamento de Ciências Sociais da Faculdade de Filosofia, Letras e Ciências Humanas, Universidade de São Paulo, 1986 (Tese de doutorado).

DEBRUN, M. *Ideologia e realidade*. Rio de Janeiro, Iseb, 1959.

_____. *A conciliação e outras estratégias*. São Paulo, Brasiliense, 1983.

_____. "A compreensão ideológica da história". *Revista Brasiliense*, nº46, pp.82-100, 1963a.

_____. "As motivações sociais das escolhas ideológicas". *Revista Brasiliense*, 48, pp.87-100, 1963b.

BRASIL. "Decreto-lei nº 37. 608, de 14/07/1955. Institui no Ministério da Educação e Cultura um curso de altos estudos sociais e políticos, denominado Instituto Superior de Estudos Brasileiros – Iseb. Diário Oficial da República Federativa do Brasil, Brasília, 15. jul. 1955". *In: Revista Brasileira de Estudos Pedagógicos*, v.24, nº60, pp.266-268, out./dez. 1955.

DEMO, P. *Metodologia científica em Ciências Sociais*. 2. ed. São Paulo, Atlas, 1989.

_____. *A nova LDB: ranços e avanços*. Campinas, Papirus, 1997.

DOWBOR, L. *Aspectos econômicos da educação*. São Paulo, Ática, 1986.

DUARTE, O. P. "O Iseb – O desenvolvimento e as reformas de base". *Revista Brasiliense*, nº7, 1963.

O ISEB, OS INTELECTUAIS E A DIFERENÇA 241

ELLUL, J. *A técnica e o desafio do século*. Tradução e prefácio de: Roland Corbisier. Rio de Janeiro, Paz e Terra, 1968.

FAUNDEZ, A.; FREIRE, P. *Por uma pedagogia da pergunta*. Trad. Moacir Gadotti e Lillian Lopes Martin. 3. ed. Rio de Janeiro, Paz e Terra, 1985.

FERNANDES, F. "Em defesa da escola pública". *Revista Brasileira de Estudos Pedagógicos*, v.XXXIII, nº77, pp.3-15, jan./mar. 1960.

————. "A democratização do ensino". *Revista Brasileira de Estudos Pedagógicos*, v.XXXIV, nº79, pp.216-225, jul./set. 1960.

————. *Brasil em compasso de espera – Pequenos escritos políticos*. São Paulo, Hucitec, 1980.

FERNANDEZ, O. L. "Análise existencial da realidade brasileira". *In:* SCHWARTZMAN, S. (org.). *O pensamento nacionalista e os Cadernos de Nosso Tempo*. Brasília, UnB. pp.93-127, 1981.

FERRI, F. *Política e história em Gramsci*. Trad. Luiz Mário Gazzaneo. Rio de Janeiro, Civilização Brasileira, 1978.

FILHO, C. M. "Significado político da escola". *Revista Brasileira de Estudos Pedagógicos*, v.XXIV, nº59, pp.3-11, jul./set. 1955.

FRANCO, A. A. de M. "Missão da universidade". *Revista Brasileira de Estudos Pedagógicos*, v.XXIX, nº70, pp.102-115, abr./jun. 1958.

FRANCO, M. S. C. "O tempo das ilusões". *In:* CHAUÍ, M. *Ideologia e mobilização*. Rio de Janeiro, Paz e Terra/Cedec, 1978.

FREIRE, P. *Educação e mudança*. 15. ed. Rio de Janeiro, Paz e Terra, 1989.

FOUGEYROLLAS, P. *A filosofia em questão*. 2. ed. Trad. Roland Corbisier. Rio de Janeiro, Paz e Terra, 1972.

FURTADO, C. *Perspectiva da economia brasileira*. Rio de Janeiro, Iseb, 1958.

————. *O mito do desenvolvimento econômico*. 2. ed. Rio de Janeiro, Paz e Terra, 1998.

GATTI, B. A. "Retrospectiva da pesquisa educacional no Brasil". *Revista Brasileira de Estudos Pedagógicos*, v.68 , nº159, pp.279-88, maio/ago. 1987.

GONZALEZ, H. *O que são intelectuais?* 2. ed. São Paulo, Brasiliense, 1981.

GRAMSCI, A. *Maquiavel, a política e o Estado Novo*. Trad. Luiz Mário Gazzaneo. Rio de Janeiro, Civilização Brasileira, 1984.

_____. *Os intelectuais e a organização da cultura*. Trad. Carlos Nelson Coutinho. 7. ed. Rio de Janeiro, Civilização Brasileira, 1984.

_____. *Concepção dialética da história*. 6. ed. Trad. Carlos Nelson Coutinho. Rio de Janeiro, Civilização Brasileira, 1986.

HOLANDA, S. B. *Raízes do Brasil*. 4. ed. Brasília, Editora UnB, 1963.

HORTA, J. S. B. "Planejamento educacional". *In:* MENDES, D. T. (org.). *Filosofia da educação brasileira*. 5. ed. Rio de Janeiro, Civilização Brasileira, pp.195-239, 1994.

IANNI, O. *Sociologia da sociologia – O pensamento sociológico brasileiro*. 3. ed. São Paulo, Ática, 1989.

_____. *O ciclo da revolução burguesa*. Petrópolis, Vozes, 1984.

JAIME, J. "Álvaro Borges Vieira Pinto – Consciência e realidade, obra maior de um pensador da esquerda". *In: História da filosofia no Brasil*. Petrópolis, Vozes/São Paulo, Faculdades Salesianas, v.2, pp.390-406, 1997.

_____. "Hélio Jaguaribe – Um filósofo social, o teórico e líder do 'Grupo de Itatiaia'". *In: História da filosofia no Brasil*. Petrópolis, Vozes; São Paulo, Faculdades Salesianas, v.3, pp.325-342, 2000.

_____. "Roland Corbisier – O filósofo da paixão que salta da direita à esquerda marxista". *In: História da filosofia no Brasil*. Petrópolis, Vozes; São Paulo, Faculdades Salesianas, v.3, pp.160-168, 2000.

JASPERS, K. *Razão e anti-razão em nosso tempo*. Trad. Álvaro Vieira Pinto. Rio de Janeiro, MEC/Iseb, 1958.

JUNIOR, O. B. de L. "Evolução e crise do sistema partidário brasileiro: as eleições legislativas estaduais de 1947 a 1962". *Dados – Revista de Ciências Sociais*, 17, pp.29-51, 1978.

LAJOLO, L. *Antônio Gramsci. Uma vida*. Trad. Carlos Nelson Coutinho. São Paulo, 1982.

LEBRUN, G. "A realidade nacional e seus equívocos". *Revista Brasiliense*, 6. nº44, pp.42-62, 1962.

LE GOFF, J. *Os intelectuais na Idade Média*. 4. ed. Trad. Maria Júlia Goldwasser. São Paulo, Brasiliense, 1995.

LIBÂNEO, J. B. "Contexto sociocultural do surgimento da educação libertadora". *Revista da Educação AEC*, nº105, pp.9-18, 1997.

LIMA, L. de O. "Por que só a escola não evolui?" *Revista Brasileira de Estudos Pedagógicos*, v.XXXIII, nº78, pp.158-164, abr./jun. 1960.

LINHARES, C. F.; GARCIA, R. L. (orgs.). *Dilemas de um final de século: o que pensam os intelectuais*. Trad. Nicholas Davies e Denise Milon del Peloso. São Paulo, Cortez, 1996.

LOURENÇO FILHO, M. B. "A educação cabe a todas as instituições sociais". *Revista Brasileira de Estudos Pedagógicos*, v.31, nºs73-74, pp.309-317, 1959.

_____. "Lei de Diretrizes e Bases". *Revista Brasileira de Estudos Pedagógicos*, v.XXXIV, nº79, pp.34-51, jul./set. 1960.

_____. *Organização e administração escolar – Censo básico*. São Paulo, Melhoramentos, 1963. 288p.

LÜDKE, M. "O educador: um profissional?" *In:* CANDAU, V. M. (org.) *Rumo a uma nova didática*. 3.ed. Petrópolis, Vozes, 1990.

MACCIOCCHI, M. A. *A favor de Gramsci*. 2. ed. Trad. Angelina Peralva. Rio de Janeiro, Paz e Terra, 1977.

MAIO, M. C. "Uma polêmica esquecida: Costa Pinto, Guerreiro Ramos e o tema das relações raciais". *Dados – Revista de Ciências Sociais*, v.40, nº1, pp.127-163, 1997.

MALAN, P.; PEREIRA, J. E. de C. "A propósito de uma reinterpretação do desenvolvimento brasileiro desde os anos 30". *Dados – Revista de Ciências Sociais*, nº10, pp.126-145, 1973.

MANACORDA, M. A. *O princípio educativo em Gramsci*. Trad. William Lagos. Porto Alegre, Artes Médicas, 1990.

MARCUSE, H. *A ideologia da sociedade industrial: o homem unidimensional*. 6. ed. Trad. Giasone Rebuá. Rio de Janeiro, Zahar, 1982.

MARINHO, L.C. de O. *O Iseb em seu momento histórico*. Rio de Janeiro, Departamento de Filosofia, Universidade Federal do Rio de Janeiro, 1986. (Dissertação de mestrado).

MARTINS, W. *História da inteligência brasileira: 1933-1960*. 3. ed. São Paulo, Cultrix/USP, v.7, 1978.

MARX, K. *Para a crítica da economia política; Do capital; O rendimento e suas fontes*. Trad. Edgar Malagodi. São Paulo, Nova Cultural.

MELO, G. C. de. "Integralismo brasileiro". *In: Enciclopédia Luso-Brasileira de Cultura*. Lisboa, Verbo, v.10, p.1621, 1975,

MELLO, A. F. *Mundialização e política em Gramsci*. São Paulo, Cortez, 1996.

MENDES, D. T. (org.). *Filosofia da educação brasileira*. 5. ed. Rio de Janeiro, Civilização Brasileira, 1994.

MENDONÇA, A. W. P. G. "O intelectual como dirigente e como educador". *Revista Brasileira de Estudos Pedagógicos*, v.77, nº186, pp.304-317, maio/ago. 1996.

MENEZES, D. *Tratado de economia política*. 2. ed. Rio Janeiro/São Paulo, Livraria Freitas Bastos, 1956.

MICELI, S. *Intelectuais e classe dirigente no Brasil*. São Paulo/Rio de Janeiro, Difel/Difusão Editorial, 1979.

MOCHCOVITCH, L. G. *Gramsci e a escola*. 2. ed. São Paulo, Ática, 1990.

MOREIRA, J. C. B. "O Iseb e os católicos". *Revista A Ordem*, v.4-6, pp.21-28, dez. 1959.

MOREIRA, J. R. "O valor da ciência e os estudos educacionais". *Revista Brasileira de Estudos Pedagógicos*, v.21, nº53, pp.21-47, jan./mar. 1954.

MORIN, E. *Para sair do século XX*. Trad. Vera Azambuja Harvey. Rio de Janeiro, Nova Fronteira, 1986.

MOTA, C. G. *Ideologia da cultura brasileira: pontos de partida para uma revisão histórica*. São Paulo, Ática, 1977.

NOSELA, P. *A escola de Gramsci*. Porto Alegre, Artes Médicas, 1992,

NUNES, C. "Anísio Spínola Teixeira". *In:* FÁVERO, M. L. A.; BRITTO, J. M. (orgs.). *Dicionário de Educadores no Brasil – Da Colônia aos dias atuais*. Rio de Janeiro, UFRJ/MEC – Inep, pp.56-64, 1999.

OLIVEIRA, J. E. L. *Ensino técnico e desenvolvimento*. Rio de Janeiro, Iseb, 1962.

ORTIZ, R. *A consciência fragmentada*. Rio de Janeiro, Paz e Terra, 1980.

PAIM, G. *Industrialização e economia natural*. Rio de Janeiro, Iseb, 1957.

PÉCAUT, D. *Os intelectuais e a política no Brasil – Entre o povo e a nação*. Trad. Maria Júlia Goldwasser. São Paulo, Ática, 1990.

PEREIRA, O. D. "O Iseb. O desenvolvimento e as reformas de base". *Revista Brasiliense*, 47, pp.23-41, maio/jun. 1963.

"POSSE do Ministro Cândido Motta Filho na Pasta da Educação e Cultura". *Revista Brasileira de Estudos Pedagógicos*, v.XXII, nº56, pp.44-45, out./dez. 1954.

"POSSE do Ministro Abgar Renault na Pasta da Educação e Cultura". *Revista Brasileira de Estudos Pedagógicos*, v.XXIV, nº60, pp.121-122, out./dez. 1955.

PRADO JUNIOR, C. *A revolução brasileira*. 7. ed. São Paulo, Brasiliense, 1987.

_____. *Formação do Brasil contemporâneo*. 23. ed. São Paulo, Brasiliense, 1997.

QUEIRUGA, A. T. *O diálogo das religiões*. Trad. Paulo Bazaglia. São Paulo, Paulus, 1997.

RANGEL, I. M. "Economia dos serviços de utilidade pública". *Revista do Clube Militar*, nº143, pp.51-56, jul./set. 1956.

_____. *Dualidade básica da economia brasileira*. Rio de Janeiro, Iseb, 1957.

_____. "A economia e a política ou resposta a Guerreiro Ramos". *Revista Tempo Brasileiro*, nºs4-5, pp.14-24, jun./set. 1963.

REALE, M. *Obras políticas (1ª fase – 1931/1937)*. Brasília, Ed. UnB, 1983. Tomo I; Tomo II; Tomo III.

RIBEIRO, M. L. S. *História da Educação Brasileira: organização escolar*. 15. ed. [s.l.], Autores Associados, 1998.

ROMANELLI, O. *História da educação no Brasil*. 14. ed. Petrópolis, Vozes, 1991.

SALGADO, P. *O ritmo da história*. 3. ed. São Paulo, Voz do Oeste/INL, 1978a.

_____. *Como nasceram as cidades do Brasil*. 5. ed. São Paulo, Voz do Oeste/INL, 1978b.

SANTOS, C. A. G. "Pressupostos teóricos da didática". *In:* CANDAU, V. M. (org.). *A didática em questão*. 8. ed. Petrópolis, Vozes, 1989.

SANTOS, M. "Nação ativa, nação passiva". *In: Folha de São Paulo*, Caderno Mais!, 5, p.3, 21 nov. 1999.

246 ANTÔNIO MARQUES DO VALE

SANTOS, W. G. *Introdução ao estudo das contradições sociais no Brasil*. Rio de Janeiro, Iseb, 1963.

SASSOON, Anne Sassoon. *In:* LINHARES, C. F.; GARCIA, R. L. (orgs.). *Dilemas de um final de século: o que pensam os intelectuais*. Trad. Nicholas Davies e Denise Milon del Peloso. São Paulo, Cortez, pp.48-72, 1996.

SAVIANI, D. *Ensino público e algumas falas sobre universidade*. 3. ed. São Paulo, Cortez/Autores Associados, 1986.

_____. "Gilberto Freyre e Álvaro Vieira Pinto". *Revista Brasileira de Estudos Pedagógicos,* v.68, nº159, pp.277-278, maio/ago. 1987.

_____. Álvaro Borges Vieira Pinto. *In:* FÁVERO, M. L. A.; BRITTO, J. M. (orgs.). *Dicionário de Educadores no Brasil – Da Colônia aos dias atuais.* Rio de Janeiro, UFRJ/MEC – Inep, pp.45-50, 1999.

SCHWARTZMAN, S. "Desenvolvimento político e desenvolvimento econômico". *Revista Brasileira de Ciências Sociais,* v.3, nº1, pp.271-282, 1963.

_____. (org.). *Cadernos do Nosso Tempo.* Seleção e introdução de: Simon Schwartzman. Brasília, UnB, 1981.

SILVA, M. R. "Dez anos pelo progresso da ciência". *Revista Brasileira de Estudos Pedagógicos,* v.XXXIII, nº77, jan./mar. 1960.

SKIDMORE, T. E. *Brasil: de Getúlio Vargas a Castelo Branco (1930-1964).* Trad. Ismênia Tunes Dantas. Rio de Janeiro, Saga, 1969.

SODRÉ, N. W. *A verdade sobre o Iseb.* Rio de Janeiro, Avenir, 1978.

STACCONE, G. *Gramsci – 100 anos: revolução e política.* Petrópolis, Vozes, 1991.

TEIXEIRA, A. "A escola secundária em transformação". *Revista Brasileira de Estudos Pedagógicos,* v.21, nº53, jan./mar. 1954a.

_____. "A educação que nos convém". *Revista Brasileira de Estudos Pedagógicos,* v.21, nº54, pp.16-33, abr./jun. 1954b.

_____. "Padrões brasileiros de educação (escolar) e cultura". *Revista Brasileira de Estudos Pedagógicos,* v.22, nº55, jul./set., 1954c.

_____. "Educação e desenvolvimento". *Revista Brasileira de Estudos Pedagógicos,* v.XXXV, nº81, pp.71-92, jan./mar. 1961.

TEIXEIRA, M. M. S. *O significado pedagógico da obra de Anísio Teixeira.* São Paulo, Loyola, 1985.

TRINDADE, H. H. "A ação integralista brasileira: aspectos históricos e ideológicos". *Dados – Revista de Ciências Sociais*, 10, pp.25-60, 1973.

TRINDADE, H. *Integralismo*. São Paulo, Difusão Européia do Livro/Universidade Federal do Rio Grande do Sul, 1974.

TOLEDO, C. N. de. *Iseb: fábrica de ideologias*. São Paulo, Ática, 1977.

TORRES, C. A. *Sociologia política da educação*. 2. ed. São Paulo, Cortez, 1977.

TORRES, A. *O problema nacional brasileiro*. São Paulo, Melhoramentos/Ed. UnB, 1982.

VAZ, H. C. de L. "Consciência e realidade nacional". *Revista Síntese Política, Econômica, Social*, nº14, pp.92-109, abr./jun. 1962.

VIANNA, L. W. "Caminhos e descaminhos da revolução passiva à brasileira". *Dados – Revista de Ciências Sociais*, v.39, nº3, pp.377-392, 1996.

VILAÇA, A. C. I. S. E. B. *Revista Católica de Cultura*, nº12, pp.943-944, 1953.

VITA, L. W. "Iseb – Introdução aos problemas do Brasil". *Revista Brasileira de Filosofia*, v.VII, nºI, pp.372-374, jan./mar. 1957.

_____. "A filosofia no Brasil". *Revista Brasileira de Filosofia*, v.8, nº31, pp.385-386, jul./set. 1958.

_____. "O nacionalismo na atualidade brasileira". *Revista Brasileira de Filosofia*, v.9, nº36, pp.655-666, out./dez. 1959.

WEFFORT, F. C. *O populismo na política brasileira*. 4.ed. Rio de Janeiro, Paz e Terra, 1980.

SOBRE O LIVRO

Formato: 14 x 21 cm
Mancha: 23,7 x 42,5 paicas
Tipologia: Horley Old Style 10,5/14
Papel: Offset 75 g/m² (miolo)
Cartão Supremo 250 g/m² (capa)
1ª edição: 2006

EQUIPE DE REALIZAÇÃO

Coordenação Geral
Marcos Keith Takahashi

Impressão e Acabamento